AtV

RUTH REIHER, geb. 1938, Studium der Germanistik und Geschichte, Promotion und Habilitation auf dem Gebiet der deutschen Gegenwartssprache. Professorin für Sprachwissenschaft an der Humboldt-Universität Berlin.

Im Aufbau-Verlag sind erschienen:

Ruth Reiher/Rüdiger Läzer (Hrsg.), »Wer spricht das wahre Deutsch? Erkundungen zur Sprache im vereinigten Deutschland«, Atv 1993

Ruth Reiher (Hrsg.), »Mit sozialistischen und anderen Grüßen. Porträt einer untergegangenen Republik in Alltagstexten«, Aufbau-Verlag, Berlin 1995

Ruth Reiher/Rüdiger Läzer (Hrsg.), »Von ›Buschzulage‹ und ›Ossinachweis‹. Ost-West-Deutsch in der Diskussion«, Atv 1996.

ANTJE BAUMANN, geb. 1967, ist wissenschaftliche Mitarbeiterin am Institut für deutsche Sprache und Linguistik der Humboldt-Universität Berlin und war Mitarbeiterin bei der Herausgabe des Bandes »Mit sozialistischen und anderen Grüßen. Porträt einer untergegangenen Republik in Alltagstexten«, Aufbau-Verlag, Berlin 1995.

Mit dem Beitritt der DDR zur BRD ist die alte Bundesrepublik nicht nur größer, sondern auch reicher geworden. Ein Land, das die Mauer doch noch in den Köpfen seiner Menschen wähnt – wie könnte es mit nur einer Stimme sprechen? Aber welche Stimmen sind vernehmbar? Lassen sie die jahrzehntelange Trennung noch erkennen? Hören sie aufeinander oder ergeben sich Missklänge?

15 AutorInnen aus Ost und West haben die Sprache in der neuen Bundesrepublik in ihren verschiedenen Erscheinungsformen untersucht: Wie wird im Parlament gesprochen, wie in Talkshows? Unterscheidet sich das Gesprächsverhalten von Ost- und Westdeutschen? Verständigen wir uns, ohne einander zu verstehen? Beeinflussen die unterschiedlichen Verläufe unserer Biografien unser Erzählverhalten? Was denken die Westdeutschen über das Sprachverhalten der Ostdeutschen?

Den vielen Stimmen, die über diese und andere Fragen nachdenken, möchte der nunmehr dritte Band zu diesem Thema Raum und Gehör verschaffen. Vielstimmigkeit statt Einstimmigkeit – das ist zumindest ein Hinweis auf den Reichtum dieses Landes.

Mit gespaltener Zunge?

Die deutsche Sprache nach dem Fall der Mauer

Herausgegeben von
Ruth Reiher und Antje Baumann

Aufbau Taschenbuch Verlag

ISBN 3-7466-8055-7

1. Auflage 2000

Umschlaggestaltung Torsten Lemme
unter Verwendung einer Illustration von John Rush, Zefa Bildagentur
Satz LVD GmbH, Berlin
Druck Elsnerdruck GmbH, Berlin
Printed in Germany

www.aufbau-taschenbuch.de

Inhalt

Ruth Reiher/Antje Baumann

Vorwort

Vom »Wendedeutsch« zum »Gesamtdeutsch«

Ein gutes Jahrzehnt ist vergangen, seit im Herbst 1989 auf den Straßen von Berlin, Leipzig, Magdeburg, Rostock, Erfurt und anderswo Losungen zu lesen waren wie *Wir sind das Volk. Das Volk sind wir – und wir sind Millionen* oder auch *Ein Vorschlag für den 1. Mai: Die Führung zieht am Volk vorbei.* Es war die äußerst kurze Zeit »revolutionärer Erneuerung«, die »die sozialistische Gesellschaft vom Kopf auf die Füße« stellen sollte, wie Christa Wolf am 4. November 1989 auf dem Berliner Alexanderplatz erklärte. Diese »revolutionäre Bewegung« war auch mit einer Befreiung der Sprache verbunden. »Was bisher so schwer auszusprechen war, geht uns auf einmal frei von den Lippen.«[1] Allein ein Blick auf die Demo-Sprüche dieser Zeit offenbart eine Kreativität im Umgang mit Sprache, wie sie in so komprimierter Form nur selten zu finden ist, er zeigt, wie der ›sprachschöpferische Volksgeist‹ in spielerischer Art und Weise mit den Mitteln und Möglichkeiten der deutschen Sprache umgeht. Metaphern wie *Die Straße ist die Tribüne des Volkes, Macht aus der DDR keinen Platz des Himmlischen Friedens* oder *Visafrei bis Hawaii* werden wieder und wieder produziert. DDR-typische Losungen werden parodiert, indem sie durch neue Inhalte substituiert werden. Allein durch den Ersatz von »Sowjets« durch »Volk« wird aus dem von der Oktoberrevolution her bekannten Slogan *Alle Macht den Sowjets* die aktuelle politische Forderung *Alle Macht dem Volk*. Die offizielle Losung »So wie wir heute *arbeiten*, werden wir morgen leben« wird zur konkreten Handlungsanweisung: *So wie wir heute demonstrieren, werden wir morgen leben*. Tradierte Sprichwörter werden abgewandelt und erhalten dadurch einen politisch aktuellen Bezug. So wird aus »Was Hänschen nicht lernt, lernt Hans nimmermehr« *Was Krenzchen nicht lernt, lernt Krenz nimmermehr*. Überhaupt lässt sich mit dem Namen »Krenz« allein durch den Ersatz einzelner Buchstaben sehr kreativ spielen: *Wir lassen uns nicht einKRENZen*.

Während die kurzen und prägnanten Losungen der Massendemonstrationen offizielle Stereotype aufgreifen und sie in kreativer Weise in ihr Gegenteil verkehren, vermeiden längere Texte, wie z. B. der Gründungsaufruf des Neuen Forums[2] vom 10. September 1989, ganz bewusst jede sprachliche Anleihe an den hergebrachten öffentlichen Diskurs der DDR. Sie verzichten auf die zur Phrase verkommenen politischen Fahnenwörter, die über 40 Jahre die offizielle Meinungssprache der DDR bestimmt haben, und etablieren einen neuen Alternativdiskurs. Hinter dem Verzicht auf alle sprachlichen Elemente des offiziellen Diskurses steht wohl auch die Befürchtung, »daß selbst die kritische Bezugnahme auf die Parteibegriffe« sich der Gefahr aussetzt, »dem hegemonialen Diskurs zugerechnet zu werden« (BRESGEN 1995, 282). Neben der Kritik am mangelnden Warenangebot, am fehlenden Spielraum für wirtschaftliche Initiative, neben dem allgemeinen »Wunsch nach Gerechtigkeit, Demokratie, Frieden sowie Schutz und Bewahrung der Umwelt« ist es vor allem die gestörte »Kommunikation zwischen Staat und Gesellschaft«, die für die gegenwärtige Krise »in unserem Lande« verantwortlich gemacht wird. Eingefordert wird die Institutionalisierung des »demokratischen Dialogs über die Aufgaben des Rechtsstaates, der Wirtschaft und der Kultur«, um »in absehbarer Zeit Wege aus der gegenwärtigen krisenhaften Situation« zu finden.

Verglichen mit der eindeutigen Forderung nach Umkehr der Machtstrukturen, wie sie z. B. in der Losung *Ein Vorschlag für den 1. Mai: Die Führung zieht am Volk vorbei* ihren Ausdruck findet, sind die Formulierungen des Gründungsaufrufs des Neuen Forums in Bezug auf gesellschaftskritische Darstellungen und perspektivische Vorstellungen nicht nur vorsichtig und zurückhaltend, sondern auch äußerst unscharf. Indem in diesem Text weder vorhandene Begriffe neu besetzt noch neue, politisch unverbrauchte geprägt werden, ist deren Reichweite nur gering und die intendierte Wirkung nicht von langer Dauer. Dem widerspricht auch nicht die große Resonanz, die dieser Aufruf in der Bevölkerung fand. Keiner stieß sich an den vorsichtigen und allgemeinen Formulierungen. Wichtig war, dass überhaupt jemand das Zepter des Handelns in die Hand nahm und zur Bildung einer gemeinsamen »politische[n] Plattform« aufforderte, und das »für die ganze DDR, die es Menschen aus allen Berufen, Lebenskreisen, Parteien und Gruppen möglich macht, sich an der Diskussion und Bearbeitung lebenswichtiger Gesellschaftsprobleme in diesem Land zu beteiligen« (ebd.).

Darüber hinaus gibt es eine ganze Gruppe von Wörtern und Wendungen, die in der kurzen Phase der Wendezeit kreiert wurden. Bei diesen als »Wendewortschatz« in die Sprachgeschichtsschreibung eingegangenen Bildungen handelt es sich kaum um sprachliche Neuschöpfungen, sondern vornehmlich um neue Bedeutungskomponenten bereits vorhandener Wörter. Dazu gehört zunächst das Wort »Wende« selbst, das vielleicht wirklich auf die Rede von Egon Krenz am 18. Oktober 1989 zurückgeht, aber seitdem durch seine Ambivalenz stets umstritten war. Wie hätte Christa Wolf sonst in ihrer Ansprache auf dem Alexanderplatz am 4. November 1989 ihre »Schwierigkeiten« »mit dem Wort Wende« artikulieren können? Unterdessen hat sich »Wende« mit oder ohne Anführungszeichen als relativ neutrale Beschreibung der gesellschaftlichen Veränderungen am Ende der 80er Jahre in Deutschland und Osteuropa im Alltagssprachgebrauch behauptet. Oder denken wir an »Wendehals« und »Mauerspecht«. Während beim Ersteren – in durchaus kritischer Sicht – die anatomische Beweglichkeit dieses Vogels auf die überaus schnelle Anpassung vieler Ostdeutscher an die neuen politischen Verhältnisse übertragen wird, stehen hinter dem umgangssprachlichen »Mauerspecht« all jene, die Stücke aus der Berliner Mauer als Souvenir herausbrachen.

Hervorstechendes Merkmal des politischen Diskurses vom Herbst 1989 ist, dass er die für die parlamentarische Demokratie geltenden Grenzen politischer Kommunikation überschreitet. Es ist keine »Kommunikation zwischen Politikern, Parteien usw. und den Bürgern oder der Öffentlichkeit«, in der das »politische Handeln [...] für die Bürgeröffentlichkeit gedacht und sprachlich formuliert wird« (STRAUSS u.a. 1989, 30/31). Es ist zunächst die vom Volk – also von unten – ausgehende Einforderung der bisher nicht vorhandenen Kommunikation zwischen dem Volk und den politischen Machtorganen und ihren Funktionsträgern. Da die gleichgeschalteten Medien längst den Anspruch, »Träger der öffentlichen Meinung« zu sein, verwirkt hatten, kann sich das Volk vorerst dieser Medien nicht bedienen; die vox populi mit ihren Sprechchören und Transparenten ist die öffentliche Meinung schlechthin. Die Bürger selbst erzwingen den Dialog, der nach einer Phase der Sprachlosigkeit dezentral, ohne einheitliche Leitung von »oben« durch örtliche Funktionäre und staatliche Organe aufgenommen wird. Diese Dialoge erhalten auch schnell eigene Namen, so die »Rathausgespräche« in Dresden, die »Sonntagsgespräche« in Berlin oder auch die ersten »Runden Tische«. Von ihrer Struktur her sind diese Dialogrunden asymmetrische Diskussionsforen. Die Bürger bestimmen die Inhalte dieser Dialoge und geben die Gesprächsgegenstände vor, wie Freiheit der Medien, Rechtssicherheit, Umweltpolitik, Reisefreiheit, wirtschaftliche und politische Krise des Landes. Übrigens sehr schnell beginnen auch die Journalisten die ihnen verordneten Scheuklappen und Maulkörbe abzustreifen und es gelingt ihnen zunehmend, Rundfunk, Fernsehen und Presse wieder zu echten Trägern der öffentlichen Meinung zu machen. Es ist erstaunlich, wie hier Kreativität geweckt und entwickelt wurde.

Die zunehmende Durchlässigkeit und endgültige Öffnung der Mauer am 9. November 1989 führt zu einer Veränderung der öffentlichen Kommunikationssituation. Neben die Losung *Wir sind das Volk*, die im Rahmen des DDR-Diskurses den Gegensatz zwischen den Interessen des Volkes und der Machtausübung der Staatsführung artikuliert, tritt *Wir sind ein Volk*. Mit dem ethnischen Volksbegriff wird der Rahmen des DDR-Diskurses gesprengt und die gesamtdeutsche Dimension ins Blickfeld gerückt. Der bislang ausschließlich vertikal ausgerichtete Diskurs zwischen unten und oben erhält nun auch eine horizontale Dimension, zwischen Ost und West. Eine neue, gesamtdeutsche Kommunikationsphase nimmt ihren

Anfang, die nach dem 3. Oktober 1990, dem Beitrittstag der DDR zum Geltungsbereich des Grundgesetzes, endgültig zur Kommunikation innerhalb der Bundesrepublik wird. Allerdings bestimmen die neuen Dialogformen wie z. B. die zahlreichen Runden Tische auf allen Ebenen noch über längere Zeit das öffentliche politische Leben und auch in den Parlamenten entwickelt sich eine neue, bis dahin nicht gekannte Diskussionskultur.

Metaphorisch lässt sich der Wandel zwischen diesen beiden Kommunikationsphasen etwa folgendermaßen umschreiben. Auf die euphorische und sprachlich äußerst kreative Aufbruchsstimmung innerhalb des kontrovers geführten DDR-Diskurses folgen die Mühen der Ebene und der Wechsel vom Hochpolitischen zu den Problemen der Sprache des Alltags. Diese Phase gebar den »Ossi« und den »Wessi« und als metaphorische Zuspitzung den »Jammerossi« und den »Besserwessi«. Zwar gab es den »Wessi« als Westberliner Benennung für die Westdeutschen auch schon vorher. Aber die Parallelbildung »Ossi« und die damit verbundene Bedeutungserweiterung von »Wessi« auf alle westlich sozialisierten Bundesbürger gehören – genauso wie der »Wossi« als ein im Osten lebender Westdeutscher – in diese Zeit. Es sind Bezeichnungen, die in ihrer Aussagekraft nicht hinter den kreativen Formulierungen der ersten Phase der Wendezeit zurückbleiben, die aber die gegenseitige Verletzbarkeit der unvorbereitet aufeinander treffenden Gesprächspartner aus Ost und West dokumentieren.

Die Übernahme der (alt-)bundesrepublikanischen Gesellschaftsstruktur durch die so genannten neuen Bundesländer erfordert die Anpassung des ostdeutschen Sprachgebrauchs an die Regeln und Normen westdeutscher Sprach- und Kommunikationsverhältnisse auf allen Ebenen und in allen Bereichen, einschließlich der Parlamente. Auch hier wird nach und nach die neue, unverkrampfte Diskussionskultur der Wendezeit von den Ritualen des eingefahrenen Parlamentarismus verdrängt. Dass sich die Ostdeutschen im Rahmen dieser nun gesamtdeutschen Kommunikation – auf jeden Fall in der Anfangsphase – nicht gerade durch besondere sprachliche Kreativität auszeichnen konnten, liegt auf der Hand. Zu groß war der Anpassungsdruck an sprachliche Muster und kommunikative Verhaltensweisen, die bislang nicht zu ihren täglichen Erfahrungen gehörten. Heute, nach ca. einem Jahrzehnt, sind die West-Ost-Differenzen auf der sprachlichen Oberfläche kaum noch wahrnehmbar. Die Anpassung des ostdeutschen Sprachgebrauchs an den westdeutschen Standard ist so weit fortgeschritten, dass West wie Ost nicht mit gespaltener, sondern mit einer nahezu einheitlichen, nämlich der westdeutschen Zunge reden.

Im Anschluss an die sprachkritischen Betrachtungen von 1993 und 1996[3], die die sprachlich-kommunikativen Veränderungen in der ersten Hälfte der 90er Jahre reflektieren, bemühen sich die AutorInnen in diesem Band um ein Resümee zehnjähriger Sprachentwicklung, wie sie sich unter dem Einfluss von Wende und Vereinigung in der neuen Bundesrepublik vollzogen hat. Fünfzehn WissenschaftlerInnen, die in den letzten zehn Jahren über das Woher und Wohin deutschen Sprachgeschehens im Zusammenhang mit dem gesellschaftlichen Umbruch in Deutschland und dem Vereinigungsprozess nachgedacht haben, ziehen Bilanz. Die AutorInnen kommen aus West und Ost und bringen mit ihren verschiedenen Lebens- und Kommunikationserfahrungen auch unterschiedliche Perspektiven auf die gegenwärtigen Sprachprozesse ein. Denn Sprache und sprachliches Verhalten zu beobachten und zu analysieren ist die eine Seite, etwas ganz anderes ist die Bewertung des Beobachteten. Hier spielen die eigenen gesellschaftlichen und kommunikativen Erfahrungen eine entscheidende Rolle, so dass subjektive Komponenten nicht auszuschließen sind. Mit ihren wissenschaftlichen Analysen geben die AutorInnen auch Antwort auf die berechtigte Frage, was denn ein Jahrzehnt für die Veränderung von Sprache bedeutet, deren Entwicklungsphasen in Jahrhunderten gemessen werden. Wie die einzelnen Beiträge zeigen, verändert sich Sprache, vornehmlich aber deren Gebrauch, im Umfeld gesellschaftlicher Umbruchssituationen auch in einem so kurzen Zeitraum, wie er den vorliegenden Beobachtungen zu Grunde liegt.

Während JÖRG PALM und STEFAN RICHTER durch die Gegenüberstellung von »Beratung« und »Auskunft« die Unterschiedlichkeit östlich-westlichen Sprachgebrauchs in telefonischen Beratungsgesprächen konstatieren, verfolgt INGRID KÜHN den steinigen Weg der Anpassung östlicher Sprachgewohnheiten an den westlichen Standard anhand der Textmustermischung in der alltagssprachlichen Textsorte »Danksagung«. ARMIN BURKHARDT und KORNELIA PAPE widmen sich der parlamentarischen Kommunikation und geben eine detaillierte Beschreibung der Ausbildung einer parlamentarischen Diskussionskultur in der Volkskammer sowie in ostdeutschen Landtagen, wohingegen RUTH GEIER die offiziellen Reden zum »Tag der deutschen Einheit« mit Blick auf die Darstellung der Ost-West-Beziehungen untersucht. Dass es sich bei den sprachlichen Entwicklungen des letzten Jahrzehnts nicht um Ausgleichsprozesse, sondern fast ausschließlich um eine Anpassung der östlichen Sprecher an die westlichen Normen und Regeln handelt, beweist RUTH REIHER durch eine sprachsoziologische Langzeitstudie der Jahre 1993 und 1998. NORBERT DITTMAR und MELANIE GLIER interpretieren diese sprachliche Entwicklung – mit Blick auf die Berliner Kommunikationsgemeinschaft – als eine Anpassung des östlichen Sprachgebrauchs an die westdeutsche »Prestigevarietät«, während KLAUS-DIETER LUDWIG diesen Angleichungsprozess anhand der lexikographischen Markierung in aktuellen Wörterbüchern des Deutschen verfolgt.

Auch wenn zehn Jahre gesamtdeutsche Kommunikation mit einer weitgehenden Nivellierung ostdeutschen Sprachgebrauchs einhergehen, bedeutet das nicht die Überwindung tatsächlich vorhandener Ost-West-Unterschiede, die sich auch sprachlich artikulieren. Auf divergierende Perspektiven in autobiografischen Erzählungen von Frauen aus West und Ost macht KIRSTEN SOBOTTA aufmerksam, während INGWER PAUL aus gesprächsanalytischer Sicht auf ein häufiges Missverhältnis von Verständigung und Verstehen in ost-westdeutschen Kommunikationsereignissen verweist. Besonders deutlich werden diese Divergenzen in der mit großer Heftigkeit geführten öffentlichen Diskussion um das Buch »Neu-

Land« von Gabriela Mendling (Pseudonym Luise Endlich), die ANTJE BAUMANN beobachtet und in ihrem Beitrag analysiert hat.

Auf das Ganze gesehen sind die gegenwärtigen Sprach- und Kommunikationsprozesse äußerst vielschichtig, so dass die Isolierung eines einzelnen Faktors durchaus nicht auf allen sprachlichen Ebenen und in allen Kommunikationsbereichen erfolgreich sein muss. Wie HORST-DIETER SCHLOSSER mit einem Talkshow-Vergleich von 1996 und 1999 unter Beweis stellt, sind es vor allem mediale Veränderungen, die verschiedene Modelle kommunikativer Interaktion zwischen Ost und West im Jahre 1999 hinter der Beliebigkeit der Smalltalk-Kultur verschwinden lassen. Für GERHARD STICKEL hingegen ist das sprachliche Ost-West-Problem zum gegenwärtigen Zeitpunkt gar kein Thema mehr. Eine von ihm im Winter 1997/98 durchgeführte bundesweite Erhebung erbrachte als Ergebnis, dass sich Spracheinstellungen und -meinungen von Ost- und Westdeutschen weitgehend gleichen. Diese Übereinstimmung veranlasst ihn zu der Feststellung, »dass es gesamtdeutsche sprachliche Themen und Aufgaben gibt, die wichtiger sind als die schon zu lange diskutierten [...] Fragen nach den ost-westdeutschen Spracheinstellungen und -unterschieden«.

Wie die Untersuchungsergebnisse des vorliegenden Bandes und das ungebrochene öffentliche Interesse an dieser Thematik – vor allem in den neuen Bundesländern – erkennen lassen, existieren diese Unterschiede auch nach zehn Jahren Einigungsprozess noch. Und sie werden auch als solche wahrgenommen. Nur müsste die Linguistik in stärkerem Maße als bisher den Schritt in die Interdisziplinarität wagen. Eine Kooperation mit Psychologen, Kommunikations- und Sozialwissenschaftlern ließe durchaus eine angemessene Beschreibung der vorhandenen »kommunikativ relevanten Mentalitätsunterschiede« (POLENZ 1993, 144) erwarten, die zwar kaum noch an der sprachlichen Oberfläche erkennbar, aber dennoch subversiv im Sprachverhalten wirksam sind.

1 Vgl. die Rede von Christa Wolf auf der Demonstration für Pressefreiheit in Berlin am 4.11.1989 in: BURKHARDT/FRITZSCHE 1992, 149–150.
2 Der Text ist enthalten in: SCHÜDDEKOPF 1990, 29.
3 REIHER/LÄZER 1993 und REIHER/LÄZER 1996.

Literatur

BRESGEN, B. (1995): Als das Wünschen noch geholfen hat. Semantische und symbolische Strategien im Gründungsaufruf des Neuen Forums. In: REIHER, R. (Hrsg.): Sprache im Konflikt. Zur Rolle der Sprache in sozialen, politischen und militärischen Auseinandersetzungen. Berlin, New York. S. 277–298.

BURKHARDT, A./FRITZSCHE, K. P. (Hrsg.) (1992): Sprache im Umbruch. Politischer Sprachwandel im Zeichen von »Wende« und »Vereinigung«. Berlin, New York.

POLENZ, P. von (1993): Die Sprachrevolte in der DDR im Herbst 1989. Ein Forschungsbericht nach drei Jahren vereinter germanistischer Linguistik. In: Zeitschrift für Germanistische Linguistik. Heft 3. S. 127–149.

REIHER, R./LÄZER, R. (Hrsg.) (1993): Wer spricht das wahre Deutsch? Erkundungen zur Sprache im vereinigten Deutschland. Berlin.

REIHER, R./LÄZER, R. (Hrsg.) (1996): Von »Buschzulage« und »Ossinachweis«. Ost-West-Deutsch in der Diskussion. Berlin.

SCHÜDDEKOPF, C. (Hrsg.) (1990): »Wir sind das Volk!« Flugschriften, Aufrufe und Texte einer deutschen Revolution. Hamburg.

STRAUSS, G./HASS, U./HARRAS, G. (1989): Brisante Wörter von Agitation bis Zeitgeist. Ein Lexikon zum öffentlichen Sprachgebrauch. Berlin, New York.

Gerhard Stickel

Was West- und Ostdeutsche sprachlich voneinander halten

Gab es in der DDR und der alten Bundesrepublik vor der »Wende« zwei Arten Deutsch? Gibt es sie immer noch oder wieder? In den Jahrzehnten der deutschen Zweistaatlichkeit wurde in beiden Staaten wiederholt diskutiert, ob und inwieweit die politische Teilung Deutschlands auch zu einer Spaltung der deutschen Sprache führen werde oder schon geführt habe.[1] Zu den beglückenden Erfahrungen nach dem Fall der Berliner Mauer und der Öffnung der innerdeutschen Grenze gehörte für viele Menschen, dass Ost- und Westdeutsche sich trotz vierzigjähriger Trennung anscheinend ohne besondere Probleme verstehen können.

Dieses Gefühl ungetrübter sprachlicher Gemeinsamkeit und Übereinstimmung schien sich jedoch schon wenige Jahre nach der am 3. Oktober 1990 rasch vollzogenen staatlichen Vereinigung wieder abzuschwächen. In dem Maße, in dem sich die großen wirtschaftlichen Probleme im ostdeutschen Alltag konkret auswirkten und auch die Konjunktur in den westdeutschen Bundesländern nachließ, konnte man in Gesprächen und auch in der öffentlichen Kommunikation immer wieder Äußerungen beobachten wie *Wir verstehen uns wohl doch nicht* oder *Wir sprechen eigentlich zwei Sprachen.* Mit derartigen Äußerungen wurden und werden vermutlich in vielen Fällen keine formalen oder semantischen Differenzen benannt, dass also etwa Ost- und Westdeutsche mit Wörtern wie *planen, Markt, Eigentum, demokratisch, ökonomisch* oder anderen verschiedene Bedeutungen verbinden. Wie in manchen Freundschafts- und Ehekrisen geht es dabei letztlich weniger um Verstehensdefizite als um Verständigungsschwierigkeiten, also nicht um mangelndes sprachliches Verständnis, sondern um fehlendes Einverständnis beim Aushandeln von Standpunkten und Interessen.

Der Eindruck zunehmender ost-westdeutscher Verständigungsskepsis oder gar -verdrossenheit ließ sich nicht auf umfassende Beobachtungen oder Erhebungen stützen, sondern lediglich auf einzelne Gespräche, auf Äußerungen von Politikern und auf Sprachglossen und Leserbriefe in den Zeitungen. Die *Mauer in den Köpfen* ist ja seit mehreren Jahren ein von sämtlichen Medien eifrig gepflegter Topos. Im Winter 1997/1998 bot sich mir dann eine Gelegenheit, den wechselseitigen Sprachwahrnehmungen von West- und Ostdeutschen mit einer empirischen Untersuchung nachzugehen. Mit Unterstützung der Fritz Thyssen Stiftung konnten wir durch das Meinungsforschungsinstitut GFM-GETAS (Hamburg) eine ganz Deutschland umfassende Repräsentativerhebung von Spracheinstellungen und -meinungen der Bevölkerung durchführen. Die Umfrage galt mehreren sprachlichen Themen, darunter den Einstellungen der Deutschen zum derzeitigen Sprachwandel, zu den Dialekten und zur Mehrsprachigkeit in Deutschland und schließlich zur Stellung und Entwicklung der deutschen Sprache in der Europäischen Union. Über die Ergebnisse der gesamten Umfrage ist schon an anderer Stelle ausführlich berichtet worden.[2] Im Folgenden möchte ich lediglich einen Teil der Fragen und Antworten, und zwar jeweils mit Bezug zum sprachlichen Ost-West-Verhältnis in Deutschland, vorstellen und kommentieren. Ziel und Zweck ist es dabei zu prüfen, inwieweit der in der öffentlichen Diskussion vermittelte Eindruck von zunehmenden sprachbedingten Verständigungsproblemen zwischen West- und Ostdeutschen den Meinungen und Einstellungen der Bevölkerung entspricht.

Befragt wurden insgesamt rund 2 000 deutschsprachige Erwachsene und zwar je rund 1000 in Ost- und in Westdeutschland.[3] Angesichts der unterschiedlich großen Populationen – in Westdeutschland leben gut dreieinhalb mal so viele Menschen wie in Ostdeutschland – erscheinen die Stichproben von je 1000 als unausgewogen. Da es aber meist um relative Anteile an den beiden Teilstichproben geht, ergeben sich keine Disproportionen. Man kann allenfalls sagen, dass die Stichprobe aus den neuen Bundesländern eine größere Repräsentationsdichte hat. Bei der Berechnung gesamtdeutscher Werte war dann lediglich darauf zu achten, dass der jeweilige westdeutsche Anteil entsprechend höher in den gesamtdeutschen prozentualen Anteil eingeht. Das heißt, die ost- und westdeutschen Werte wurden im Verhältnis 1 : 3,7 gewichtet. Die Verteilung der Probanden nach Alter, Geschlecht und Berufsgruppen entsprach in etwa der derzeitigen demographischen Zusammensetzung der gesamten Wahlbevölkerung in Deutschland.

In einer der Ausgangsfragen der Erhebung wurde das generelle Interesse der Probanden an sprachlichen Fragen erkundet. Dabei sagten weniger als die Hälfte der Befragten (43,5 %) aus, an sprachlichen Fragen ein »mittleres« bis »sehr starkes« Interesse zu haben. Mehr als die Hälfte (56,5 %) erklärten, an sprachlichen Fragen nur wenig oder überhaupt nicht interessiert zu sein. Der Anteil der sprachlich Desinteressierten unter den befragten Ostdeutschen war noch höher (62,5 %) als unter den Westdeutschen (56,5 %). Dafür war der kleine Anteil der sprachlich »sehr stark« Interessierten unter den Ostdeutschen (4,1 %) etwas größer als unter den westdeutschen Probanden (3,4 %). Hierzu die Tabelle 1:

Tabelle 1

Interesse an Sprache (in %)	West	Ost	zus. (gew.*)
sehr stark	3,4	4,1	3,6
stark	9,9	6,5	9,2
mittel	31,8	27,0	30,7
wenig	29,9	37,3	31,5
überhaupt nicht	25,0	25,2	25,0

*gew. = gewichtet im Verhältnis 1 : 3,7

Wesentlich geringer als bei der sehr allgemeinen Frage nach dem sprachlichen Interesse ist die Differenz bei der etwas spezielleren Frage nach der Bewertung einer »gepflegten Ausdrucksweise«. Ich gebe zu, dass »gepflegte Ausdrucksweise« kein eingeführter linguistischer Terminus ist. So etwas wie »situations-, medien- und textsortenadäquater Sprachgebrauch« wollten und konnten wir den Befragten aber nicht zumuten, zumal unter ihnen vermutlich kein einziger Linguist war. Unsere Frage lautete:

Ist Ihnen persönlich beim Schreiben und Sprechen eine gepflegte Ausdrucksweise wichtig?

Antwortmöglichkeiten: *ja, bei beiden; beim Schreiben ja,*

beim Sprechen nein; das kommt auf die Gelegenheit an; nein, ist mir nicht wichtig.

Tabelle 2

Gepflegte Ausdrucksweise wichtig? (in %)	West	Ost	zus. (gew.)
schriftlich und mündlich ja	48,0	47,4	47,9
schriftlich ja, mündlich nein	11,5	13,5	11,9
kommt auf die Gelegenheit an	25,5	27,6	25,9
nicht wichtig	15,0	11,5	14,2

Die Einstellungen zu einer gepflegten sprachlichen Ausdrucksweise sind hiernach in den östlichen und westlichen Bundesländern sehr ähnlich verteilt. Der Anteil der Westdeutschen, die weder gepflegtes Schreiben noch Sprechen für wichtig halten, ist etwas größer, was m. E. die Antwortverteilung zu der zuvor erwähnten Frage nach dem allgemeinen sprachlichen Interesse etwas relativiert.

Zu Beginn des Frageteils zum sprachlichen Ost-West-Verhältnis wurde mit einer Eröffnungsfrage die gesamte Stichprobe in zwei Teilgruppen geteilt: in diejenigen Probanden, die überhaupt deutliche sprachliche Unterschiede zwischen den alten und den neuen Bundesländern sehen, und diejenigen, die solche Unterschiede nicht bemerken. Die Frage lautete:

Meinen Sie, dass es deutliche sprachliche Unterschiede zwischen den alten und den neuen Bundesländern gibt?

Antwortmöglichkeiten waren: *ja, sehr viele, ja einige* und *nein, keine bemerkenswerten.*

Tabelle 3 verzeichnet die Verteilung der Antworten in Prozent:

Tabelle 3

sprachl. Ost-West-Unterschiede? (in %)	West	Ost	zus. (gew.)
ja, sehr viele	17,9	10,8	16,4
ja, einige	40,5	40,1	40,4
nein, keine bemerkenswerten	41,7	49,1	43,2

Erstaunlich ist mit 43,2 % der große Anteil der negativen Antworten, d. h. der Anteil der Gefragten, die keine bemerkenswerten Sprachdifferenzen zwischen Ost und West sehen. Vergleichsweise klein ist mit zusammen 16,8 % der Anteil derer, die sehr viele Unterschiede annehmen. Mehr Westdeutsche als Ostdeutsche sehen sehr viele Unterschiede (17,9 vs. 10,8 %). Dagegen nehmen mehr Menschen in den ostdeutschen Bundesländern an, dass es keine bemerkenswerten sprachlichen Unterschiede gibt. Hiernach ist der Anteil der Menschen, die sprachlich nichts Trennendes bemerken, in den ostdeutschen Bundesländern sogar noch größer als in den westdeutschen. Die moderate Meinung, dass es einige Differenzen gibt, ist mit rund 40 % unter West- und Ostdeutschen ziemlich gleich verbreitet.

Die folgenden speziellen Fragen wurden nur noch an die Teilgruppe der Probanden gerichtet, die überhaupt sprachliche Unterschiede (»sehr viele« oder »einige«) bemerken, d. h. 56,8 % der gesamten Stichprobe. (Die verbleibenden 43,2 % wurden zu dem Ost-West-Sprachthema nicht weiter befragt, eben weil sie von vornherein keine bemerkenswerten sprachlichen Unterschiede wahrnehmen.) Die erste Frage an die verbleibende Gruppe war:

Erscheinen Ihnen diese sprachlichen Unterschiede zwischen Ostdeutschen und Westdeutschen größer als die sprachlichen Unterschiede zwischen Norddeutschen und Süddeutschen?

Hier die tabellarische Zusammenfassung der Antworten:

Tabelle 4 (ohne »keine bemerkenswerten« aus Tab. 3)

Ost-West vs. Nord-Süd in %	West	Ost	zus. (gew.)
ja, größer	29,4	23,4	28,4
nein, nicht größer	70,6	76,6	71,6

Mehr als zwei Drittel der zu diesem Thema Befragten sehen demnach die sprachlichen Unterschiede zwischen den alten und den neuen Bundesländern als Erscheinungen regionaler Sprachvarianz, ähnlich den großregionalen sprachlichen Besonderheiten von Nord- und Süddeutschen. Bezogen auf die gesamte Menge der Befragten, einschließlich derjenigen, die keine Sprachunterschiede sehen, halten also nur weniger als 15 % die Unterschiede in ost-westlicher Dimension für größer als die in nord-südlicher Vergleichsrichtung.

Als zentrale Frage schloss sich an:

Meinen Sie, dass die Sprachunterschiede in Ost und West die

Verständigung in Deutschland sehr stark, etwas oder gar nicht behindern?

Zur Verteilung der Antworten die folgende Tabelle:

Tabelle 5 (ohne »keine bemerkenswerten« aus Tab. 3)

Sprachl. Verständigungshindernisse? (in %)	West	Ost	zus. (gew.)
sehr stark	4,8	1,5	4,2
etwas	36,9	39,0	37,3
gar nicht	58,3	59,6	58,6

Beachtenswert ist, dass nur 4,2 % dieser Teilgruppe in den ost-westdeutschen Sprachdifferenzen ein sehr starkes Verständigungshindernis sehen. Bezogen auf die gesamte Stichprobe, also unter Berücksichtigung auch der Gefragten, die keine bemerkenswerten sprachlichen Unterschiede sehen, sind dies nur etwa 2,4 %. Geradezu komplementär groß ist hierzu mit fast 60 % (58,6 %) der Anteil derjenigen der Teilgruppe, die keine sprachlich bedingten Verständigungshindernisse bemerken. Da auch hierzu noch alle diejenigen zu berücksichtigen sind, die überhaupt keine bemerkenswerten sprachlichen Ost-West-Unterschiede annehmen, können wir schließen, dass insgesamt gut drei Viertel (76,4 %) aller an der Umfrage Beteiligten meinen, es gebe keine sprachbedingten Verständigungsprobleme zwischen West- und Ostdeutschen. Die Vermutung einer seit einigen Jahren zunehmenden wechselseitigen Sprachskepsis, die auch ich hatte, wird demnach durch die Umfrageergebnisse deutlich widerlegt. Zur Ost-West-Verteilung der vertretenen Meinung lässt sich mit Blick auf Tabelle 5 sagen, dass der kleine Anteil der Verständigungsskeptiker mit 4,8 % in Westdeutschland größer ist als in Ostdeutschland (1,5 %). Ich hatte das umgekehrte Verhältnis vermutet, eine Vermutung, die vielleicht auch durch das verbreitete Vorurteil von den ständig klagenden Ostdeutschen (»Jammerossis«) mitverursacht war.

Nur als Kontrollfrage gedacht, brachte eine weitere Frage wenig Neues. Die Ergebnisse finden sich in Tabelle 6:

Können Sie Ihnen unbekannte Menschen an ihrer Sprache als Westdeutsche oder als Ostdeutsche erkennen? Immer, manchmal oder nie?

Tabelle 6 (ohne »keine bemerkenswerten« aus Tab. 3):

West/Ost sprachl. erkennbar? (in %)	West	Ost	zus. (gew.)
ja, immer	22,6	24,2	22,8
ja, manchmal	71,6	70,9	71,5
nein, nie	5,9	4,9	5,7

Auch diese Frage wurde nur an die Beteiligten gerichtet, die bemerkenswerte sprachliche Ost-West-Unterschiede sehen. Die Verteilung der Einschätzungen ist hierbei in den östlichen und den westlichen Bundesländern nahezu gleich. Der hohe Anteil derjenigen, die die Erkennbarkeit von Ost- und Westdeutschen an ihrer Sprache realistisch mit »manchmal« einschätzen, ist nicht weiter überraschend.

Anschließend wurde die Teilgruppe der Probanden, die sprachliche Unterschiede bemerken, nach Beispielen für typische Wörter und Wendungen aus dem Sprachgebrauch der Menschen im jeweils anderen Landesteil gefragt, also nach typisch ostdeutschen bzw. typisch westdeutschen Ausdrücken. Die Frage lautete:

Fallen Ihnen typische Wörter und Wendungen in der Sprache von Menschen aus den (je nach Herkunft der Gefragten) *neuen/alten Bundesländern auf? Wenn ja, nennen Sie bitte zwei davon.*

Die Frage erwies sich für eine quantitative Betrachtung der Ergebnisse als wenig geeignet, zumal nur etwa ein Viertel der gefragten Westdeutschen (24,9 %) und knapp die Hälfte der gefragten Ostdeutschen (46,7 %) Beispiele angeben konnten oder wollten. Eine solche »Beispielschwäche« ist, wie erfahrene Meinungsforscher bestätigen können, nicht ungewöhnlich. In der latenten Stresssituation eines Interviews werden offene Fragen nur zum Teil ergiebig beantwortet.[4] Es ergaben sich dennoch zwei lange Beispiellisten, die aber wegen der vielen Einmalnennungen für eine statistische Auswertung unergiebig sind. Wiedergegeben werden im Folgenden nur die Anfänge der Häufigkeitslisten mit den Nennungen von der Frequenz 3 oder mehr. Erfasst sind in den beiden Listen sowohl objektsprachliche Ausdrücke, also Beispielwörter und -wendungen, als auch metasprachliche Bezeichnungen von typischen sprachlichen Erscheinungen. Die Beispielwörter und -wendungen sind kursiv gesetzt.

Tabelle 7

»typisch ostdeutsch« (aus westdeutscher Sicht)	
Broiler	25
Sächsisch an sich/sächsischer Tonfall	11
ick/icke (für *ich*)	9
nu/nü/no (statt *ja*)	7
(*Ein-/Zwei-/Vier-)raumwohnung* (statt *-zimmerwohnung*)	6
Kaufhalle (statt *Supermarkt*)	5
Kollektiv	5
Plaste (statt *Plastik*)	4
Zeitangaben (z. B. *Dreiviertel Vier*)	3

Deutlich ist, dass bei diesen Angaben aus westdeutscher Sicht dialektale Besonderheiten des Sächsisch-Thüringischen *(nu/nü)* und Berlinischen *(ick/icke)* mit überregionalen ostdeutschen Spezifika *(Broiler, Einraumwohnung, Kollektiv, Plaste)* durcheinander gehen. Die als typisch ostdeutsch erachtete Form von Zeitangaben (*Dreiviertel Vier* statt *Viertel vor Vier*) beruht zudem auf einer Fehleinschätzung, weil die regionale Verteilung der unterschiedlichen Zeitangaben quer zu der (ehemaligen) ost-westdeutschen Grenze verläuft.

Es folgt der Anfang der Häufigkeitsliste der Beispiele für typisch westdeutschen Sprachgebrauch aus ostdeutscher Sicht.

Tabelle 8

»typisch westdeutsch« (aus ostdeutscher Sicht)	
Super	22
Zeitangabe (z. B. *Viertel vor Vier*)	18
Ossi(s)	9
(Brat)Hähnchen (statt *Broiler*)	9
Anglizismen/Amerikanismen/englische Wörter	8
Schaun mer mal!	7
Cool	6
Grüß Gott	6
Kids	6
okay/o. k.	6
Shopping/Shoppen (statt Einkaufen)	6
Team (statt *Kollektiv*)	6
Flieger (statt *Flugzeug*)	5
außen vor lassen/bleiben	4

Auch in dieser Liste von Beispielen aus ostdeutscher Sicht finden sich Regionalismen wie *Grüß Gott* und *Viertel vor Vier* neben überregionalen westdeutschen Spezifika wie dem häufigeren Anglizismengebrauch in den westlichen Bundesländern. Der Vergleich der Tabellen 7 und 8 macht unter anderem auf das Kuriosum aufmerksam, dass die Bezeichnungen für gebratenes Geflügel (*Broiler* vs. *Brathähnchen*) geradezu Schibboleth-Qualität für die sprachliche Ost-West-Wahrnehmung haben. Zu beachten ist im Übrigen, dass die Liste der Westspezifika aus ostdeutscher Sicht (auch in der hier nicht wiedergegebenen Fortsetzung) merklich reichhaltiger ist als die Beispielliste aus umgekehrter Sicht. Wenngleich die Verständigungsskepsis in den ostdeutschen Ländern geringer ist, als ich vermutet hatte (s. o. den Kommentar zu Tab. 5), ist offensichtlich die Aufmerksamkeit Ostdeutscher gegenüber dem westdeutschen Sprachgebrauch etwas größer als in der Gegenrichtung.

Die abschließende Frage zu den ost-westdeutschen Spracheinstellungen galt den Meinungen zur künftigen Entwicklung:

Was glauben Sie, wann werden sich West- und Ostdeutsche in ihrem Sprachverhalten aneinander angeglichen haben?

Antwortmöglichkeiten waren: *in den nächsten 10 Jahren*, *in mehreren Jahrzehnten* und *wahrscheinlich nie.*

Tabelle 9 verzeichnet die Verteilung der Antworten:

Tabelle 9 (ohne »keine bemerkenswerten« aus Tab. 3)

Sprachliche Angleichung? (in %)	West	Ost	zus. (gew.)
in 10 Jahren	24,5	34,5	26,6
in mehreren Jahrzehnten	25,2	29,6	26,0
wahrscheinlich nie	50,3	36,0	47,3

Der Anteil der Ostdeutschen, die eine sprachliche Ost-West-Angleichung schon für das nächste Jahrzehnt annehmen, ist mit 34,5 % merklich größer als der Anteil der Westdeutschen (24,5 %) mit dieser Meinung. Andererseits nimmt gut die Hälfte (50,3 %) der Westdeutschen an, also deutlich mehr als Ostdeutsche (36,0 %), dass es zu einer sprachlichen Angleichung wahrscheinlich nie kommen werde. Dieses leicht asymmetrische Verhältnis erklärt sich zum Teil möglicherweise schon aus der unterschiedlichen Bevölkerungsgröße in Ost- und Westdeutschland. Eine Minderheitsgruppe ist im Allgemeinen eher an Angleichung interessiert als eine Mehrheitsgruppe.

Für wichtiger an dem quantitativen Ergebnis dieser letzten Frage halte ich aber, dass nur eine Minderheit aus beiden deutschen Teilgebieten eine rasche sprachliche Angleichung für wahrscheinlich hält. Eine deutliche Mehrheit von zusammen 73,3 % (26,0 % + 47,3 %) erwartet eine sprachliche Angleichung von West- und Ostdeutschen erst nach mehreren Jahrzehnten oder schließt sie sogar ganz aus. Dies sollte keineswegs als Zeichen einer vorherrschenden innerdeutschen Sprach- und Verständigungsskepsis gesehen werden. Die Vermutung einer solchen Skepsis wurde ja durch einige der vorausgehenden Fragen und Antworten widerlegt, besonders durch die Antworten auf die Frage nach den sprachlichen Verständigungshindernissen (s. o. Tab. 3). Ich sehe in der Verteilung der Antworten auf die letzte Frage in erster Linie eine positive Einschätzung der Beständigkeit regionaler Sprachvarietäten in Deutschland. Eine entsprechende Frage an Nord- und Süddeutsche (also quer zu der Ost-West-Einteilung), die aber bei der Umfrage leider nicht gestellt wurde, hätte vermutlich ein ähnliches Ergebnis erbracht.

Dass die regionalen Varietäten des Deutschen derzeit vorwiegend positiv bewertet werden, ergab im Rahmen der Repräsentativerhebung eine andere Frage, die nicht auf Ost-West-Einstellungen abzielte. Gefragt wurden alle Probanden aus Ost und West, inwieweit sie regional geprägte Sprechweisen störend finden.[5] Hierbei ergab sich, dass fast zwei Drittel der Gefragten (60,6 %) regional geprägten Sprachgebrauch uneingeschränkt akzeptieren und nur 4,5 % ihn prinzipiell ablehnen. Die Meinungsverteilung war hierbei in den alten und neuen Bundesländern nahezu gleich. Vor dem Hintergrund dieses Ergebnisses, das die Toleranz und Offenheit der meisten Deutschen gegenüber regionalen Sprachvarietäten zu erkennen gibt, erscheinen die Antworten auf die Fragen nach der sprachlichen Angleichung von Ost- und Westdeutschen als unproblematisch. Die regionalen Besonderheiten der deutschen Sprache im Norden und Süden wie auch die im Osten und Westen werden offensichtlich von der Mehrzahl der Deutschen nicht als Nachteil, als Hindernis für die innerdeutsche Verständigung angesehen, sondern eher als Vorteil, als erhaltenswerter sprachlicher Reichtum, der nicht schon in wenigen Jahren durch völlige sprachliche Angleichung aufgegeben werden sollte.

Als Ergänzung möchte ich noch die ost-west-spezifischen Antwortverteilungen zu zwei weiteren Fragen vorstellen, bei denen es auf die Ermittlung von Einstellungen zu anderen Sprachen geht, die in Kontakt zum Deutschen stehen. Zunächst das Verhältnis der deutschsprachigen Deutschen zu den durch Arbeitsmigration entstandenen Minderheitensprachen in Deutschland. Hierzu lautete eine Frage:

In Deutschland gibt es neben alten Minderheitensprachen wie Sorbisch in der Lausitz oder Dänisch in Schleswig seit einigen Jahrzehnten auch Minderheitensprachen von z. T. großen Zuwanderergruppen, darunter Türkisch, Italienisch und Spanisch. Finden Sie diese Mehrsprachigkeit in Deutschland gut oder schlecht, oder ist sie Ihnen egal?

Hierzu die Verteilung der Antworten in Tabelle 10:

Tabelle 10:

Mehrsprachigkeit in Deutschland (in %)	West	Ost	zus. (gew.)
gut	25,6	25,0	25,5
schlecht	17,7	15,5	17,2
mir egal	56,7	59,5	57,2

Die Einstellungen zu den neuen Minderheitensprachen in Deutschland sind unter den befragten Ost- und Westdeutschen nahezu gleich verteilt. Bemerkenswerter als die geringe Ost-West-Differenz ist hier, dass nur ein Viertel aller Befragten zu der in Deutschland gegebenen Mehrsprachigkeit positiv eingestellt ist. Und ebenfalls bemerkenswert ist, dass die Mehrheit der Befragten in West und Ost den Zuwanderersprachen gleichgültig gegenübersteht. Der hohe Anteil der Gleichgültigen kompensiert die rund 17 % der negativ Eingestellten eben nicht. Eine Zusatzfrage nach staatlicher Förderung der Minderheitensprachen ergab, dass die meisten der »Gleichgültigen« in West und Ost eine solche Förderung ablehnen, also zu den latenten Gegnern der innerdeutschen Mehrsprachigkeit gehören (s. STICKEL/VOLZ, 38 f.).

Eine nahezu gleiche Meinungsverteilung unter West- und Ostdeutschen ergab auch eine Frage zur politischen Stellung der deutschen Sprache in der Europäischen Union. Die Frage war:

In der Europäischen Union gibt es 11 Amtssprachen, darunter Deutsch. Der alltägliche amtliche Sprachverkehr in den Europäischen Behörden erfolgt jedoch weitgehend in den zwei sogenannten Arbeitssprachen Englisch und Französisch. Von manchen deutschen Politikern, aber auch von Vertretern anderer Staaten wird gefordert, in den Europäischen Behörden Deutsch als dritte Arbeitssprache neben Englisch und Französisch zu benutzen. Finden Sie diese Forderung gut?

Als Antwortmöglichkeiten wurden neben *ja, finde ich gut* und *nein, finde ich nicht gut* auch *bin unentschieden* angeboten. Hier das Ergebnis:

Tabelle 11:

EU-Arbeitssprache Deutsch? (in %)	West	Ost	ges. (gew.)
Ja/gut	54,6	55,9	55,0
Nein, nicht gut	16,0	15,0	15,8
Bin unentschieden	29,4	29,1	29,1

Auch zu dieser Frage verhalten sich Ost- und Westdeutsche nahezu gleichartig. Bemerkenswert ist auch hier der relativ hohe Anteil von fast 30 % derjenigen, die sich (noch) keine Meinung gebildet haben.

Die Repräsentativerhebung hat mit den Fragen zu den wechselseitigen Spracheinstellungen von Ost- und Westdeutschen keine neuen Sprachdaten erbracht. Über den tatsächlichen Sprachgebrauch und seine Veränderungen in Ost und West können wir den Antworten und ihrer quantitativen Verteilung nichts Neues entnehmen. Wie aber die Soziolinguistik in den letzten zwei Jahrzehnten besonders durch Untersuchungen von Spracheinstellungen[6] verdeutlicht hat, sind nicht nur Beschreibungen des konkreten Sprachgebrauchs und seiner Regularitäten linguistisch relevant, sondern auch die Erforschung von Meinungen und Einstellungen, die Menschen zu ihrem eigenen Sprachgebrauch und dem anderer Menschen haben.

Der Teil der Umfrage, der sich auf die west-ostdeutschen

Spracheinstellungen bezog, ging von der Annahme aus, die wechselseitige sprachliche Wahrnehmung und Bewertung sei von zunehmender Skepsis und wachsendem Verständigungspessimismus geprägt. Diese Hypothese wurde durch die Umfrage nicht bestätigt. Statt dessen war den Antworten zu entnehmen, dass die meisten Menschen in den ehemals getrennten deutschen Gebieten die ost-westlichen Sprachdifferenzen, sofern sie sie überhaupt bemerken, kaum anders sehen als die Unterschiede zwischen dem Sprachgebrauch in Nord- und Süddeutschland. Soweit regionale sprachliche Spezifika wahrgenommen werden, werden sie von der überwiegenden Mehrheit aller Befragten, die eine recht zuverlässige repräsentative Auswahl aus der Gesamtmenge aller erwachsenen Deutschen darstellen, positiv eingeschätzt.

Kein signifikanter Unterschied ergab sich zwischen den Antwortverteilungen in Ost- und Westdeutschland bei Fragen nach der Einstellung zu den Minderheitensprachen in Deutschland und zur politischen Stellung der deutschen Sprache in der Europäischen Union, beides Fragen, die weniger die Vergangenheit als die sprachliche Gegenwart und Zukunft betreffen. Die Gleichartigkeit der Einstellungen lässt gesamtdeutsche Gemeinsamkeiten erkennen, diese leider aber nicht nur im Positiven. Die gesamtdeutsche Gleichverteilung der an solchen sprachpolitischen Fragen Desinteressierten und Meinungslosen macht deutlich, dass es gesamtdeutsche sprachliche Themen und Aufgaben gibt, die wichtiger sind als die schon etwas zu lange diskutierten und von den Medien gern immer wieder aufgewärmten Fragen nach den ost-westdeutschen Spracheinstellungen und -unterschieden.

---

1 Zu den ost- und westdeutschen sprachlichen Spezifika gibt es eine umfangreiche Literatur. Siehe hierzu etwa die Literaturverzeichnisse in FLEISCHER (1986) und SCHLOSSER (1990). Zum Wechsel in der Bewertung der sprachlichen Unterschiede als Sprachvarianz oder als Sprachspaltung siehe besonders HELLMANN (1989).

2 Siehe STICKEL (1999) und STICKEL/VOLZ (1999).

3 Die genauen Zahlen sind: 969 Personen in den ›alten Bundesländern‹, 1056 in den ›neuen Bundesländern‹, zusammen also 2025 Personen. Die ›krummen‹ Zahlen ergeben sich durch Aussondern unvollständiger und falsch ausgefüllter Fragebogen.

4 Eine kleine Vergleichsumfrage unter den west- und ostdeutschen Mitarbeitern des Instituts für deutsche Sprache, die sich in Ruhe mit dem Fragebogen befassen konnten, ergab viel reichhaltigere Beispiellisten.

5 Näheres in STICKEL (1999), Kap. 3.5.

6 Eine systematische Behandlung englischsprachiger Einstellungsforschungen bieten BAKER (1992) und GILES (1987). Eine knappe Darstellung verschiedener theoretischer Einstellungskonzepte findet sich in SCHLIEBEN-LANGE (1991), 108–111.

Literatur

BAKER, C. (1992): Attitudes and Language. Clavendon: Multilingual Matters.

FLEISCHER, W. (1986): Wortschatz der deutschen Sprache in der DDR. Fragen seines Aufbaus und seiner Verwendungsweise. Leipzig.

GILES, H. et. al. (1987): Research on Language Attitudes. In: AMMON, U./DITTMAR, N./MATTHEIER, K. J. (Hrsg.): Sociolinguistics. Soziolinguistik. 1. Vol. (HSK 3.1). Berlin, New York. S. 585–597.

HELLMANN, M. W. (1989): Die doppelte Wende. Zur Verbindung von Sprache, Sprachwissenschaft und zeitgebundener politischer Bewertung am Beipiel deutsch-deutscher Sprachdifferenzierung. In: KLEIN, J. (Hrsg.): Politische Semantik. Bedeutungsanalytische und sprachkritische Beiträge zur politischen Sprachverwendung. Opladen. S. 297–326.

SCHLIEBEN-LANGE, B. (1991): Soziolinguistik. 3. Aufl. Stuttgart, Berlin, Köln.

SCHLOSSER, H. (1990): Die deutsche Sprache in der DDR zwischen Stalinismus und Demokratie. Historische, politische und kommunikative Bedingungen. Köln.

STICKEL, G. (1999): Zur Sprachbefindlichkeit der Deutschen – Erste Ergebnisse einer Repräsentativumfrage. In: STICKEL, G. (Hrsg.): Sprache – Sprachwissenschaft – Öffentlichkeit. Jahrbuch 1998 des Instituts für deutsche Sprache. Berlin, New York [i.Dr].

STICKEL, G./VOLZ, N. (1999): Meinungen und Einstellungen zur deutschen Gegenwartssprache. Ergebnisse einer bundesweiten Repräsentativerhebung. *amades* Nr. 2/99. IDS Mannheim.

Ruth Reiher

Das »Kollektiv« hat sich ins »Team« verabschiedet

Regionale Differenzierungen im ostdeutschen Sprachgebrauch

Sprachliche Anpassung

Als Fazit der von STICKEL (in diesem Band) vorgestellten repräsentativen Umfrage bestehen kaum »ost-westliche[n] Sprachdifferenzen«. Nun hatte ich weder Gelegenheit noch das Geld, eine repräsentative Befragung durchzuführen. Dennoch wollte ich der Frage nachgehen, welche Veränderungen im Sprachgebrauch sich in den letzten zehn Jahren im sich vereinigenden Deutschland vollzogen haben. Beobachtungen der Medien, der öffentlichen und der privaten Kommunikation meiner unmittelbaren Umgebung sowie eigene und die Untersuchungen vieler Linguistik-KollegInnen bestätigten mich in der Annahme, dass die gesellschaftliche Entwicklung der neuen Bundesrepublik auch mit sprachlichen Wandlungen einhergeht.

Die »Wende« von 1989 und die sich anschließende deutsche Vereinigung stellte vor allem die ehemaligen DDR-Bürger vor die Aufgabe, sich in ein ihnen völlig neues und im Detail unbekanntes gesellschaftliches System einzufügen. Diese Integration betraf auch die sprachliche Komponente ihres Verhaltens. Nicht nur die Regeln der neuen Institutionen mussten angeeignet werden, mit ihnen auch deren Benennungen sowie die in ihnen üblichen Normen sprachlich-kommunikativen Verhaltens. Weder beim Abfassen einer »Anzeige« noch bei der Formulierung einer »Referenz« oder gar eines »Bewerbungsschreibens« konnte auf vorhandenes Musterwissen zurückgegriffen werden. Alles musste neu erlernt und zugleich praktisch bewältigt werden. Bislang nicht vorhandenes Sachwissen musste gleichzeitig mit neuem Sprachwissen angeeignet werden. Wollten die ostdeutsch Sozialisierten in der westlich dominierten Gesellschaft bestehen, mussten sie sich in ihrem Gesamtverhalten – also auch im Sprachverhalten – den geltenden Regeln und Normen anpassen. Dabei die Balance zwischen eigener Persönlichkeit und Anpassungsdruck zu wahren war nicht immer leicht. Sie führte teilweise zu komischen Entgleisungen, aber auch zu tragischen Konflikten.

Heute, nach zehn Jahren, fällt es schwer, den Ostdeutschen vom Westdeutschen – mit Ausnahme dialektaler Eigenheiten – an seiner Sprache und an seinem sprachlichen Verhalten zu unterscheiden. Zwar ist die viel zitierte »Mauer in den Köpfen« nicht zu leugnen, aber an der sprachlichen Oberfläche sind die tatsächlich vorhandenen Gegensätze immer weniger festzumachen. Unmittelbar nach der Wende war es leicht, den Ostdeutschen nicht nur an seinen Jeans, seinen Schuhen oder seiner Brille, sondern auch an seiner Sprache zu identifizieren. Neben DDR-spezifischer Lexik, typischen Redeweisen wie »sich keinen Kopf machen« oder »auf der Strecke« (auf dem Gebiet) waren es vor allem wenig ausgeprägte rhetorische Fähigkeiten oder auch eine gewisse Unsicherheit im sprachlich-kommunikativen Verhalten, die den ostdeutschen Sprecher kennzeichneten. Inzwischen hat sich der Ostdeutsche nicht nur in seinem äußeren Habitus, sondern auch in seinen sprachlichen Formulierungen sowie in der Art und Weise des Sprechens und Schreibens dem westlichen Standard angenähert.

Die zu Beginn der 90er Jahre häufig beobachtete sprachliche Unsicherheit – auf jeden Fall bei den in der Öffentlichkeit stehenden Personen – ist einer rhetorischen Gewandtheit gewichen, die die ostdeutschen Sprecher kaum noch von ihren westlichen Partnern unterscheiden lässt. Wer diesen Sprung nicht geschafft hat, ist allerdings auch weitgehend aus dem öffentlichen Blickfeld verschwunden. Diese zügige sprachliche Anpassung ist vor allem in öffentlichen Bereichen wie z. B. dem Bundestag, dem Berliner Abgeordnetenhaus oder auch in der gesamten Medienlandschaft zu beobachten. Hier haben sich die zahlenmäßig unterrepräsentierten Ostdeutschen – wohl mehr unbewusst als bewusst – den westdeutschen Verhaltens- und Sprachmustern angenähert. In denjenigen öffentlichen

Kommunikationsbereichen hingegen, in denen diese westliche Dominanz nicht existiert, überwiegen noch in stärkerem Maße die östlichen Gesprächs- und Verhaltensmuster. Sie sind gekennzeichnet durch kommunikative Merkmale wie Konsensorientierung oder auch größere Sachbezogenheit in der Argumentation. Als Beweis dafür könnte das Sprachverhalten der Abgeordneten in den östlichen Landesparlamenten herangezogen werden.

Besonders deutlich werden diese Unterschiede an den Sprachverhältnissen in Berlin, namentlich am Gebrauch und an der Bewertung des Berliner Stadtidioms. Als Folge weniger ausgeprägter hierarchischer Strukturen in der DDR-Gesellschaft als in der (Alt-)Bundesrepublik bestand bei den Ostberlinern auch eine größere Akzeptanz gegenüber den Sprachschichten außerhalb der Hochsprache, gegenüber der allgemeinen und speziell der Berliner Umgangssprache. Die Verwendung berlinischer Formen wurde nicht stigmatisiert, der Sprecher keinerlei Sanktionen ausgesetzt. Die Karriere – ein Wort übrigens, das bei vielen Ostdeutschen bis in die Gegenwart einen negativen Touch besitzt – wurde dadurch nicht beeinträchtigt. Während die Berliner Stadtsprache also im Ostteil der Stadt nicht nur in privaten, sondern auch in halböffentlichen und öffentlichen Situationen von nahezu allen gesellschaftlichen Gruppen verwendet wurde, war sie im westlichen Teil negativ besetzt. Ihre Verwendung war auf die unteren sozialen Gruppen und Schichten sowie auf private und halböffentliche Situationen beschränkt. Diese Differenz zwischen dem Ost- und Westteil der Stadt ist bis heute zu beobachten. Wie empirische Untersuchungen zum Berlinischen in der politischen Öffentlichkeit belegen, bevorzugen z. B. Verordnete in den Ostberliner Bezirksverordnetenversammlungen (untersucht wurden Pankow und Prenzlauer Berg) in viel stärkerem Maße berlinische Elemente als ihre westlichen Kollegen in den Bezirksverordnetenversammlungen von Wedding oder gar Zehlendorf. Im Berliner Abgeordnetenhaus hingegen, das westlich dominiert ist, aber Ost- und Westabgeordnete gleichermaßen umfasst, haben sich die östlichen Volksvertreter den für die öffentliche Debatte in den Plenarsitzungen geltenden hochsprachlichen Normen weitgehend angeglichen.

Dass es sich hierbei um einen Anpassungsprozess der Ostabgeordneten handelt, zeigt ein Vergleich des Sprachstils der beiden Abgeordnetengruppen in der halböffentlichen Situation des Interviews. Während die westlich sozialisierten Abgeordneten im Interview in der gleichen Weise hochdeutsch sprechen wie in der öffentlichen Debatte, verbergen die Ostabgeordneten in dieser mehr halböffentlichen Situation nicht ihre normale Sprachlage, und das ist eben das leichte Berlinisch (vgl. REIHER 2000).

Die östlichen Produzenten von »Anzeigen«, »Referenzen« oder auch »Bewerbungsschreiben« beherrschen inzwischen die westlichen Muster so perfekt, dass es schwer fällt, die Herkunft ihrer Schreiber zu erkennen. Ein Vergleich von »Bewerbungen« ost- und westdeutscher Jugendlicher aus den Jahren 1990 bis 1995 bestätigt diese Annahme, zeigt aber zugleich die Übergangserscheinungen zwischen tradiertem Musterwissen und Anpassung an die neuen Regeln bei den östlichen Bewerbern. So sind bei ihnen vereinzelt sprachliche Elemente östlicher Provenienz zu beobachten wie die Nennung des Wortes »Bewerbung« direkt in der Betreffzeile, die Anrede mit »Werte/Werter« (Werte Damen und Herren), DDR-spezifisches Vokabular wie »Klubleiter«, »Lehrling« und »Kinderferienlager« oder auch vorsichtigere Formulierungen. Die östlichen Jugendlichen »möchten sich« in viel stärkerem Maße »bewerben« als ihre westlichen Konkurrenten, die »bewerben sich« eben einfach. Die Persönlichkeitsdarstellung sowie die Beschreibung ihrer Kenntnisse und Fähigkeiten gelingen den ostdeutschen Jugendlichen auch noch nicht so selbstbewusst wie ihren westlichen Mitbewerbern. Aber auf das Ganze gesehen sind die Unterschiede bereits in diesem Zeitraum (1990 bis 1995) minimal.

Von einigen Ausnahmen abgesehen hat sich auch beim Wortschatz eine Angleichung des östlichen Sprachgebrauchs an den westlichen vollzogen. So haben Wörter wie »Kollektiv«, »Plaste«, »Losung« oder auch »Getränkestützpunkt« ihren westlichen Pendants »Team«, »Plastik«, »Slogan« und »Getränke-Shop« weitgehend Platz gemacht. Während es sich bei all diesen im Osten übernommenen Wörtern um Anglizismen handelt, ist der als Signal für den östlichen Sprachgebrauch geltende Anglizismus »Broiler« dem deutschen »Grillhähnchen« gewichen. Die Ostdeutschen fliegen auch immer häufiger mit dem »Flieger« und nicht mehr mit dem »Flugzeug«, wohingegen sie ihrer »Kaufhalle« und der »Dreiraumwohnung« relativ treu geblieben sind.

In entgegengesetzter Richtung, von Ost nach West, hat sich sprachlich hingegen kaum etwas bewegt. Warum sollte auch ein Bayer, Hesse oder Schleswig-Holsteiner seinen Sprachgebrauch ändern? Sein privates und gesellschaftliches Umfeld war in den letzten zehn Jahren keinen grundsätzlichen Wandlungen unterworfen. Die ihm vertraute öffentliche Kommunikation hat mit Ausnahme einiger zunächst rhetorisch recht unbeholfener Politikerinnen und Politiker aus dem Osten kein neues Gesicht bekommen. Folglich gab es für ihn keine Veranlassung, sein bisheriges Verhalten, auch das sprachliche, einer kritischen Prüfung in Bezug auf Angemessenheit, Verständlichkeit oder Wahrhaftigkeit zu unterziehen oder sich gar in seiner Sprechweise an bisher ungewohnten und neuen Mustern zu probieren. Für ihn blieb alles beim Alten.

Umso erstaunlicher ist es, dass bei dieser generellen Enthaltsamkeit des Westteils der Bundesrepublik gegenüber sprachlichen Veränderungen aus den neuen Bundesländern einige wenige Wörter und Wendungen den Sprung über die Elbe geschafft haben. Dabei handelt es sich um die Verben »abnicken« (einverstanden sein), »orientieren auf« im Sinne von Gerichtetheit gegenüber der allgemeineren Bedeutung von »orientieren« (sich zurechtfinden) oder »andenken« (etwas wird »angedacht« als Anfangspunkt des Denkprozesses). Auch das im DDR-Sprachgebrauch weit verbreitete Substantiv »Zielstellung« für das westliche Synonym »Zielsetzung« ist in den alten Bundesländern immer häufiger zu hören. Das gleiche trifft auf die vornehmlich in den akustischen Medien verbreitete Redewendung »Fakt ist, ...« zu, die vor allem wegen ihrer Kürze und Prägnanz in zunehmendem Maße von Moderatoren und Reportern verwendet wird.

Von »Broilern«, »Plastetüten« und anderen »Sprachkuriositäten«[1]

Im Sprachgebrauch in den neuen Bundesländern lassen sich prozesshafte Veränderungen sowohl im Wissen der Sprecher als auch in der unterschiedlichen Vorkommenshäufigkeit bestimmter sprachlicher Elemente, insbesondere ausgewählter Wörter, beobachten. Um diese Wandlungen in ihrer zeitlichen Dimension zu ermitteln, führte ich im Abstand von fünf Jahren (1993 und 1998) zwei Fragebogenerhebungen durch. Die Ergebnisse dokumentieren zum einen die Verdrängung DDR-typischer Wörter im Verhältnis zu deren westdeutschen Synonymen aus dem aktuellen Sprachgebrauch, einen Prozess, den ich als Desynonymisierung bezeichnet habe (vgl. REIHER 1995). Zum anderen belegen die Resultate Veränderungen im Bedeutungswissen der Sprecher. Neben dem Verlust DDR-spezifischer Bedeutungsmerkmale zeigt sich der kontinuierliche Gewinn neuen Wissens auf Gebieten, die bislang nicht zum Erfahrungsbereich der Probanden gehörten. Indem diese Prozesse sich in Regionen wie Berlin und Magdeburg schneller vollziehen als in Dresden und Greifswald, besitzen sie neben der zeitlichen auch eine regionale Dimension. Die Anpassung an den westdeutschen Sprachgebrauch erfolgt in den fünf neuen Bundesländern und Ostberlin sehr unterschiedlich, am schnellsten in denjenigen Re- gionen mit dem geringsten Abstand zum westlichen »Kernland«, mit zeitlicher Verzögerung in den entfernteren Gegenden.

Beiden Befragungen liegen keine repräsentativen Stichproben zugrunde. Die Probanden sind Studierende der Germanistik und haben die ihnen gestellten Fragen in unterschiedlicher Zahl und Ausführlichkeit beantwortet. Daraus resultiert auch die von Ort zu Ort differierende Anzahl der in die Auswertung einbezogenen Fragebogen. Aus dem Jahr 1993 wurden je 40 Fragebogen aus Ostberlin und Greifswald ausgewertet, 1998 waren es 41 Fragebogen aus Ostberlin, aber nur 19 aus Greifswald. Anhand dieser Stichproben erfolgt ein Vergleich in Bezug auf die regionale Differenzierung der sprachlichen Veränderungsprozesse. Während der Kontakt zwischen östlich und westlich sozialisierten Sprechern in Berlin sehr ausgeprägt ist, spielt er in Greifswald, im Nordosten von Mecklenburg-Vorpommern gelegen, nur eine periphere Rolle. Diese regionale Verschiedenheit ist mit der Annahme verbunden, dass sich die Angleichungsprozesse des ostdeutschen Sprachgebrauchs an den westlichen Standard in Berlin viel schneller vollziehen als in dem vom westlichen Sprachraum entfernter gelegenen Greifswald.

Am sichtbarsten ist diese Entwicklung bei alltagssprachlichen Begriffen. Als Beispiele dienen die Synonympaare »Broiler/Grillhähnchen«, »Plaste/Plastik« und »Dreiraumwohnung/Dreizimmerwohnung«. Hierbei handelt es sich um Begriffe, deren erste Variante kennzeichnend für den ostdeutschen Sprachgebrauch ist, wohingegen die zweite Version in den westlichen Bundesländern bevorzugt verwendet wird. In den Fragebögen von 1993 und 1998 standen diese Synonyme nebeneinander und die Probanden wurden aufgefordert, das Wort mit einem Kreuz zu versehen, dem sie in ihrem eigenen Sprachgebrauch den Vorrang einräumen. Das führte zu folgenden Ergebnissen.

Abb. 1: Verwendungshäufigkeit von »Broiler/Grillhähnchen« (in %)

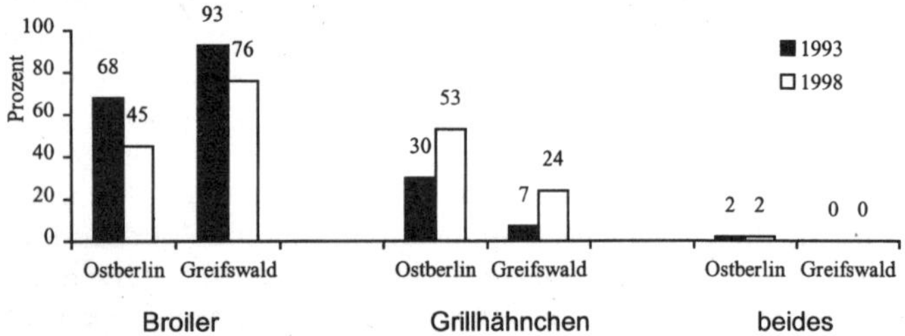

Bei dem Wortpaar »Broiler/Grillhähnchen« ist auch in Greifswald der allgemeine Trend des sich verändernden östlichen Sprachgebrauchs, allerdings langsamer als in Berlin, erkennbar. Der »Broiler« verliert ca. 17 %, wohingegen das »Grillhähnchen« in etwa die gleiche Prozentzahl hinzugewinnt. Beobachtungen des alltäglichen Sprachgebrauchs bestätigen diese Befragungsergebnisse. Während in den frühen 90er Jahren vor den ehemaligen Broiler-Gaststätten noch Aufsteller zu finden waren, die darauf verwiesen, dass hier Broiler gesagt werden könne (»Hier dürfen sie noch Broiler sagen!«), ist diese Bezeichnung im öffentlichen Bereich nahezu vollständig dem »Grillhähnchen« gewichen. Das bedeutet allerdings nicht, dass die Ostdeutschen nicht auch heute noch zu Hause den Broiler genüsslich verzehren. So entscheidet sich in einer Befragung von 1999[2] auf die Frage »Welche der folgenden Wörter und Wendungen würden Sie sehr oft, oft bzw. kaum oder gar nicht verwenden?« über die Hälfte der Probanden für die »Broiler«-Variante, wohingegen das »Grillhähnchen« nur von ca. einem Viertel der Befragten den Zuschlag erhält.

Im Verhältnis von »Plaste« und »Plastik« vollzieht sich in dem Untersuchungszeitraum bei den Berliner Probanden eine beachtliche Veränderung. »Plaste« verliert zugunsten von »Plastik« 16 Prozentpunkte. In Greifswald hingegen findet keine Verschiebung zugunsten der westlichen Variante statt. Im Gegenteil, »Plaste« erscheint sowohl 1993 als auch 1998 in der gleichen Häufigkeit mit 78 %. Der Anteil der Probanden, der sich 1993 mit 22 % für »Plastik« entschieden hat, wird im Jahre 1998 mit 17 % sogar um 5 Prozentpunkte geringer.

Abb. 2: Verwendungshäufigkeit von »Plaste/Plastik« (in %)

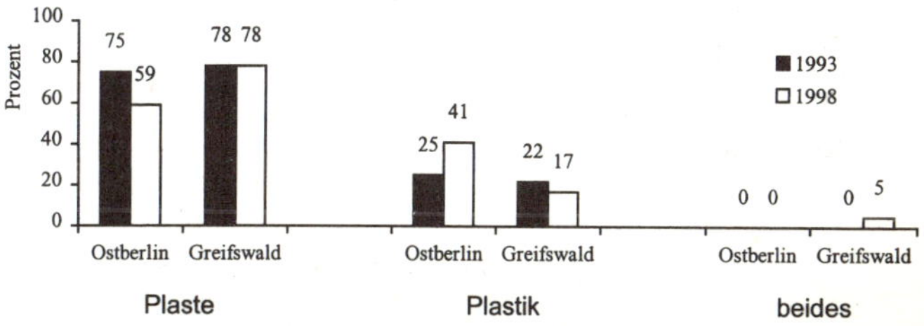

Wenn dieser Studie auch keine repräsentative Population zugrunde liegt, so zeigt sie doch Tendenzen des Sprachgebrauchs, wie sie sich auch in den Medien nachweisen lassen und in privaten Situationen zu beobachten sind. Ein Vergleich der »Berliner Zeitung« und der »Ostseezeitung« der letzten Jahre bestätigt die durch die Fragebogenerhebung ermittelten Ergebnisse hinsichtlich des Vorkommens von »Plaste« versus »Plastik«. Die im mecklenburgischen Raum nach wie vor bevorzugte Verwendung von »Plaste« zeigt auch ein Blick auf die Alltagssprache, indem am mecklenburgischen Ostseestrand kaum Behälter für »Plastikabfälle«, sondern fast ausschließlich für »Pasteabfälle« zu finden sind. Dennoch ist zu erwarten, dass sich die »Plastik«-Variante im öffentlichen Bereich des ostdeutschen Sprachraumes nach und nach durchsetzen wird.

Das Neuwort »der Plast« (Singular; Plural: »die Plaste«) ist die chemische Fachbezeichnung für makromolekulare organisch-chemische Werkstoffe. Die Bezeichnung »Plast« ist abgeleitet von dem Adjektiv »plastisch«, »weil das Material bei der Formgebung [...] einen *plastisch* verformbaren Zustand durchläuft« (SCHRÖTER u. a. 1994, 723). Abweichend von der chemischen Fachterminologie erhielt »Plast« alltagssprachlich eine Bedeutungserweiterung und wird im Sinne von »Kunststoff« verwendet. Dieser Prozess führte in den Zeiten der Zweistaatlichkeit zu zwei eigenständigen Bezeichnungsvarianten in West und Ost. Im bundesrepublikanischen Sprachgebrauch setzte sich – analog zu englisch-amerikanisch »plastics« – in der Umgangssprache »Plastik« als Bezeichnung für Kunststoff durch. Man spricht von »Plastikfolie«, »Plastikflasche« usw. Im DDR-Gebrauch hingegen wurde der Plural »Plaste« verallgemeinert und fand in dieser Form Eingang in die Umgangssprache. Anstelle von »Plastfolie« oder »Plastflasche« wurde von »Plastefolie« und »Plasteflasche« gesprochen. Inwiefern diese Entwicklung von dem unsinnigerweise auf den Transitautobahnen angebrachten, aber sprachlich richtigen Werbespruch »Plaste und Elaste aus Schkopau« beeinflusst wurde, ist nicht zu entscheiden. Völlig auszuschließen ist ein solcher Einfluss aber nicht.

Diese sich in Ost und West voneinander unterscheidende Bezeichnungspraxis finden wir auch in den Mannheimer und Leipziger Dudenausgaben sowie in den Bedeutungswörterbüchern (WDG (1978) und WAHRIG (1983)). »Plast« mit der Umschreibung »Kunststoff« erscheint erstmalig im Leipziger DUDEN von 1957. In den Mannheimer DUDEN wird es 1967 aufgenommen, hier allerdings bereits ergänzt durch »Plastik« in der Bedeutung von »Kunststoff«. Der Leipziger

DUDEN nimmt »Plastik« erstmalig 1969 auf als »in Zusammensetzung: Bezeichnung für bearbeitete Plaste« mit dem Beispiel »Plastikfolie«. »Plaste« ist seit 1977 im Leipziger und seit 1980 im Mannheimer DUDEN zu finden. Im Letzteren wird »Plast« als DDR-spezifisch gekennzeichnet und »Plaste« noch das zusätzliche Merkmal »umgangssprachlich« zugewiesen. Während die »Plast«-Kennzeichnung mit »DDR« einfach falsch ist – tatsächlich handelt es sich um den richtigen Fachterminus –, setzt sich die Kennzeichnungspraxis in Bezug auf »Plaste« bis in die Gegenwart fort, wobei jetzt aber »DDR-spezifisch« durch »regional« ersetzt wird (DUDEN, 1996). Diese lexikographische Praxis ist Ausdruck tatsächlicher Sprachverhältnisse, in denen »regional« den ostdeutschen Sprachraum umfasst. Darüber hinaus widerspiegelt sie aber auch die normgebende Funktion gesamtdeutscher Lexika, die ein gleichberechtigtes Nebeneinander beider Varianten nicht zulässt. Denn beide Formen – »Plaste« und »Plastik« – weichen von dem standardisierten Terminus »Plast« ab, haben sich aber in den unterschiedlichen Sprachgebräuchen Ost und West etabliert. Dies spricht für die normative Wirkung des Faktischen. Als deren Folge ändert sich auch der Sprachgebrauch in Lehrbüchern, Medien usw., so dass die »Plaste«-Variante auch im ostdeutschen Sprachraum – auf jeden Fall im öffentlichen Bereich – zugunsten von »Plastik« an Bedeutung verlieren wird, ohne dass es einen sachlichen Grund dafür gäbe.

Besonders deutlich ist die regionale Differenz zwischen Berlin und Greifswald bei den Synonymen »Dreiraum- und Dreizimmerwohnung«.

Abb. 3: Verwendungshäufigkeit von »Dreiraumwohnung/Dreizimmerwohnung« (in %)

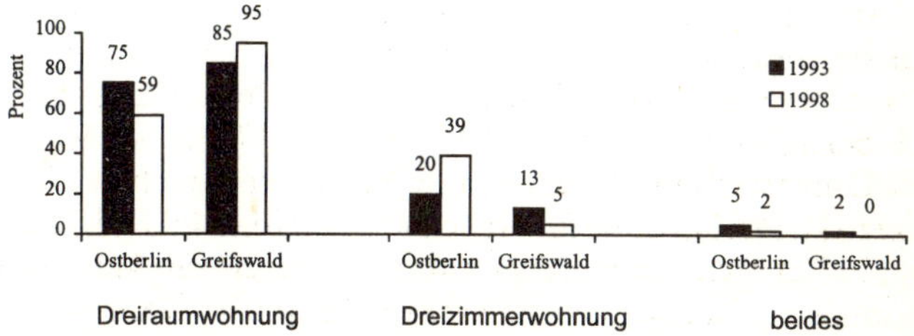

Während sich die Berliner Probanden im Jahr 1998 mit 16 % weniger für die östliche Variante aussprechen, steigt die Entscheidung für die »Dreizimmerwohnung« um 19 %. In Greifswald hingegen gewinnt die »Dreiraumwohnung« mit 10 % sogar an Boden; die »Dreizimmerwohnung« verliert in dem gleichen Zeitraum immerhin 8 %. Auch hier entsprechen die Befragungsergebnisse der tatsächlichen Sprachpraxis, wie sie sich in anderen Textsorten und im alltäglichen Sprachgebrauch offenbarten. Die Beobachtung des Immobilienmarktes in den Druckmedien von 1993 bis 1996 z. B. bezeugt die regionale Differenzierung in den neuen Bundesländern sowie im Osten Berlins. So erbrachte ein Vergleich von »Mietgesuchanzeigen« und »Wohnungsvermietungsanzeigen« zwischen der vornehmlich in Ostberlin gelesenen »Berliner Zeitung« und der Dresdener »Sächsischen Zeitung« aus den Jahren 1993 und 1996 die in den Abbildungen 4 und 5 dokumentierten Ergebnisse. Um auch den Unterschied zwischen dem ehemaligen Ost- und Westteil Berlins zu veranschaulichen, wird zugleich die vor allem im Westen der Stadt verbreitete »Berliner Morgenpost« in die Analyse einbezogen (vgl. JÄRVI 1997).

Abb. 4: »Zimmer«- und »Raum«-Variante in »Mietgesuchanzeigen«

	1993 Zimmer / Raum	1996 Zimmer / Raum
Berliner Morgenpost	97 % / 03 %	99 % / 01 %
Berliner Zeitung	69 % / 31 %	62 % / 38 %
Sächsische Zeitung	23 % / 77 %	41 % / 59 %

Abb. 5: »Zimmer«- und »Raum«-Variante in »Wohnungsvermietungsanzeigen«

	1993 Zimmer / Raum	1996 Zimmer / Raum
Berliner Morgenpost	97 % / 03 %	95 % / 05 %
Berliner Zeitung	53 % / 47 %	65 % / 35 %
Sächsische Zeitung	40 % / 60 %	58 % / 42 %

Der relativ hohe »Zimmer«-Anteil in den östlichen Zeitungen im Verhältnis zu der nahezu völligen Ignoranz der »Berliner Morgenpost« gegenüber der »Raumwohnung« ist nicht verwunderlich. Wurden doch bis in die 70er Jahre auch in der DDR ausschließlich »Zimmer«-Wohnungen ge- und vermietet. Erst infolge der sozialpolitischen Maßnahmen gegen Ende der 70er Jahre, die das Wohnungsproblem als »soziales Problem« zu lösen versprachen, mutierten die kleiner werdenden Zimmer, insbesondere die halben Zimmer, zu Räumen. Aber prinzipiell bestand auch eine Dreiraumwohnung neben Bad, Küche und Korridor aus drei Zimmern. Allerdings hatte die »Raum«-Variante gegen Ende der 80er Jahre die »Zimmer«-Variante zu einem sehr hohen Prozentsatz verdrängt, und das nicht nur im öffentlichen (Medien), sondern auch im privaten Bereich. So fand JÄRVI (34) bei der Durchsicht von ca. 420 Wohnungstauschanzeigen im Jahre 1989 in der »Berliner Zeitung« zu 88 % und in der »Sächsischen Zeitung« gar zu 95 % die »Raum«-Variante, wohingegen diese Bezeichnung in der »Berliner Morgenpost« völlig fehlte.[3]

Wenn auch nicht so deutlich wie bei den beschriebenen Begriffspaaren, so zeigen sich ähnliche regionale Differenzierungen auch bei anderen synonymischen Varianten. Wie oben festgestellt, breitet sich die östliche, als dynamischere Variante empfundene »Zielstellung« gegenüber der »trägeren« »Zielsetzung« auch im westlichen Sprachgebiet aus. Dennoch verliert sie im Osten Deutschlands zugunsten der »Zielsetzung« an Bedeutung. Während die »Zielstellung« im Untersuchungszeitraum in Greifswald 12 Prozentpunkte verliert, steigt die »Zielsetzung« um 5%. Noch deutlicher zeigt sich dieser Trend in Ostberlin, wo die »Zielstellung« um 18 % abnimmt, wohingegen die »Zielsetzung« von 20% auf 45% in die Höhe schnellt. Es ist interessant, auch in Zukunft zu verfolgen, ob die Ausweitung der »Zielstellung« auf Kosten der »Zielsetzung« im Westteil der Bundesrepublik eventuell auch wieder zu einer Kehrtwende des östlichen Sprachgebrauchs führt.

Neben diesen eindeutig dem östlichen oder westlichen Sprachgebrauch zuzuordnenden Synonymen gibt es einige Wörter und Wortgruppen, denen von ihrer Herkunft und ihrer regionalen Verbreitung her kein Ost-West-Gegensatz zu Grunde liegt, die aber von den Sprechern als Ost-West-Signalelemente

Abb. 6: Verwendungshäufigkeit von »Zielstellung/Zielsetzung« (in %)

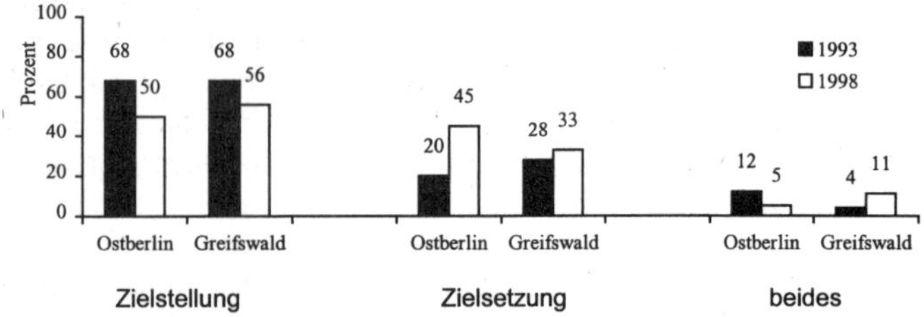

empfunden und interpretiert werden. Hierher gehört z. B. der von DITTMAR/BREDEL (1999) beobachtete Wechsel zwischen den Partikeln »halt« und »eben« im Berliner Sprachraum. Während die Ostberliner Sprecher zur »Evidenzmarkierung« (ebd., 160) in erster Linie »eben« bzw. umgangssprachlich »ebent« verwenden, bevorzugen die Westberliner in der gleichen Funktion »halt«. Dass die Variante »halt« nach der Maueröffnung eine »Blitzverbreitung« im Osten erfährt, interpretieren DITTMAR/BREDEL (162 ff.) als eine Anpassung des östlichen Sprachgebrauchs an die westdeutsche ›Prestigevarietät‹.

Aber eigentlich handelt es sich weder bei »halt« um ein sogenanntes Westwort noch bei »eben« um sein östliches Pendant. Die Partikel »halt« kommt aus dem süddeutschen Sprachraum, ist aber gleichermaßen in Südthüringen, im Vogtland, dem westlichen Erzgebirge und in den Lausitzen verbreitet (vgl. PROTZE 1997, 167) – also im politischen Sinne auch in Teilen des östlichen Sprachgebietes. Dass »halt« die Häufigkeit von »eben« im Westteil Berlins überflügelt hat, ist wohl auf die Durchmischung der Westberliner Sprachlandschaft mit regionalen Elementen der gesamten (Alt-)Bundesrepublik und der damit verbundenen Verdrängung berlinisch-brandenburgischer oder auch norddeutscher Sprachmerkmale zurückzuführen. Ein Prozess, den wir auch bei anderen Wörtern beobachten und als Ausdruck des sprachlichen Nord-Süd-Gefälles interpretieren könnten. Wie wäre andernfalls der Siegeszug des »Samstag« über den »Sonnabend« oder die Verdrängung der »Straßenbahn« durch die »Tram« zu erklären? Dennoch wird der Samstag – in Ost wie West – voll akzeptiert, die Tram – allerdings sehr widerstrebend – auch im Osten der Stadt als öffentliches Verkehrsmittel anerkannt, wohingegen »halt« und »eben« – entsprechend der Untersuchungsergebnisse von DITTMAR/BREDEL, aber auch nach meinen eigenen Beobachtungen – auf jeden Fall bis zur Mitte der 90er Jahre – Signalfunktion für östliche oder westliche Sprachsozialisation besaß.

Noch deutlicher ist die Übertragung des Ost-West-Gegensatzes auf regionale Sprachdifferenzen bei der Angabe der Uhrzeit. So schrieb Robert Ide am 5. November 1999 im »Tagesspiegel«:

»Das erste Missverständnis zwischen Ost und West könnte es bereits heute morgen geben. Die zweitägige Konferenz ›Vom Wendedeutsch zum Gesamtdeutsch‹ in der Humboldt-Universität soll um viertel Zehn beginnen. Einige in ›Westdeutschland‹ sozialisierte Besucher werden vielleicht zu spät kommen, wenn ihnen nicht gesagt wird, dass sie um Viertel nach Neun eintreffen sollen.«

Zu der befürchteten Unpünktlichkeit der westlichen Konferenzteilnehmer kam es nicht. Aber die Bedenken sind nicht ganz von der Hand zu weisen.

Tatsächlich wird die unterschiedliche Uhrzeitangabe, der Wechsel zwischen »Viertel Zehn« und »Viertel nach Neun« oder zwischen »Dreiviertel Zehn« und »Viertel vor Zehn«, von vielen Sprachteilhabern als Indiz für die östliche oder westliche Sozialisation der Sprecher angesehen, wie auch die Untersuchungsergebnisse von STICKEL (in diesem Band) belegen. Auch meine eigene Analyse bestätigt das. Auf die Frage nach Unterschieden im Sprachgebrauch zwischen Ost- und Westdeutschen wird neben dialektalen und anderen lexikalischen Merkmalen vor allem die unterschiedliche Uhrzeitangabe genannt. Von den 140 Ostberliner und Greifswalder Probanden der Jahre 1993 und 1998 waren es immerhin 78 Studenten (= 56 %), die darauf verwiesen; in Greifswald 83 %, in Berlin hingegen nur 36 %. Interessant ist auch hier die Verquickung der zeitlichen mit der regionalen Dimension. Während der Hinweis auf die Uhrzeitangabe als sprachliches Unterscheidungsmerkmal zwischen Ost und West bei den

Berliner Probanden im Untersuchungszeitraum (1993–1998) von 25 % auf 46 % ansteigt, nimmt er in Greifswald im gleichen Zeitraum sogar von 76 % auf 95 % zu. Auch die Befragung von 1999 (vgl. Anmerkung 2) bestätigt diese Ergebnisse. Eine Ausnahme bilden nur die Antworten der Passauer Studierenden, von denen dieses Problem überhaupt nicht gesehen wird. Offensichtlich sind sie auf Grund ihrer regionalen Lage so weit von den sprachlichen Problemen der übrigen, damit natürlich auch der neuen Bundesländer entfernt, dass sie solche aktuellen Unterschiede im Sprachgebrauch weder wahrnehmen noch ihnen irgendeine Bedeutung beimessen.

Tatsächlich handelt es sich bei den Unterschieden in der Uhrzeitangabe nicht um sprachliche Ost-West-Differenzen, sondern, wie PROTZE (1997, 73) feststellt, um »geographisch differenzierte Varianten«. Neben der Verbreitung im ostdeutschen Sprachraum tritt die »Viertel- und Dreiviertel«-Variante darüber hinaus »im Gebiet von Main, Neckar, oberer Donau und zwischen diesen Flüssen, in der südl. Pfalz und in Österreich« auf. Es ist die am häufigsten verwendete Variante für die Bezeichnung der Viertelstunden im Deutschen. Das weist auch unsere Vergleichsuntersuchung von 1993 und 1998 aus, in der wir nach der bevorzugten Verwendung von »Dreiviertel« oder »Viertel vor Eins« gefragt haben. Sowohl die Berliner als auch die Greifswalder Probanden favorisieren zu beiden Zeitpunkten eindeutig die »Dreiviertel«-Variante: Berlin 1993 mit 79 % und 1998 mit 63 %, Greifswald 1993 mit 88 % und 1998 mit 84 %.

Abb. 7: Verwendungshäufigkeit von »Dreiviertel Eins/Viertel vor Eins« (in %)

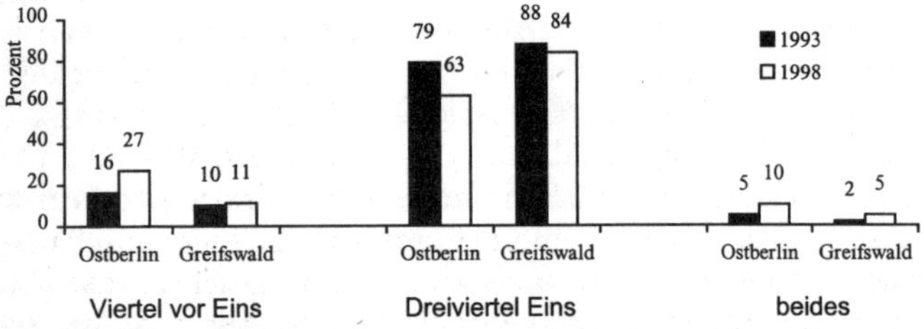

Da Berlin und Greifswald – geographisch gesehen – im ostdeutschen Sprachraum liegen, war entsprechend den dialektgeographischen Analyseergebnissen die Bevorzugung von »Dreiviertel« zu erwarten. Allerdings finden wir auch hier wieder die Tendenz der Übernahme der »Viertel vor«-Variante mit unterschiedlicher Häufigkeit in Berlin und Greifswald, deren weitere Entwicklung es zu beobachten gilt.

Das »Kollektiv« hat sich ins »Team« verabschiedet

Während die DDR-spezifischen alltagssprachlichen Begriffe, soweit sie nicht ideologisch geprägt waren, auch zehn Jahre nach der Wende im Sprachgebrauch der Ostdeutschen noch zu Hause sind, ereilte die als ideologisch empfundenen Begriffe ein ganz anderes Schicksal. Von ihnen verabschiedeten sich die Sprecher der neuen Bundesländer in ihrer Gesamtheit überaus schnell. Allerdings zeigen sich auch hier – wie bei den Alltagsbegriffen – regionale Differenzierungen. Deutlich wird das am Wechsel von »Kollektiv« zu »Team«.

Kollektiv wurde in der DDR nicht nur im allgemeinen Sinn von »Arbeits- und Produktionsgemeinschaft« verstanden. Es galt auch als mehr oder weniger fest gefügte Einheit der angestrebten, aber doch meist imaginär gebliebenen »sozialistischen Gesellschaft«, in der kollektive Interessen über die Interessen des Individuums gestellt waren oder werden sollten. Unter dem Schlagwort »sozialistisch arbeiten, lernen und leben« wurde versucht, die Mitglieder des Kollektivs ideologisch zu beeinflussen und zu »erziehen«. Dazu dienten u. a. die in den Betrieben organisierten Wettbewerbe zwischen den Kollektiven, bei denen neben dem Produktionsergebnis auch die gemeinsame Freizeitgestaltung, Bildungs- und Kulturarbeit sowie die gegenseitige Hilfe mehr oder weniger schematisch bewertet wurden. Insoweit war fast jeder DDR-Bürger Mitglied eines solchen Kollektivs. Die so genannte sozialistische Erziehung war meist formal und ohne echte Wirkung; sie wurde als unvermeidliches Übel hingenommen, die Gemeinschaftsarbeit und Geselligkeit jedoch oft auch gern gesehen. Insoweit hat das Zusammengehörigkeitsgefühl im Kollektiv oft das ersetzt, was in den alten Bundesländern die Mitgliedschaft in Vereinen war.

Trotzdem verabschiedete man sich nach der Wende schnell von dieser Art des staatlich gelenkten kollektiven Arbeitens, Lernens und Lebens, zumal die meisten Kollektive durch den Zusammenbruch der Wirtschaft ohnehin auseinander fielen. Um das auch sprachlich zu manifestieren, verzichtete man in rasanter Geschwindigkeit auf das Wort »Kollektiv« und ersetzte es durch das englische »Team«. Dass »Team« in seiner Bedeutung viel eingeschränkter als »Kollektiv« ist, wurde bei diesem sprachlichen Gebrauchswandel nicht reflektiert. Denn der Wegfall bislang üblicher gemeinsamer Unternehmungen des Kollektivs über den Arbeitsalltag hinaus ist nicht dem Wortwechsel von »Kollektiv« zu »Team« geschuldet, sondern auf wirtschaftliche Faktoren zurückzuführen. Verstärkt wurde die schnelle Eliminierung von »Kollektiv« zugunsten des Anglizismus »Team« durch negative Erfahrungen mit der neuen Gesellschaft. Wer z. B. in einem Bewerbungsgespräch vom »Schüler-, Arbeits- oder Lehrerkollektiv« sprach, dessen Chancen auf den Erhalt des Arbeitsplatzes verringerten sich mit dieser Wortwahl um ein Vielfaches (vgl. KÜHN 1995).

Aus dem Vergleich der Fragebogenerhebungen von 1993 und 1998 ist der schnelle Wechsel von »Kollektiv« zu »Team« sowohl im Raum Berlin als auch im vorpommerschen Greifswald ersichtlich. Beachtlich ist vor allem der große Sprung, den die Greifswalder Probanden manifestieren. Hier hat sich die Verwendungshäufigkeit von »Kollektiv« in fünf Jahren von 45 % auf 12 % verringert, wohingegen »Team« von 49 % im Jahre 1993 auf 76% im Jahre 1998 emporgeschnellt ist. Die Beobachtung der Medien in Mecklenburg-Vorpommern sowie anderer öffentlicher Kommunikationsereignisse bestätigt diesen Trend. So kamen z. B. in den Regionalzeitungen die Glückwünsche zum Jahreswechsel 1999/2000 ausschließlich vom Team. Das Kollektiv hatte sich bereits verabschiedet.

Abb. 8: Verwendungshäufigkeit von »Kollektiv/Team« (in %)

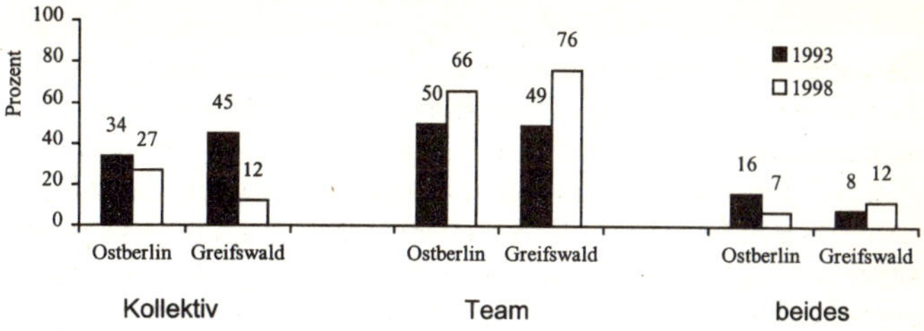

Weit weniger dominant werden die negativen Konnotationen von »Kollektiv« offensichtlich in Zusammensetzungen empfunden. Folglich erfahren diese Komposita bis in die Gegenwart eine größere Akzeptanz. Befragt nach der bevorzugten Verwendung von »Autorenkollektiv« versus »Autorengruppe«, entschieden sich noch 1998 ca. 45 % der Befragten für das »Kollektiv« sowie annähernd 55 % für die »Gruppe«, und das in beiden Städten, Greifswald und Berlin, gleichermaßen.

Von der »Petition« zur »Dateneingabe«

Zahlreiche Wörter, die traditionell zum Bestand der deutschen Sprache gehören, wurden im DDR-Sprachgebrauch um eine Bedeutungskomponente erweitert. So war der Pionier nicht nur Angehöriger einer für kriegstechnische Arbeiten an der Front ausgebildeten Truppe oder ein Bahnbrecher, Wegbereiter, sondern auch und vor allem Mitglied der Kinderorganisation »Junge Pioniere« oder »Thälmannpioniere«. Die Bedeutung von »Brigade« beschränkte sich nicht auf die militärische Formation. Im DDR-Sprachgebrauch stand an erster Stelle das »Kollektiv von Werktätigen, das zur Lösung gemeinsamer Aufgaben in soz[ialistischen] Betrieben aller Wirtschaftsbereiche gebildet wird« (HDG, 205). Auf der anderen Seite eignete sich der ehemalige DDR-Bürger nach 1989 im Zuge der Anpassung der gesamten Gesellschaftsstruktur an die bundesrepublikanischen Normen auch deren Bezeichnungspraxis an. So musste er nicht nur lernen, was BfA, Bafög oder Arbeitslosenversicherung in seinem neuen Leben für eine Rolle spielten. Maßstab für seine Integration in die bundesrepublikanische Gesellschaft war auch seine Fähigkeit, mit Begriffen wie »Marktwirtschaft« oder »Marketing«, die bislang nicht zu seinem sprachlichen Alltag gehörten, sicher und angemessen umzugehen. Mich interessiert nun die Frage, auf welche Art und Weise und in welchem zeitlichen Rahmen sich diese beiden gegenläufigen Prozesse, Bedeutungsverlust auf der einen und Aneignung neuer Bedeutungen auf der anderen Seite, vollziehen. Die zeitlichen Schnitte von 1993 und 1998 in Greifswald und Berlin sollen hierüber Auskunft geben, und zwar bezogen auf »Eingabe« und »solvent«.

Nach der Bedeutung von »Eingabe« befragt, nennen Probanden aus Essen, Hannover, Passau und Westberlin (Freie Universität)[4] an erster Stelle mit ca. 80 % die »Dateneingabe«. Einige referieren auf die Bedeutung »Einfall/Idee«, vereinzelt auch auf »Eingabe« im Sinne von »Petition«. Anders ist das Bild in den neuen Bundesländern. Hier erscheint die Bedeutung »Petition« mit deutlichem Abstand an erster Stelle, gefolgt von »Dateneingabe« und vereinzelt auch noch »Einfall/Idee«. Dieses unterschiedliche Bedeutungswissen bei östlich und westlich sozialisierten Probanden entspricht genau dem Stand, den auch die Wörterbücher fixiert haben. So erscheint im WAHRIG von 1985 als erste Bedeutung »das Eingeben (von Medizin); das Eingeben von Daten in eine EDV-Maschine, Input«, als zweite Bedeutung »Eingabe« im Sinne von »Bittschrift, Gesuch«. Im HDG von 1984 finden wir »Eingabe« in seiner ersten Bedeutung als »schriftlich od[er] mündlich formuliertes, in gesetzlich festgelegter Frist zu beantwortendes Anliegen eines Bürgers, einer Gruppe von Bürgern an eine Volksvertretung, ein soz[ialistisches] Staats- od[er] Wirtschaftsorgan« mit den Beispielen »eine E[ingabe] machen, an den Rat der Stadt richten«. Die Autoren des HDG beziehen sich mit ihrer Beschreibung nicht nur auf alltagssprachliches Wissen, sondern legen ihren Ausführungen – bis in die sprachlichen Formulierungen hinein – das seit 1975 geltende Eingabegesetz zugrunde. »Eingabe« im Sinne der Datenverarbeitung erscheint an zweiter Stelle.

Dass die östlichen Probanden mit »Eingabe« zuerst »Bittschrift, Petition« assoziieren, ist nicht verwunderlich. Die »Eingabe« war eine Textsorte, die nahezu jeder DDR-Bürger beherrschte und auch selbst praktizierte. Unter anderem wegen der fehlenden Verwaltungsgerichtsbarkeit war die Eingabe häufig die einzige Möglichkeit, sich Gehör zu verschaffen, wenn man sich ungerecht behandelt fühlte und sein Anliegen oder sein Recht anders nicht durchsetzen konnte. Oft sollte auch nur auf Missstände aufmerksam gemacht werden, ohne dass die betreffende Eingabe mit einer konkreten Forderung verbunden war. Die Eingabe ließ Ärger ab und war häufig noch erfolgreich.

Auch wenn die Probanden infolge ihres geringen Alters[5] teilweise nur recht verschwommene Erinnerungen an die DDR-Zeit hatten, so waren sie doch in einer Umgebung aufgewachsen, in der die Eingabe ein gängiges Textmuster war. Eltern, Verwandte und Freunde hatten davon Gebrauch gemacht und dieses Wissen weitergegeben. Die »Eingabe« im Sinne der Datenverarbeitung hingegen gewann erst nach und nach Eingang in die Erfahrungswelt der östlichen Probanden. Zu DDR-Zeiten gehörten Computer oder elektronische Kassen durchaus nicht zum erlebten Alltag. Genau das demonstriert die Veränderung des Bedeutungswissens im Umfeld von »Eingabe«.

Abb. 9: Veränderung des Bedeutungswissens am Beispiel »Eingabe« (Angaben in %)

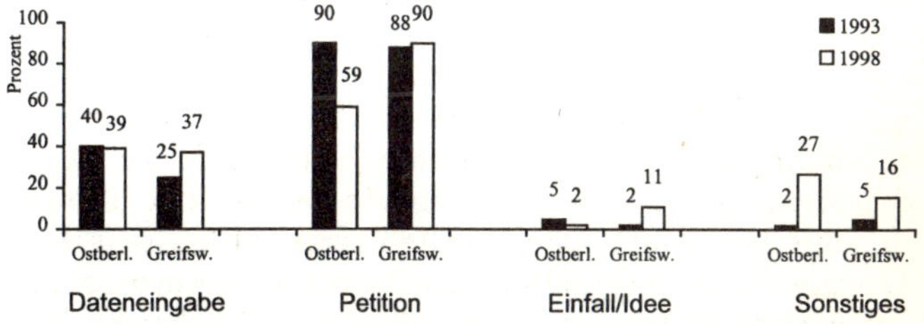

Gefragt wurden die Studierenden in Form der offenen Frage nach der Bedeutung von »Eingabe« (»Was verstehen Sie unter

Eingabe?«), so dass jeder Proband mehrere Antworten geben konnte. Wie die Graphik ausweist, nimmt die Bedeutung »Petition« sowohl in Ostberlin als auch in Greifswald den ersten Platz der Angaben ein, in Greifswald von 1993 bis 1998 etwa gleich bleibend, in Ostberlin mit einem Verlust von ca. 30 % der Angaben verbunden. Die Greifswalder Studierenden verbinden 1993 noch recht wenig mit »Eingabe« im computertechnischen Sinne. Bis 1998 vollzieht sich hier eine Angleichung an den Kenntnisstand der Berliner Studenten, so dass 1998 in etwa der gleiche Stand erreicht ist.

»Solvent« (zahlungsfähig) sowie sein Gegenteil »insolvent« (nicht zahlungsfähig) sind Begriffe aus der Wirtschaft, die von hier aus aber auch auf alltagssprachliche Situationen übertragen wurden. So ist die Suche nach einem solventen Mieter im Anzeigenmarkt durchaus keine Seltenheit. Da in der DDR-Wirtschaft mit vorwiegend staatlichen Betrieben die Zahlungsfähigkeit bzw. -unfähigkeit keine praktische Rolle gespielt hat, war auch eine entsprechende sprachliche Kennzeichnung dieses Zustandes nicht notwendig. Selbst im HDG wurde die Bedeutungsbeschreibung von »solvent« durch den Zusatz »in der kap[italistischen] Wirtschaft gebraucht« eingeschränkt. In der Alltagssprache war »solvent« so gut wie unbekannt, was auch die studentischen Befragungen verdeutlichen. So konnte der weitaus größte Teil der Probanden mit »solvent« überhaupt nichts anfangen. Er ließ die Frage »Was verstehen Sie unter solvent?« einfach unbeantwortet. Ein anderer Teil bemühte sich um eine etymologische Erklärung und leitete »solvent« aus »Absolvent« her. Das waren offensichtlich diejenigen, die die lateinische Herkunft von »solvent« aus »solvere« und von »Absolvent« aus »absolvere« in Zusammenhang gebracht haben. Umso erstaunlicher ist der Wissenszuwachs, wie er sich insbesondere bei den Greifswalder Probanden zeigt. Waren es 1993 nur 5 % der Angaben, die »solvent« richtig als »zahlungsfähig« beschrieben haben, so vervierfachte sich dieser Anteil im Zeitraum von fünf Jahren auf 21 % der Angaben. In Berlin hingegen war die Ausgangslage mit 23 % der Angaben im Jahre 1993 höher als in Greifswald der Endstand von 1998 mit 21 % der Angaben.

Abb. 10: Veränderung des Bedeutungswissens am Beispiel »solvent« (Angaben in %)

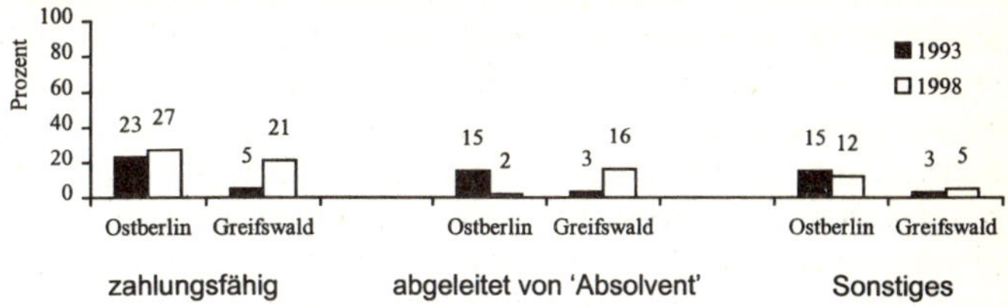

Was bleibt?

Mit Bezug auf die frühesten Phasen der Menschheitsgeschichte beschreibt EGGERS (1986, 12) die Entwicklung von Sprache beim Zusammenschluss zweier Sprach- oder Kommunikationsgemeinschaften folgendermaßen:

»Schon, wo sich zum ersten Male in der damals noch weiten Welt zwei Horden begegneten, ohne daß die eine die andere vernichtete, wo vielmehr beide sich zusammenschlossen, müssen die sprachlichen Folgen dieselben gewesen sein, wie sie sich seither immer und überall gezeigt haben. Die eine der beiden Gruppen wird ihre Sprache aufgegeben haben, und dennoch wird diese im Untergehen das überlebende Idiom in irgendeiner Weise beeinflußt haben.«

Nun handelt es sich bei der Vereinigung der beiden deutschen Staaten nicht um den Zusammenschluss zweier Horden; von weiter Welt kann im eng besiedelten Europa auch nicht mehr gesprochen werden. Trotz der oben beschriebenen Ost-West-Differenzen im Sprachgebrauch waren es auch keine eigenständigen Sprachen, die aufeinander stießen. Eventuell könnte man von Varietäten mit semantischen, lexikalischen, stilistischen, textsortenspezifischen und anderen Varianten sprechen. Dennoch besitzt der von EGGERS fixierte Sprachprozess bis in die Gegenwart Gültigkeit. Die zahlenmäßig größere und politisch wie wirtschaftlich mächtigere der beiden Gruppen bestimmt die Normen des Verhaltens sowie des Sprachgebrauchs. Die andere Gruppe hat sich diesen Normen – auf jeden Fall im öffentlichen Bereich – anzupassen. Dieses Gefälle wird in der Gegenwart noch dadurch verstärkt, dass die deutsche Vereinigung zwar formal ein Zusammenschluss zweier gleichberechtigter Partner war, dass sie sich faktisch aber als »weitgehende Assimilation [der DDR] an das bundesdeutsche Gesellschaftssystem« (BAUER 1993, 124) vollzogen hat. Als deren Folge ist auch die einseitige sprachliche Anpassung zu sehen. Dennoch werden die sprachlichen Divergenzen – auf jeden Fall im Alltag – lange nachwirken. So sind DDR-spezifische Bezeichnungen wie »Broiler«, »Plaste« oder »Dreiraumwohnung« auf dem Wege, Regionalismen zu werden. Andere wie »Brigadetagebuch«, »Getränkestützpunkt« oder »Kaderabteilung« werden als »Archaismen im gesamtdeutschen Gebrauch bleiben« (POLENZ 1993, 138). »Trotz der Überlagerung durch die westliche ›Superiorkultur‹ wird [...] die ›Differenz der Lebenswelten‹ subversiv erhalten bleiben« (ebd., 141). Zu unterschiedlich waren die Lebensweisen, Verhaltens- und Bewertungsmuster, zu verschieden die Erfahrungswelten in West und Ost. Aber diese noch lange nachwirkenden Divergenzen sind nicht unmittelbar an der sprachlichen Oberfläche festzumachen. Um diese »kommunikativ relevanten Mentalitätsunterschiede[n]« (ebd., 144) angemessen beschreiben zu können, ist eine interdisziplinäre Zusammenarbeit von Linguisten, Soziologen und Psychologen unumgänglich.

---

1 In Anlehnung an das »folkloristische Kuriositätenschubfach der Regionalismen« (POLENZ 1993, 141).

2 1999 führte ich mit 237 Studierenden aus den neuen Bundesländern eine Befragung durch, die Auskunft über deren Bedeutungswissen sowie den aktuellen Sprachgebrauch gibt. Einbezogen wurden StudentInnen aus Erfurt, Dresden, Zittau, Halle, Magdeburg, Rostock und Berlin. Um einen Vergleich mit einem ausschließlich westlich geprägten Studienort herstellen zu können, wurden 22 Studierende aus Passau (Bayern) in die Analyse einbezogen.

3 Diese von JÄRVI (1997) ermittelten Zahlen entsprechen in etwa auch meinen eigenen Untersuchungsergebnissen, die an einem Vergleich der »Berliner Morgenpost«, der »Berliner Zeitung«, der »Säch-

sischen Tageszeitung« (seit 1990 »Dresdener Neueste Nachrichten«) und der »Märkischen Volksstimme« (seit 1990 »Märkische Allgemeine«) vorgenommen wurden (vgl. REIHER 1997).

4 Die Befragung von 1993 wurde auch an diesen Studienorten mit jeweils 40 Probanden durchgeführt.

5 Das Alter der Probanden von 1993 und 1998 bewegte sich zwischen 18 und 22 Jahren.

Literatur

BAUER, D. (1993): Das sprachliche Ost-West-Problem. Frankfurt/M. u. a.

BROCKHAUS-WAHRIG (1983). 6 Bände. Wiesbaden.

Der Große DUDEN. Rechtschreibung der deutschen Sprache. Leipzig. 1957.

Der Große DUDEN. Rechtschreibung der deutschen Sprache. Leipzig. 1969.

Der Große DUDEN. Wörterbuch und Leitfaden der deutschen Rechtschreibung. Leipzig. 1977.

DITTMAR, N./BREDEL, U. (1999): Die Sprachmauer. Die Verarbeitung der Wende und ihrer Folgen in Gesprächen mit Ost- und WestberlinerInnen. Berlin.

DUDEN. Rechtschreibung der deutschen Sprache. Mannheim, Leipzig, Wien, Zürich. 1996.

DUDEN. Rechtschreibung der deutschen Sprache. Mannheim, Wien, Zürich. 1967.

DUDEN. Rechtschreibung der deutschen Sprache. Mannheim, Wien, Zürich. 1980.

EGGERS, H. (1986): Deutsche Sprachgeschichte. Band 1. Reinbek bei Hamburg.

HDG = Handwörterbuch der deutschen Gegenwartssprache. In zwei Bänden. Von einem Autorenkollektiv unter der Leitung von G. KEMPCKE. Berlin 1984.

JÄRVI, H. (1997): Die Struktur und sprachliche Gestaltung von Wohnungsanzeigen vor und nach der »Wende«. Pro Gradu-Arbeit (masch.). Turku.

KÜHN, I. (1995): Alltagssprachliche Textsortenstile. In: STICKEL, G. (Hrsg.): Stilfragen. Berlin, New York. S. 329–354. = Institut für deutsche Sprache. Jahrbuch 1994.

POLENZ, P. von (1993): Die Sprachrevolte in der DDR im Herbst 1989. Ein Forschungsbericht nach drei Jahren vereinter germanistischer Linguistik. In: Zeitschrift für Germanistische Linguistik. Heft 3, S. 127–149.

PROTZE, H. (1997): Wortatlas der städtischen Umgangssprache. Zur territorialen Differenzierung der Sprache in Mecklenburg-Vorpommern, Brandenburg, Berlin, Sachsen-Anhalt, Sachsen und Thüringen. Berlin.

REIHER, R. (1995): Deutsch-deutscher Sprachwandel. In: REIHER, R. (Hrsg.): Sprache im Konflikt. Zur Rolle der Sprache in sozialen, politischen und militärischen Auseinandersetzungen. Berlin, New York. S. 232–243.

REIHER, R. (1997): Dreiraum- versus Dreizimmerwohnung. Zum Sprachgebrauch der Ostdeutschen. In: Der Deutschunterricht. Heft 1. S. 42–49.
REIHER, R. (2000): Berlinisch in der Öffentlichkeit. In: H. SCHÖNFELD unter Mitarbeit von R. REIHER und S. GRÜNERT: Berlinisch heute. Kompetenz – Verwendung – Bewertung. Frankfurt/M. u. a. [i.Dr.]
SCHRÖTER, W./LAUTENSCHLÄGER, K.-H./BIBRACK, H. (1994): Taschenbuch der Chemie. Frankfurt/M.
WAHRIG, G. (1985): Deutsches Wörterbuch. Völlig überarbeitete Neuausgabe. o. O.
WDG = Wörterbuch der deutschen Gegenwartssprache. Hrsg. von R. KLAPPENBACH und W. STEINITZ. 6 Bände. Berlin 1978.

Klaus-Dieter Ludwig

Von der *Zielsetzung* zur *Zielstellung* und zurück

Vorwendewortschatz in Vorwende- und Nachwendewörterbüchern

Vorbemerkung

Der Wortschatz als Mittel der Benennung reagiert relativ schnell und unmittelbar auf zeitgeschichtliche Ereignisse. So entstanden bekanntlich in der DDR und in der Bundesrepublik vor der Wende neue Wörter und Wendungen oder auch neue Bedeutungen bestimmter Wörter – Neologismen, die sich auf spezifische Sachverhalte in den beiden deutschen Staaten bezogen. Dazu gibt es eine sehr umfangreiche Literatur. In der folgenden Darstellung soll es darum gehen, wie diese besonderen Benennungen aus Ost und West in den Wörterbüchern dokumentiert und gekennzeichnet worden sind, und zwar in Wörterbüchern, die vor der Wende erschienen sind – im Folgenden kurz ›Vorwendewörterbücher‹ genannt –, und wie sie in den nach der Wende publizierten Wörterbüchern – den ›Nachwendewörterbüchern‹ – dargeboten werden. Das Hauptaugenmerk ist auf die ›Nachwendewörterbücher‹ gerichtet, in denen auch der so genannte Wortschatz der Wende berücksichtigt worden ist.

1. »Die politische Zielstellung der Partei« Vorwendewortschatz in Vorwendewörterbüchern

»Die politische Zielstellung der Partei« – mit Partei ist die SED gemeint – findet man als Verwendungsbeispiel zu dem Wort *Zielstellung* im »Wörterbuch der deutschen Gegenwartssprache« (1961–1977; im Folgenden: WDG), das in der DDR erschienen ist und großen Einfluss auf die danach erschienenen Wörterbücher hatte.

Zielstellung ist ein DDR-spezifisches Wort, das als solches auch im WDG ausgewiesen wird, in dem es als zeitliche Markierung *Neuprägung DDR* erhält. Als Neuprägungen werden in diesem Wörterbuch Wörter und Wendungen charakterisiert, die aus schon bestehenden Wörtern in den letzten Jahrzehnten, besonders seit 1945, »neu geschaffen« wurden.[1] Als weitere Beispiele für den Gebrauch von *Zielstellung* erscheinen in diesem Wörterbuch »eine klare, reale, ökonomische, gesellschaftliche Zielstellung«. Bemerkenswert ist, dass als Bedeutungserläuterung zu *Zielstellung* ein Verweis auf *Zielsetzung* erfolgt: »vgl. Zielsetzung«.

Zielsetzung wird erklärt als »das Festsetzen eines Zieles«. Die Verwendungsbeispiele hierzu lauten: »eine richtige, technische, politische Zielsetzung«.

Das ebenfalls in der DDR erschienene »Handwörterbuch der deutschen Gegenwartssprache« (1984; im Folgenden: HDG) verzeichnet auch beide Wörter, qualifiziert aber *Zielstellung* nicht als DDR-Spezifikum, sondern behandelt *Zielstellung* und *Zielsetzung* insofern synonym, als *Zielstellung* mit »Zielsetzung« erklärt wird und bei *Zielsetzung* die Erläuterung »Festsetzung eines Ziels« und die Verwendungsbeispiele »eine klare, reale, ökonomische Zielsetzung« zu finden sind.

Mit diesen beiden Wörterbüchern sind zwei Wörterbücher genannt, die vor der ›Wende‹ in der DDR entstanden sind.

Wenn man sich die Frage stellt, wie es eigentlich in der DDR zu *Zielstellung* statt *Zielsetzung* gekommen ist, so ist dies wahrscheinlich unter dem Einfluss des Russischen geschehen: Im Russischen wird *Ziel* (russ. *cel'*) mit dem Verb *stavit'/postavit'* verbunden, das man im Deutschen wörtlich nur mit »stellen« übersetzen kann, also *Ziel stellen* (statt *setzen*)[2]. Weder das WDG noch das HDG führen unter dem Lemma (Stichwort) *Ziel* die Verbindung *Ziel stellen* an, sondern die übliche Verbindung *Ziel setzen.*

In der Bundesrepublik erschien u. a. – gewissermaßen als Pendant zum WDG – »DUDEN. Das große Wörterbuch der deutschen Sprache in sechs Bänden« (1976–1981; im Folgenden: DUDEN-GWB$_1$). In diesem Vorwendewörterbuch erscheint neben *Zielsetzung* »Festsetzung, Bestimmung dessen, was erreicht werden soll; Plan; Vorhaben; Absicht« (eine klare, realistische Zielsetzung; ein Projekt mit sozialen, politischen Zielstellungen) auch das Stichwort *Zielstellung* mit der Kennzeichnung (DDR) und als Bedeutung ein Verweis auf *Zielsetzung*: »svw. ↗-setzung«. In diesem Wörterbuch werden die »sprachlichen Besonderheiten in der Bundesrepublik Deutschland und in der Deutschen Demokratischen Republik [...], wenn die Zuordnung nicht bereits aus der Bedeutungsangabe hervorgeht, durch die Zusätze ›Bundesrepublik Deutschland‹ (z.B. Arbeitsfriede) und ›DDR‹ (z.B. Abschnittsbevollmächtigter) gekennzeichnet«.[3] Die Einträge zu *Arbeitsfriede* und *Abschnittsbevollmächtigter* lauten hier:

Arbeitsfriede (Bundesrepublik Deutschland): »dem Arbeitsrecht gemäßer konfliktfreier Zustand des Verhältnisses zwischen Arbeitgeber u. Arbeitnehmer«: den Arbeitsfrieden wiederherstellen, beeinträchtigen, für beendet erklären;

Abschnittsbevollmächtigter, der (DDR): »Volkspolizist, der für einen bestimmten Wohnbezirk zuständig ist« (Abk.: ABV).

Es trifft allerdings sehr selten zu, dass bundesrepublikanischer Wortschatz in westdeutschen Wörterbüchern seinerzeit – im Unterschied zum DDR-spezifischen Wortschatz – besonders markiert wird. Auffällig ist dies insbesondere im Rechtschreibduden. So finden wir in der letzten vor der ›Wende‹ in der Bundesrepublik erschienenen Auflage des Rechtschreibdudens von 1986 bei vergleichbaren Wörtern wie *Bundestag* und *Bundeswehr* keinen Hinweis darauf, dass es sich um aus der Bundesrepublik stammende Wörter handelt, dagegen werden *Volkskammer* und *Volksarmee* als DDR-spezifische Benennungen ausgewiesen.

2. Von der *Brigade* zur *Zielprämie* DDR-Wortschatz in Nachwendewörterbüchern

Zu den Nachwendewörterbüchern, also Wörterbüchern, die nach der ›Wende‹ in Deutschland erschienen sind, gehören die der ersten Auflage des »Großen Wörterbuches der deutschen Sprache« in sechs Bänden (1976–1981) folgenden Auflagen: »DUDEN. Das große Wörterbuch der deutschen Sprache« in acht Bänden (1993–1995; im Folgenden: Duden-GWB_2) und »DUDEN. Das große Wörterbuch der deutschen Sprache« in zehn Bänden (1999; im Folgenden: Duden-GWB_3).

Auch in diesen Wörterbüchern wird DDR-spezifischer Wortschatz besonders gekennzeichnet. So wird unser bisher behandeltes Wort *Zielstellung* als DDR-Spezifikum ausgewiesen, jedoch in den beiden Wörterbüchern auf unterschiedliche Weise. Während sich unter dem Lemma *Zielstellung* im Duden-GWB_2 von 1993–1995 die Kennzeichnung (ehem. DDR) und die Bedeutungsangabe »Zielsetzung« finden, begegnet man im darauf folgenden Duden-GWB_3 von 1999 der Markierung (DDR) – wie schon im Duden-GWB_1 von 1976 bis 1981. Aus der Kennzeichnung (DDR) wurde (ehem. DDR) und nun wieder (DDR); »ehem.« steht als Abkürzung für »ehemals« bzw. »ehemalig«[4]. Dieses häufig zu Recht kritisierte Attribut zu DDR ist also im Duden-GWB_3 weggefallen.

In beiden allgemeinen einsprachigen Wörterbüchern werden wie in den nach der »Wende« erschienenen Auflagen des Rechtschreibdudens »Wörter bewahrt, die in der DDR gebräuchlich waren und die für das Verständnis der jüngeren Vergangenheit von Bedeutung sind«.[5]

In den Benutzungshinweisen zum Duden-GWB_2 (1993 bis 1995) heißt es: »Die sprachlichen Besonderheiten der ehemaligen Deutschen Demokratischen Republik werden durch die Angabe ›ehem. DDR‹ gekennzeichnet, wenn es die Dinge, Einrichtungen, Organisationen usw. nach der Vereinigung der beiden deutschen Staaten nicht mehr gibt.«[6] Ähnlich lautet der Hinweis in Bezug auf die Charakterisierung DDR-spezifischer Benennungen im neuesten Duden-GWB_3 (1999) im Abschnitt »Die regionale und nationale Zuordnung« der Benutzungshinweise: »Die sprachlichen Besonderheiten der ehemaligen Deutschen Demokratischen Republik werden mit »DDR« gekennzeichnet, wenn es sich um Dinge, Einrichtungen, Organisationen usw. handelt, die nach der Vereinigung der beiden deutschen Staaten nicht mehr existieren.«[7]

Einige DDR-spezifische Benennungen für »Dinge, Einrichtungen, Organisationen«, die nach der Vereinigung der beiden deutschen Staaten nicht mehr existieren und die im Duden-GWB_1 (1976–1981) mit (DDR) gekennzeichnet worden sind, im Duden-GWB_2 (1993–1995) mit (ehem. DDR) und nun im Duden-GWB_3 wieder mit (DDR), werden in einer kleinen Auswahl angeführt. Dazu gehören von *A* bis *Z*:

Die jeweiligen Bedeutungserläuterungen zu den ausgewählten Wörtern und Wendungen sind zum großen Teil dem Duden-GWB entnommen, die wiederum mehr oder weniger modifiziert aus dem WDG für das Duden-GWB adaptiert sind. Weichen die Bedeutungsangaben der ›Nachwendewörterbücher‹ wesentlich von denen der ›Vorwendewörterbücher‹ ab, wird auf den Unterschied im Folgenden aufmerksam gemacht. Zum Vergleich wird jeweils die Markierung erwähnt, die im WDG zu finden ist, um zu zeigen, ob die Bezeichnung bereits in diesem Wörterbuch als DDR-spezifisch ausgewiesen worden ist.

Arbeiter-und-Bauern-Inspektion: »dem ZK der SED und dem Ministerrat der DDR rechenschaftspflichtiges Organ der staatlichen und wirtschaftlichen Kontrolle; (Abk.: ABI)«. Das Wort ist im WDG nicht verzeichnet. Wir finden es im HDG mit dem Kommentar »in der DDR« und der Bedeutungserläuterung »staatlich-gesellschaftliches Kontrollorgan, das die Aufgabe hat, durch systematische Kontrolle über die Durchführung der Beschlüsse und Direktiven der Partei- und Staatsführung zu wachen«.

Aufbaulotterie: »Lotterie, deren Erlös zum Aufbau des Staates verwendet wird«; im WDG lesen wir »Neuprägung DDR Lotterie, deren Erlös für den Aufbau verwendet wird«.

Aufklärungslokal: »öffentlicher Raum für Zwecke der Agitation«, im WDG als Neuprägung DDR markiert.

Betriebsakademie: »ein dem Betrieb angeschlossenes Bildungszentrum, das der weiteren Qualifizierung der Betriebsangehörigen dient«; WDG: Neuprägung DDR.

Brigade: »kleinste Arbeitsgruppe in einem Produktionsbetrieb« (Duden-GWB); im WDG heißt es insofern genauer »Neubedeutung DDR kleinste Arbeitsgruppe«, als es Brigaden nicht nur in Produktionsbetrieben gab, sondern auch in der Landwirtschaft. Es gab zum Beispiel *Ernte-, Feldbau-, Komplex-, Mähdrescher-, Viehzuchtbrigaden.* Die Markierung Neubedeutung steht im WDG für Wörter, die in den letzten Jahrzehnten, besonders seit 1945, eine neue Bedeutung angenommen haben[8].

Direktstudium: »Studium, das an einer Universität absolviert wird (Gegensatz: Fernstudium)«; im WDG lautet der Wörterbucheintrag hierzu: »Neuprägung DDR Studium, das unmittelbar an einer Hochschule durchgeführt wird, Gegensatz Fernstudium«. Bemerkenswert ist, dass *Fernstudium* im Duden-GWB erklärt wird als »Studium mit Fach- oder Hochschulabschluß, das neben der beruflichen Tätigkeit absolviert werden kann (Gegensatz: Direktstudium)«, und die Kennzeichnung (besonders DDR) bzw. (bes. ehem. DDR) erhält. Im WDG wird *Fernstudium* ausschließlich als DDR-Wort charakterisiert: »Neuprägung DDR Bildungseinrichtung, bei der Werktätige ohne Unterbrechung der beruflichen Tätigkeit zum Staatsexamen, Diplom geführt werden, Gegensatz Direktstudium«.

Elternaktiv: »Arbeitsgruppe aus Eltern von Schülern einer Schulklasse, die sich mit Schul- und Erziehungsfragen beschäftigt«. Präziser dagegen die Bedeutungserläuterung im WDG: »Neuprägung DDR Arbeitsgruppe, die sich aus Eltern von Schülern einer Schulklasse zusammensetzt, um über Erziehungsfragen und über eine Verbesserung der Arbeit zu beraten«.

Feriendienst wird in den drei Auflagen des Duden-GWB erklärt mit »Einrichtung zur Vermittlung eines ausgestalteten Ferienaufenthaltes«. Im WDG erhält das Wort zunächst die Kennzeichnung Neuprägung DDR und es folgt die Fügung »der Feriendienst der Gewerkschaften«, erklärt als »Einrichtung, die den Werktätigen einen gutausgestalteten Urlaubsaufenthalt vermittelt«.

Industrieladen: »Verkaufsstelle, in der ein volkseigener Industriebetrieb seine Erzeugnisse verkauft«; im WDG finden wir zu dieser Neuprägung DDR die Bedeutungsangabe »von einem volkseigenen Industriebetrieb eingerichtete Spezialverkaufsstelle für seine Erzeugnisse«.

Interhotel: »(für ein internationales Publikum vorgesehenes) gut ausgestattetes Hotel«, das WDG markiert das Wort als Neuprägung DDR und gibt die Bedeutungserläuterung »repräsentatives, für einen internationalen Kreis von Gästen eingerichtetes Hotel, das der Vereinigung INTERHOTEL angehört« und dazu die Verwendungsbeispiele »in einem Interhotel übernachten; ausländische Touristen werden vornehmlich in den Interhotels untergebracht«.

Jugendobjekt: »etwas, für dessen Herstellung, Aufbau, Pflege o.ä. Jugendliche die Verantwortung tragen«, z.B.: ein landwirtschaftliches Jugendobjekt; im WDG ist das Kompositum als Neuprägung DDR markiert.

Kampfgruppe wird erklärt mit dem Synonym »Betriebskampfgruppe«, wo dann die genauere Erklärung »militärische Einheit aus nicht kasernierten Betriebsangehörigen« steht. Das WDG charakterisiert *Kampfgruppe* zu Recht als Neubedeutung DDR, die »bewaffnete Einheit aus uniformierten, nicht kasernierten Betriebsangehörigen« lautet. In diesem Zusammenhang ist eine interessante Beobachtung zu machen: Während das WDG in seiner ersten Auflage die Neuprägung DDR *Betriebskampfgruppe* erklärt als »militärische Einheit aus uniformierten, nicht kasernierten Betriebsangehörigen«[9], ist das Attribut *militärisch* in der überarbeiteten Auflage ersetzt durch *bewaffnet*[10].

Kulturfonds: »Fonds zur Finanzierung kultureller Projekte«; im WDG als Neuprägung DDR gekennzeichnet.

Neuererbewegung: »Beitrag, den die Neuerer zum technisch-wissenschaftlichen Fortschritt leisten«, wobei mit *Neuerer* in diesem Zusammenhang ein »Werktätiger (im sozialistischen Gesellschaftssystem)« gemeint ist, »der einen Beitrag zum technisch-wissenschaftlichen Fortschritt leistet«. Im WDG wird dieser Gebrauch von *Neuerer* als Neubedeutung DDR markiert und lautet »Werktätiger im sozialistischen Gesellschaftssystem, der sich schöpferisch mit veralteten Arbeitsmethoden auseinandersetzt und außerhalb seiner beruflichen Pflichten einen Beitrag zum technisch-wissenschaftlichen Fortschritt leistet«. Die mit *Neuerer* gebildeten Komposita *Neuererbewegung, -brigade, -kollektiv, -methode, -vorschlag* und *-zentrum* werden folgerichtig als Neuprägung DDR gekennzeichnet.

Patenschaft: »vertraglich festgelegte Mitverantwortung von Werktätigen und Betrieben für jemanden, etwas zum Zweck der Unterstützung, der wirtschaftlichen, kulturellen und politischen Förderung«, z. B.: der Betrieb übernahm die Patenschaft für eine Schulklasse. Im WDG wird dieser Gebrauch als Neubedeutung DDR gekennzeichnet. Hierzu gebildete Komposita wie *Patenschaftsvertrag* oder auch *Patenbetrieb, Patenbrigade, Patenklasse, Patenschule* sind entsprechend Neuprägungen DDR.

Schonplatz: Bemerkenswert sind die zu diesem Lemma gegebenen Bedeutungserläuterungen in den verschiedenen Wörterbüchern: »Arbeitsplatz, der Arbeitern zugewiesen wird, die aus gesundheitlichen Gründen vorübergehend nicht in der Lage sind, schwere Arbeiten zu verrichten« (Duden-GWB_1); »Arbeitsplatz, der jemandem zugewiesen wird, der aus gesundheitlichen Gründen vorübergehend nicht in der Lage ist, seine übliche Arbeit zu verrichten« (Duden-GWB_2 und Duden-GWB_3). Als Verwendungsbeispiel findet sich in diesen drei Wörterbüchern: »der Schwangeren wurde ein Schonplatz zugewiesen«. Im WDG wird *Schonplatz* als Neuprägung DDR markiert, die Bedeutungsangabe lautet hier: »Arbeitsplatz, den Werktätige vorübergehend erhalten, wenn sie aus gesundheitlichen Gründen für eine gewisse Zeit keine körperlich schwere oder gefährdende Arbeit verrichten können«.

Wohnraumlenkung: »von staatlicher Seite zentral gelenkte Erfassung und Verteilung des verfügbaren Wohnraums« – so die Bedeutungserläuterung in Duden-GWB_1 und Duden-GWB_2. Duden-GWB_1 bringt keine Erklärung, sondern nur die Kennzeichnung DDR. Im WDG erhält das Wort die Markierung Neuprägung (DDR) und die Bedeutungsangabe »Erfassung und Verteilung des vorhandenen und neu entstehenden Wohnraums durch die zuständigen staatlichen Organe«.

Zielprämie: »Prämie für eine termin- und qualitätsgerechte Planerfüllung«. Das WDG erklärt diese Neuprägung DDR präziser: »für den Fall einer termin- und qualitätsgerechten Planerfüllung vereinbarte Prämie«.

Bezeichnungen aus der Alltagskommunikation

In diesem Bereich DDR-spezifischen Wortschatzes lässt sich zunächst feststellen, dass zum Beispiel die folgenden Wörter und Wendungen, von denen einige häufig in der sich mit Ost-West-Wortschatz befassenden Literatur auftauchen, in der ersten Auflage des Duden-GWB (1976–1981) den »DDR-Status« erhalten und mit (DDR) markiert werden:

Broiler wird mit (bes. DDR) gekennzeichnet und erklärt mit »Brathähnchen; gegrilltes Hähnchen«. *Goldbroiler* »goldbraun gegrilltes Hähnchen« wird markiert mit (DDR). Beide Wörter sind im WDG nicht verzeichnet, im HDG erscheinen sie ohne Hinweis auf ein DDR-Spezifikum.

Das Markierungsprädikat (DDR) erhalten im Duden-GWB_1 z. B. auch folgende Lexeme:

Feinfrost (»Tiefkühlkost«) und die damit gebildeten Komposita *Feinfrostgemüse*, *Feinfrostobst* und *Feinfrostware*. Wir finden diese Lexeme zwar auch im WDG, aber nicht als DDR-spezifisch gekennzeichnet.

Menüladen: »Verkaufsstelle für Fertiggerichte, halbfertige Speisen u. a.«; im WDG als Neuprägung DDR ausgewiesen mit der Bedeutungserläuterung »Laden, in dem bes. fertige und halbfertige Speisen verkauft werden« (Salate, Braten im Menüladen kaufen).

Postmietbehälter: »von der Post vermietete Verpackung für Postsendungen« wird im Duden-GWB_1 mit (DDR Postwesen), im WDG als Neuprägung DDR gekennzeichnet.

Schienenersatzverkehr: (DDR) »(bei Störung der Zugverbindung als Ersatz eingesetzte) Omnibusse, die die Reisenden befördern«. Im WDG wird das Wort nicht als DDR-spezifisch qualifiziert, sondern lediglich als Neuprägung gekennzeichnet und erklärt mit »Beförderung der Reisenden durch Omnibusse bei Störungen oder Unterbrechung des Schienenverkehrs«.

Sekundärrohstoff: (DDR) »Altmaterial«; im WDG ohne Hinweis auf ein DDR-Spezifikum und mit der Erläuterung »Rohstoff, der aus Altmaterial gewonnen wird«.

Westfernsehen: (DDR umgangssprachlich) »Fernsehen der Bundesrepublik Deutschland«; im WDG mit Neuprägung DDR umgangssprachlich markiert und der Bedeutungserläuterung »in der BRD ausgestrahltes Fernsehen« und dazu ein Verwendungsbeispiel, das der in der DDR erschienenen Zeitschrift »Neue Justiz« entnommen ist: »... daß eingeschleuste Schmutz- und Schundliteratur sowie das Westfernsehen in vielen Fällen auf die Begehung von Straftaten [Jugendlicher] Einfluß hatten«. Wird *Westfernsehen* im Duden-GWB$_2$ noch mit (ehem. DDR) gekennzeichnet, bekommt diese Bezeichnung im Duden-GWB$_3$ die Markierung (früher), die bei Wörtern steht, »die Sachen oder Sachverhalte beschreiben, die es so nicht mehr gibt, wie *Hungerturm, Leibeigenschaft, Lehnherr, Mägdestube*»[11].

Zeitkino: (DDR) »Kino, das Kurzfilme und Filme zum Zeitgeschehen zeigt«; im WDG markiert als Neuprägung DDR.

Zum Schluss noch drei Verben aus der Alltagswelt, die in der DDR mit einer besonderen Bedeutung verwendet wurden und deshalb auch im Duden-GWB$_1$ die entsprechende Kennzeichnung erhalten:

administrieren: (DDR abwertend) »bürokratisch anordnen, verfügen; von oben her regeln«. Im WDG erscheint dieser Gebrauch als Neubedeutung DDR ohne die im Duden GWB$_1$ zu findende Gebrauchsangabe »abwertend«; diese Neubedeutung wird im WDG angegeben mit »etwas bürokratisch anordnen, regeln«.

orientieren: (DDR) »auf etwas zielen, lenken; etwas im Auge haben; sich auf etwas konzentrieren«: »Auch das neue Budget orientiert bei wichtigen Bereichen auf ausländische Finanzquellen« (Horizont 12, 1977, 19); <auch orientieren + sich:> mancher Betrieb wird sich nicht sofort auf industriemäßige Produktion orientieren. Das WDG charakterisiert diesen Gebrauch von *orientieren* als Neubedeutung DDR und führt hierzu mehrere Bedeutungsnuancen an, u.a.: *jemanden, etwas auf etwas orientieren* »jemanden, etwas auf etwas hinlenken, hinweisen«, z.B.: jemanden auf seine Hauptaufgabe orientieren; alle Kräfte auf eine Politik des Friedens orientieren; *sich auf etwas, jemanden orientieren* »sich zu etwas, jemandem hinwenden, auf etwas, jemanden konzentrieren«, z.B.: wir müssen uns auf die Sicherung unserer Grenzen, auf die neuen Probleme, auf die arbeitenden Frauen orientieren.

rekonstruieren: (DDR) »zu größerem [wirtschaftlichem] Nutzen umgestalten und ausbauen, modernisieren«: Maschinen, Handelseinrichtungen, Arbeitsplätze rekonstruieren. Das WDG kennzeichnet diesen Gebrauch als Neubedeutung DDR und weist ihn dem Fachgebiet Wirtschaft zu. Die Bedeutungserläuterung lautet »vorhandene Produktionsmittel nach dem modernen Stand von Wissenschaft und Technik erneuern, um hohen ökonomischen Nutzeffekt erzielen zu können«, z.B.: veraltete Maschinen, bestehende Produktionseinrichtungen, einen Betrieb rekonstruieren und modernisieren. Entsprechend gekennzeichnet ist das Substantiv *Rekonstruktion.*

3. *Broiler* und *Feinfrost* werden Regionalismen DDR-Wortschatz in den neuen Bundesländern

Einige DDR-spezifische Benennungen, die im Duden-GWB$_1$ (1976–1981) noch mit (DDR) gekennzeichnet worden sind, erhalten im Duden-GWB$_2$ (1993–1995) und im Duden-GWB$_3$ (1999) die Angabe »regional«: »DDR-spezifische Wörter und Verwendungsweisen, die auch nach der Vereinigung der beiden deutschen Staaten im Gebiet der ehemaligen DDR weiterhin üblich sind, erhalten die Angabe ›regional‹ (z. B. *Broiler, Feinfrostgemüse*)«, lautet die Begründung hierfür im Duden-GWB$_2$[12]. Die Markierung »regional« erhalten auch im Duden-GWB$_3$ »DDR-typische Wörter und Verwendungsweisen, die auch nach der Vereinigung in den neuen Bundesländern weiterhin üblich sind ... (z. B. *Broiler, Feinfrostgemüse, Plast*)«[13]. Neu ist im Duden-GWB$_3$, dass hier die Markierung »regional« eine »über einzelne Sprachlandschaften hinausgehende, großräumige Verbreitung kennzeichnet«[14].

Von den oben angeführten Wörtern, die im Duden-GWB$_1$ noch eindeutig als DDR-Spezifika gekennzeichnet wurden, werden nun als Regionalismen ausgewiesen und mit (regional) markiert: *Broiler, Goldbroiler* (im Duden-GWB$_2$ noch mit »ehem. DDR« gekennzeichnet), *Feinfrost, Feinfrostgemüse, -obst, -ware, Schonplatz, Sekundärrohstoff* (erhält die Einschränkung »besonders regional«), *Zeitkino* und die erwähnten besonderen Gebrauchsweisen der Verben *orientieren* und *rekonstruieren.* Mit (regional) gekennzeichnet sind auch die »klassischen« Lexeme der *Plast*, die *Plaste* und auch *Plastetüte* (nicht im Duden-GWB_1). Der in der DDR gebräuchliche *Plastebeutel* fehlt in den Auflagen des Duden-GWB wie auch in den Ausgaben des Rechtschreibdudens. Bemerkenswert ist, dass das aus dem Russischen stammende Wort *Datsche* (»Wochenendhaus, Landhaus, bebautes Wochenendgrundstück«) sowohl im Duden-GWB_2 als auch im Duden-GWB_3 erstmals die Markierung (regional) erhält und damit dem Gebrauch in den neuen Bundesländern zugewiesen wird. Weder im WDG noch im Duden-GWB_1 wird dieses Wort mit einer besonderen Markierung versehen. Auffällig ist weiterhin, dass zum Beispiel ein Lexem wie *Schienenersatzverkehr* den »DDR-Status« völlig verliert und nicht einmal mehr als (regional) markiert, sondern dem Fachwortschatz des Eisenbahnwesens zugeordnet und damit gewissermaßen »gesamtdeutsch« wird.

4. *Wendehals* und *Mauerspecht* Wendewortschatz in allgemeinen einsprachigen Wörterbüchern

Wenn man einen Blick darauf wirft, inwieweit der so genannte Wortschatz der Wende in aktuellen deutschen Wörterbüchern Aufnahme gefunden hat, so ist vorweg zu sagen: Davon ist nicht sehr viel übrig geblieben. Es gibt zwar hierzu eine umfangreiche Literatur, aber die allgemeinen einsprachigen Wörterbücher und auch der Rechtschreibduden verzeichnen relativ wenig Wendewortschatz. Verweisen möchte ich zumindest auf das Werk »Schlüsselwörter der Wendezeit. Wörter-Buch zum öffentlichen Sprachgebrauch 1989/90« von HERBERG/STEFFENS/TELLENBACH (1997), verfasst von einem – man könnte sagen – *Autorenkollektiv*, da an dem Buch drei Autoren beteiligt sind. *Autorenkollektiv* wird im WDG als N e u p r ä g u n g DDR gekennzeichnet und erklärt als »Kollektiv von Autoren, das in Gemeinschaftsarbeit einen (Buch)text verfaßt«[15]. In den oben erwähnten Ausgaben des Duden-GWB wird darauf verwiesen, dass dieses Wort besonders in der DDR gebraucht wurde. Zurück zu den ›Wendewörtern‹, von denen hier nur einige genannt werden sollen, die man zum Beispiel auch in aktuellen Wörterbüchern des Deutschen findet.

Da ist zunächst die spezifische Bedeutung des Schlüsselwortes *Wende* anzuführen:

Im Duden-GWB_2 erscheint unter dem Bedeutungspunkt »einschneidende Veränderung, Wandel in der Richtung eines Geschehens oder einer Entwicklung« (z. B. eine radikale, dramatische, schicksalhafte Wende; eine historische, weltgeschichtliche, ökologische Wende) auch der ganz spezifische Gebrauch dieses Lexems für die politischen und ökonomischen Umwälzungen in der DDR: »die Wende [des Jahres 1989 in der DDR] (der große politische und gesellschaftliche Umbruch des Jahres 1989 in der ehemaligen DDR)«. In der folgenden Auflage, im Duden-GWB_3, wird zu dieser spezifischen Verwendung die Markierung (hist.) hinzugesetzt. »Mit ›hist.‹ (= historisch) werden Wörter markiert, die etwas bezeichnen, was einer vergangenen historischen Epoche angehört (z. B. *Doge, Zehnte*).«[16]

Eingang in aktuelle Wörterbücher des Deutschen hat auch die während der Wendezeit aktualisierte und viel gebrauchte Metapher *Wendehals* gefunden. *Wendehals* – eigentlich eine Bezeichnung für den zur Familie der Spechte gehörenden Vogel, der Dreh- und Pendelbewegungen mit dem Kopf macht und den Hals um 180 Grad drehen kann – wird nun zum Beispiel in die beiden letzten Ausgaben des Duden-GWB auch in der Verwendung für den Gesinnungswechsler und politischen Anpasser aufgenommen und erhält hier den Wörterbucheintrag »(umgangssprachlich abwertend) jemand, der aus Opportunismus [plötzlich] das politische Lager wechselt«.

Nach dem Fall der Mauer in Berlin entdeckte man einen »Vogel«, der ebenfalls zu einer häufig verwendeten Metapher in der Wendezeit wurde, den *Mauerspecht. Mauerspecht* wird sowohl im Duden-GWB_2 als auch im Duden-GWB_3 mit der Angabe (scherzhaft) versehen und erklärt als »jemand, der ein kleines Stück vom Mauerwerk besonders der Mauer (1 b) zur

Erinnerung herausbricht oder herausgebrochen hat« (Duden-GWB$_3$). Dabei bezieht sich in dieser Bedeutungserläuterung »Mauer (1 b) auf die Bedeutung »(von der DDR am 13. 8. 1961 errichtetes) durch Berlin verlaufendes Bauwerk, das die Stadt politisch (in einen östlichen und einen westlichen Teil) teilte«: die Berliner Mauer.

Auch die *Montagsdemonstration* ist im Duden-GWB$_3$ verzeichnet mit der Bedeutung »(von September 1989 bis März 1990) jeden Montagabend im Anschluss an die Friedensgebete in der Nikolaikirche in Leipzig stattfindende Massendemonstration, (die wesentlich zum Sturz des SED-Regimes und zur Herstellung der deutschen Einheit beitrug)«.

Blockflöte erscheint im Wörterbuch nun nicht mehr nur als Bezeichnung für ein hölzernes Blasinstrument, sondern auch mit den Bedeutungen, in denen das Wort während der Wendezeit gebraucht wurde: a) »Blockpartei in der DDR« und b) »Mitglied einer Blockpartei in der DDR«. In Duden-GWB$_2$ und Duden-GWB$_3$ werden beide Gebrauchsweisen mit (salopp abwertend) markiert. Ein Aufruf vom Bündnis 90 lautete: »Wer bei Honecker Blockflöte gelernt (›in einer Blockpartei das politische Geschäft erlernt‹) hat, kann in keiner Demokratie die erste Geige spielen!«[17]

Erwähnt seien zum Schluss die in den allgemeinen Sprachgebrauch eingegangenen Lexeme *Ossi* und *Wessi*, die nun auch in den Wörterbüchern verzeichnet sind. Im Duden-GWB$_3$ erscheinen der *Ossi* mit der Bedeutungserläuterung »aus Ostdeutschland, aus den neuen Bundesländern stammende männliche Person; Ostdeutscher« und entsprechend der *Wessi* mit der Bedeutungsangabe »männliche Person, die aus den alten Bundesländern stammt; Westdeutscher«. Auffällig ist, dass *Ossi* die stilistische Angabe (umgangssprachlich, oft abwertend) und *Wessi* die Markierung (umgangssprachlich) erhält.

Wider Erwarten hat man auch das im Gebrauch zurückgehende Wort *Besserwessi* in die Wörterbücher aufgenommen, im Duden-GWB$_3$ mit der Kennzeichnung (umgangssprachlich abwertend) und der Bedeutung »jemand, der aus den alten Bundesländern stammt und sich gegenüber Bewohnern der neuen Bundesländer besonders in Bezug auf den politischen und wirtschaftlichen Bereich besserwisserisch und belehrend verhält«.

Schlussbemerkung

Aus der bisherigen Untersuchung zur Darstellung von Lexemen in ›Vorwendewörterbüchern‹ und ›Nachwendewörterbüchern‹ geht hervor, dass sie zum Teil ein »gespaltenes Verhalten« sowohl bei der Auswahl als auch bei der Markierung insbesondere von DDR-Spezifika zeigen. So sind z. B. DDR-spezifische Benennungen wie

Arbeitsgesetzbuch,

das Nationale Aufbauwerk (»organisierte Form von freiwilligen Arbeitsleistungen für den Aufbau«),

Betriebssportgemeinschaft (*Abk.:* BSG),

Endausscheid (»endgültiger Ausscheid«: der Endausscheid für die Weltfestspiele),

Forschungsrat (»Gremium bei der Regierung zur Förderung der Wissenschaft und zur Lösung staatlicher Aufgaben«),

der Rat für Gegenseitige Wirtschaftshilfe (*Abk.:* RGW),

Zusatzrentenversicherung (»im Rahmen der Sozialversicherung zusätzlich abgeschlossene, freiwillige Rentenversicherung«),

die im WDG als Neuprägung DDR gekennzeichnet sind, in den drei Auflagen des Duden-GWB nicht verzeichnet. Insgesamt ist jedoch festzustellen, dass diese Ausgaben eine relativ große Zahl an DDR-Spezifika enthalten. Andererseits werden »DDR-Wörter«, die im WDG als Neuprägung DDR markiert sind, »gesamtdeutsch«, z. B.:

Besamungsstation (»Station für die künstliche Besamung der Haustiere, besonders der Rinder«),

Grundstudium (»Studium, das die Grundlagen für ein spezielles Studium schafft«),

Weltspitze (für »Welthöchststand« und »Weltklasse«),

Freundschaftsvertrag: »Vertrag über gegenseitige wirtschaftliche, kulturelle und politische Hilfe und Zusammenarbeit« (ein Freundschaftsvertrag zwischen sozialistischen Staaten) – im WDG ebenfalls als Neuprägung DDR gekennzeichnet – wird im Duden-GWB$_3$ dem Fachgebiet (Politik) zugewiesen und erhält hier die Bedeutungserläuterung »Vertrag über freundschaftliche Zusammenarbeit zwischen Staaten«.

Frauenförderungsplan: »Plan eines Betriebes, der die fachliche Qualifizierung sowie die soziale und gesundheitliche Betreuung der werktätigen Frauen festlegt« (im diesjährigen Frauenförderungsplan ist die Qualifizierung der Kollegin N zum Brigadier vorgesehen) – ebenfalls eine Neuprägung DDR – wird im Duden-GWB$_2$ und im Duden-GWB$_3$ zum *Frauenförderplan* »Maßnahmenkatalog zur Verbesserung der Gleichstellung der Frauen im Beruf«.

Nicht aufgenommen sind im WDG z. B. Lexeme wie

Bausoldat (»Wehrdienstverweigerer, der in einer besonderen Einheit ohne Waffen, die vorrangig beim Bau militärischer Anlagen eingesetzt wird, seinen Ersatzdienst leistet«),

Republikflucht (»Flucht aus der Deutschen Demokratischen Republik«) oder

Republikflüchtling (»Flüchtling aus der Deutschen Demokratischen Republik«). Sie werden im Duden-GWB$_3$ mit (DDR) markiert.

Auffällig ist insgesamt, dass DDR-typische Wörter und Verwendungsweisen zunächst die Kennzeichnung (DDR), dann die Markierung (ehem. DDR) erhalten haben und nun wieder mit der Markierung (DDR) oder auch mit der Angabe (regional) versehen werden.

---

1 WDG Vorwort Bd. 1, 1961, 014.
2 Vgl. SCHMIDT 1987, 37 ff.; PAUL 1992, 1077; SCHLOSSER 1999, 15.
3 Duden-GWB Bd. 1, 1976, 16.
4 Vgl. Abkürzungsverzeichnis in beiden Wörterbüchern.
5 Duden 1991 Vorwort, 5 f.; vgl. auch Duden 1996.
6 Duden-GWB$_2$ Bd. 1, 1993, 20.
7 Duden-GWB$_3$ Bd. 1, 35.
8 WDG Vorwort Bd. 1, 1961, 014.
9 WDG Bd. 1, 1964.
10 WDG Bd. 1, 1978.
11 Duden-GWB$_3$ 1999, 36.
12 Duden-GWB$_2$ Bd. 1, 1993, 20. Im Duden-GWB$_1$ werden Wörter und Verwendungsweisen als »regional« gekennzeichnet, wenn »sich ihre Verbreitung über ein größeres Gebiet« erstreckt und »ein übergreifender hochsprachlicher Ausdruck« fehlt, z. B. *fegen/kehren* (Bd. 1 1976, 15 f.).
13 Duden-GWB$_3$ 3, 5.

14 Ebd.
15 Zum Wendewortschatz s. vor allem auch HELLMANN 1999.
16 Duden-GWB$_3$ Bd. 1, 36.
17 Vgl. PAUL 1992, 326.

Literatur

Wörterbücher

Duden (1986): DUDEN. Rechtschreibung der deutschen Sprache und der Fremdwörter. 19., neu bearb. und erw. Aufl. Hrsg. von der Dudenredaktion. Auf der Grundlage der amtlichen Rechtschreibregeln. Mannheim, Wien, Zürich.

Duden (1991): DUDEN. Rechtschreibung der deutschen Sprache. 20., völlig neu bearb. und erw. Aufl. Hrsg. von der Dudenredaktion. Auf der Grundlage der amtlichen Rechtschreibregeln. Mannheim, Leipzig, Wien, Zürich.

Duden (1996): DUDEN. Rechtschreibung der deutschen Sprache. 21., völlig neu bearb. und erw. Aufl. Hrsg. von der Dudenredaktion. Auf der Grundlage der neuen amtlichen Rechtschreibregeln. Mannheim, Leipzig, Wien, Zürich.

Duden-GWB$_1$ (1976–1981): DUDEN. Das große Wörterbuch der deutschen Sprache in sechs Bänden. Hrsg. und bearb. vom Wissenschaftlichen Rat und den Mitarbeitern der Dudenredaktion unter Leitung von Günther Drosdowski. Mannheim, Wien, Leipzig.

Duden-GWB$_2$ (1993–1995): DUDEN. Das große Wörterbuch der deutschen Sprache. In acht Bänden. 2., völlig neu bearb. und stark erw. Aufl. Hrsg. und bearb. vom Wissenschaftlichen Rat und den Mitarbeitern der Dudenredaktion unter der Leitung von G. DROSDOWSKI. Mannheim, Leipzig, Wien, Zürich.

Duden-GWB$_3$ (1999): DUDEN. Das große Wörterbuch der deutschen Sprache. In zehn Bänden. 3., völlig neu bearb. und erw. Aufl. Hrsg vom Wissenschaftlichen Rat der Dudenredaktion. Mannheim, Leipzig, Wien, Zürich.

HDG (1984): Handwörterbuch der deutschen Gegenwartssprache. In zwei Bänden. Von einem Autorenkollektiv unter der Leitung von G. KEMPCKE. Berlin.

PAUL (1992): Hermann PAUL: Deutsches Wörterbuch. 9., vollständig neu bearb. Aufl. von H. HENNE und G. OBJARTEL unter Mitarbeit von H. KAMPER-JENSEN. Tübingen.

WDG (1961–1977): Wörterbuch der deutschen Gegenwartssprache. Hrsg. von R. KLAPPENBACH und W. STEINITZ. 6 Bde. Berlin.

FLEISCHER, W. (1992): DDR-typische Benennungen und ihre Perspektive. In: Die deutsche Sprache nach der Wende. Hrsg. von K. WELKE, W. W. SAUER, H. GLÜCK. Hildesheim, Zürich, New York (= Germanistische Linguistik 110–111). S. 15–34.

HELLMANN, M. W. (1999): Wende-Bibliografie. Literatur und Nachschlagewerke zu Sprache und Kommunikation im geteilten und vereinigten Deutschland ab Januar 1990 (= amades. Arbeitspapiere und Materialien zur deutschen Sprache. Hrsg. vom Institut für Deutsche Sprache, Nr. 1/99). Mannheim.

HERBERG, D./STEFFENS, D./TELLENBACH, E. (1997): Schlüsselwörter der Wendezeit. Wörter-Buch zum öffentlichen Sprachgebrauch 1989/90 (= Schriften des Instituts für deutsche Sprache. Bd. 6). Berlin, New York.

LUDWIG, K.-D. (1997): Neue Benennungen und Wörterbuch am Beispiel wende-typischer Lexik. In: Nominationsforschung im Deutschen. Festschrift für Wolfgang Fleischer zum 75. Geburtstag. Hrsg. von BARZ, I./SCHRÖDER, M. Frankfurt/M. S. 133–144.

LUDWIG, K.-D. (1998): Wörterbücher als Spiegel gesellschaftlicher Veränderungen. In: Symposium on Lexicography VIII. Proceedings of the Eighth International Symposium on Lexicography May 2–4, 1996, at the University of Copenhagen. Ed. by A. ZETTERSTEN, V. HJØRNAGER PEDERSEN and J. E. MOGENSEN. Tübingen (= Lexicographica Series Maior 90). S. 49–64.

REIHER, R. (1996): Ein Ossi – ein Wort; ein Wessi – ein Wörterbuch. Zur Bewertung von Sprache und Sprachverhalten der Deutschen in Ost und West. In: Von ›Buschzulage‹ und ›Ossinachweis‹. Ost-West-Deutsch in der Diskussion. Hrsg. von REIHER, R./LÄZER, R. Berlin. S. 32–54.

SCHAEDER, B. (1997): Die deutsche Vereinigung im Spiegel der Wörterbücher – Oder: Was ist lexikographisch aus der DDR geworden? In: Deutsch-deutsche Kommunikationserfahrungen im arbeitsweltlichen Alltag. Hrsg. von I. BARZ und U. FIX unter Mitarbeit von M. SCHRÖDER. Heidelberg. S. 45–73.

SCHLOSSER, H. D. (1999): Die deutsche Sprache in der DDR zwischen Stalinismus und Demokratie. Historische, politische und kommunikative Bedingungen. 2., mit einem aktualisierenden Nachwort versehene Aufl. Köln.

SCHMIDT, G. D. (1987): Zielstellung. Zu Gebrauch und Herkunft eines DDR-spezifischen Wortes. In: Muttersprache, Bd. 97. S. 37–41.

Armin Burkhardt

Vom »Akklamations-« zum »Abwicklungsparlament«

Zur Sprache der Volkskammer

1. Einleitung

Ein Jahrzehnt nach den Ereignissen, die zunächst zur Selbstdemokratisierung der DDR und dann zur Vereinigung der beiden deutschen Nachkriegsstaaten geführt haben, erscheint es – im Rahmen allgemeinen Gedenkens – angebracht, an ein Parlament zu erinnern, von dem nicht einmal die Spanne eines Jahres auf den Ruhmesblättern der deutschen Demokratiegeschichte verzeichnet ist. 40 Jahre lang war die Volkskammer der DDR ein »Akklamationsparlament« ohne demokratische Grundlage, dessen zentrale Aufgabe darin bestand, die in Reden vorgetragenen Entscheidungen und Positionen der Partei- und Staatsführung »abzunicken«.[1] Erst im Zuge der »Wende«, d.h. unter dem Druck der revolutionären Ereignisse, konnten sich in ihr demokratische Verfahren Geltung verschaffen. Für kurze Zeit verwandelte sie sich in ein »Interims-Parlament«, das half, den Übergang zur Demokratie vorzubereiten. Nach den Wahlen vom 18. März 1990 kann die Volkskammer als »Abwicklungsparlament« bezeichnet werden, weil ihre Hauptaufgabe nunmehr darin bestand, die Selbstauflösung der DDR und damit ihrer selbst gesetzlich zu regeln[2]. Diese Metamorphosen spiegeln sich auch im parlamentarischen Sprachgebrauch wider, wo sie jeweils einen Wechsel des »Sprachspiels« bewirken.

2. Politische Sprache im Akklamationsparlament

Am 7. Oktober 1949 erklärte sich der aus dem 3. Volkskongress hervorgegangene Deutsche Volksrat zur Provisorischen Volkskammer. In der konstituierenden Sitzung wurde neben dem

»Gesetz über die Provisorische Regierung« u. a. auch die Verfassung der DDR beschlossen. Erst nach den »Volkswahlen« vom 15. Oktober 1950 waren Parlament und Regierung der DDR kein Provisorium mehr.

Die Volkskammer der DDR stand jedoch unter keinem guten Stern – weder in parlamentarisch-politischer noch in sprachlich-kommunikativer Hinsicht. Von Anfang an wird hier nämlich statt des demokratieüblichen »informativ-persuasiven« das »regulative« Sprachspiel (im Sinne GRÜNERTs[3]) gespielt, das mit Hilfe von Setzungen innergesellschaftlich die Beziehungen zwischen Regierenden und Regierten reguliert und dessen Texte: Verfassung, Gesetz, Verordnung, Erlass usw. Ausdruck der jeweils gültigen Herrschaftsstrukturen sind. Dass dies so ist oder, um es mit HOPFER[4] zu formulieren, dass im DDR-Parlament ein »hegemonialer Diskurs« herrscht, kündigt sich bereits in der konstituierenden Sitzung der Provisorischen Volkskammer überdeutlich an:

Wilhelm Pieck, der in den Sitzungsberichten ohne nähere Begründung als »Vorsitzender« erscheint, ERKLÄRT[5] die konstituierende Sitzung der Provisorischen Volkskammer der Deutschen Demokratischen Republik FÜR ERÖFFNET und fügt dann die folgenden Bemerkungen hinzu:

Der nationale Notstand des deutschen Volkes, wie er durch die Zerreißung Deutschlands hervorgerufen wurde, verschärft sich infolge der Maßnahmen der westlichen Besatzungsmächte mit Unterstützung westdeutscher Politiker von Tag zu Tag und nimmt solche Formen an, daß das Leben und die Zukunft des deutschen Volkes bedroht sind und seine nationale Existenz in Frage gestellt ist. […]
Die im Westen Deutschlands vollzogenen Wahlen haben das Ausmaß des Massenbetruges gekennzeichnet. Es ist kein Zweifel, daß sich die Massen in Westdeutschland, als sie für diese Parteien stimmten, von der Illusion haben leiten lassen, daß damit eine Verbesserung ihrer Lage herbeigeführt werden würde.
Sie haben aber schon in der kurzen Zeit, die seit den Wahlen verflossen sind, erfahren, daß dem deutschen Volk keine Hilfe zuteil wird, sondern daß im Gegenteil die Militärgouver-

neure mit verschärften Maßnahmen eingreifen, um ihre Diktatur über das deutsche Volk durchzuführen. […]
Nun wachsen die Bäume der imperialistischen Mächte nicht in den Himmel, sondern es steht ihnen das große Friedenslager entgegen. Es ist die Aufgabe des deutschen Volkes, sich in dieses Lager einzureihen und zusammen mit den Kräften, die in diesem Lager einen entscheidenden Einfluß haben, für den Frieden der Welt zu kämpfen. […]
Die heute vormittag vom Deutschen Volksrat angenommene Entschließung über die Nationale Front zeigt diesen Weg. Wir werden alles daransetzen müssen, durch die Parteien und Massenorganisationen, die im Volksrat vereinigt sind, in Gemeinschaft mit den nationalbewußten Kreisen in Westdeutschland diese Kampffront zu schmieden und so stark zu machen, daß wir schließlich doch die Einheit Deutschlands wieder herstellen und den losgetrennten Teil Deutschlands wieder zurückgewinnen […]. (PVK 2 f.)

In der historischen Retrospektive ist deutlich zu erkennen, wie bereits hier Heuchelei und gezielte Desinformation über den westdeutschen Schwesterstaat in den DDR-Parlamentarismus Einzug halten. Wir hören die Sprache des Klassenkämpfers (»Massen«, »Massenorganisationen«), aber auch schon die des Kalten Kriegers (»imperialistische Mächte«, »Besatzungsmächte«, »Massenbetrug«, »Diktatur über das deutsche Volk«, »Strangulierungsmaßnahmen«). Sichtbar wird ebenfalls der eigentümliche, doppeldenkerische Kontrast zwischen der hervorgehobenen Friedfertigkeit und den verwendeten kriegerischen Metaphern: »Friedenslager«, »für den Frieden der Welt zu kämpfen«, »Nationale Front«, »Kampffront […] schmieden und so stark machen, daß wir […] den losgetrennten Teil Deutschlands zurückgewinnen«. Zum Ausdruck kommt auch der damals vor allem von Seiten der DDR-Regierung immer wieder lautstark propagierte Wunsch nach nationaler Einheit, aber mit – aus heutiger Sicht – veränderten Vorzeichen: Die DDR soll gleichsam die abgetrennte Bundesrepublik wieder »zurückgewinnen«.

Dem Vorwurf totalitärer Gleichschaltung kommt Pieck in seiner Rede dadurch zuvor, dass er die Einmütigkeit HERVORHEBT, von der die Arbeit des Deutschen Volksrates getragen gewesen sei, DEN WUNSCH ÄUSSERT, »daß die feste Einigkeit aller Faktoren des Volksrats, der Parteien und Massenorganisationen, daß diese Einmütigkeit auch in der Volkskammer sein wird« (PVK 3). »Gerade die Einheit der Parteien hier im Osten«, sagt er, »ist das große Plus gegenüber den Krakeelereien der Parteien im Westen Deutschlands« (PVK 3), und erklärt damit rhetorisch geschickt den Makel zur Tugend.

Während der Rede Piecks gibt es keinerlei Zwischenrufe, nur mehrfach »starken« bis »lebhaften Beifall« bei der BEGRÜSSUNG der Vertreter ausländischer Militärmissionen. Zwar wird das, was dann folgen soll, expressis verbis »konstituierende Beratung« GENANNT, tatsächlich aber findet keinerlei Diskussion statt, weil, etwa auf Piecks FRAGE, ob zum Gesetz über die Konstituierung der Provisorischen Volkskammer der Deutschen Demokratischen Republik ein Abgeordneter das Wort wünsche, KEINERLEI WORTMELDUNG erfolgt. Das Verfahren bei der Abstimmung ist so, dass der Vorsitzende die mit dem Gesetz einverstandenen Abgeordneten BITTET, sich von den Plätzen zu erheben. Sofort stehen alle auf, Gegenstimmen oder Enthaltungen gibt es nicht. Daher kann Pieck sodann die Einstimmigkeit dieses Beschlusses FESTSTELLEN. In derselben Weise erfolgt die Wahl des Präsidiums der Volkskammer.

Der so gewählte Präsident, Johannes Dieckmann (LDP[D]), BESTIMMT die Provisorische Volkskammer in seiner Antrittsrede als »Kammer der Arbeit« und benutzt diese FESTSTELLUNG als Argument dafür, ohne »weitere Worte [...] IN DIE BEHANDLUNG DER TAGESORDNUNG EINZUTRETEN« (PVK 5). In der bewährten akklamatorischen Weise und ohne jede Diskussion wird sodann über das »Gesetz über die Provisorische Regierung der Deutschen Demokratischen Republik«, über das »Gesetz über die Bildung einer Provisorischen Länderkammer der Deutschen Demokratischen Republik« und über keinen geringeren Gegenstand als das »Gesetz über die Verfassung der Deutschen Demokratischen Republik« ENTSCHIEDEN. Als Dieckmann vor der VERLESUNG des erstgenannten Gesetzentwurfs beiläufig ERWÄHNT, dieser sei als »Drucksache Nr. 2 in Ihren Händen«, erhält er verschiedene Zurufe: »Nein!« Nach einer kurzen ENTSCHULDIGUNG, dass es »in der Eile« offenbar »technisch nicht möglich« gewesen sei, die »Drucksache in Ihrer aller Hände zu geben«, VERSPRICHT Dieckmann den Abgeordneten zwar, dass sie »unverzüglich in den Besitz der Drucksache gesetzt« würden, fährt jedoch in der Abstimmung unbeirrt fort. Auch im Falle des »Gesetzes über die Bildung einer Provisorischen Länderkammer« VERABSCHIEDET die Volkskammer – und zwar »gleichzeitig in erster und zweiter Lesung« – einstimmig ein Gesetz, das ihr im Wortlaut nicht vorliegt, denn als Dieckmann sagt: »Auch dieses Gesetz ist als Drucksache Nr. 3 zum Teil in den Händen der Mitglieder des Hauses«, erhält er »Lebhafte Zurufe: Nein, überhaupt nicht.« (PVK 5) Beim Gesetz über die Verfassung der DDR werden die Drucksachen sicherheitshalber nicht mehr erwähnt.

In der Folge »setzt« Dieckmann die Zustimmung der Abgeordneten »zur Verabschiedung gleichzeitig in erster und zweiter Lesung« explizit »voraus«. In einem nächsten Schritt BITTET er zwar die Abgeordneten, zu dem »gemeinschaftlichen Gesetzentwurf aller Fraktionen« Stellung zu nehmen, BITTET sie jedoch fast im selben Atemzug darum, »Ihre Entscheidung über den Entwurf dieses Gesetzes zu fällen«. Sodann BITTET er

> *diejenigen Mitglieder des Hauses, die unter VERZICHT auf Ausschußberatungen, unter Einverständnis mit einer ersten und zweiten Lesung und unter VERZICHT auf eine Aussprache – WORTMELDUNGEN habe ich bisher nicht gesehen – bereit sind, diesem Gesetz ihre ZUSTIMMUNG zu geben, sich von ihren Plätzen zu erheben.* (PVK 6)

Dagegen werden diejenigen, die sich der Stimme enthalten wollen, lediglich GEBETEN, »sich bemerkbar zu machen«. Das tut jedoch offenbar niemand, und als der Präsident FESTSTELLT, das Gesetz sei einstimmig angenommen, erhebt sich die Versammlung von den Plätzen »und klatscht anhaltend« den »lebhaften Beifall« (PVK 6), der das Plenum der Volkskammer über fast 9 Legislaturperioden begleitet hat. Die Möglichkeit des Dagegenstimmens wurde nicht einmal erwähnt.

Weil Otto Grotewohl – gemäß Art. 92 der DDR-Verfassung

von 1949 – mit der Bekanntgabe seiner Benennung durch die stärkste Fraktion bereits Ministerpräsident ist, SETZT Dieckmann der entsprechenden schriftlichen Mitteilung der SED-Fraktion lediglich den so lapidaren wie bezeichnenden Satz HINZU: »Das Haus NIMMT hiervon KENNTNIS.«

Bei der Abstimmung über den »BESCHLUSS auf Befristung des Provisoriums der Volkskammer, Länderkammer und Regierung« gibt Dieckmann einer weiteren parlamentarischen Verfahrenseigentümlichkeit Raum: Er BITTET nämlich der Einfachheit halber diejenigen Abgeordneten, die der Vorlage zustimmen wollen, »in ihrer Verfassung«, d. h. sitzen zu bleiben, während er diejenigen, die gegen den Antrag stimmen bzw. sich der Stimme enthalten wollen, AUFFORDERT, »sich bemerkbar zu machen durch Handzeichen« bzw. »sich von ihren Sitzen zu erheben« (PVK 7). Die Präsupposition einstimmiger Zustimmung schwebt über dem Plenarsaal. Indem der demokratische Parlamentarismus so semiotisch konterkariert wird, entlarvt sich die konstituierende Sitzung schon im Umgang mit den parlamentstypischen Sprechaktsequenzen und Geschäftsordnungsverfahren als parlamentarische Farce, die auf die 40 anschließenden Jahre ihren Schatten vorauswerfen sollte (vgl. dazu auch VK 1/980 und 2/45). Die zitierten Belegstellen aus der konstituierenden Sitzung der Provisorischen Volkskammer lassen zugleich erkennen, dass hier das »regulative« Sprachspiel gespielt wird, und können – mit wenigen Einschränkungen – exemplarisch für 8½ Legislaturperioden der Volkskammer stehen. Stets dominiert eindeutig die monologische Einbahnstraßen-Kommunikation von oben nach unten: Kritiklos (von wenigen Ausnahmen in den ersten Wahlperioden abgesehen) und in standardisierter bzw. zuvor »abgestimmter« Politlexik und unter unablässiger Anbindung an »Prägetexte« wie insbesondere die Beschlüsse der SED-Parteitage[6] werden Einheitsstandpunkte vertreten und/oder (Pseudo-)Erfolgsmeldungen vorgetragen.

Bei den Zwischenrufen handelt es sich um verbale Äußerungen außerhalb des Rederechts, die sich linguistisch als die Hörersignale der Großgruppenkommunikation bestimmen lassen. Für den Parlamentarismus sind sie von alters her besonders typisch. Seit den Anfängen in der Frankfurter Paulskirche sind sie deshalb in den Stenographischen Berichten deutscher Parlamente so genau und vollständig wie möglich verzeichnet. Das gilt auch für die Volkskammer. Ist es aber schon ebenso kurios wie bezeichnend, dass der ohnehin extrem zwischenrufarme DDR-Parlamentarismus ausgerechnet mit Zurufen begann, in denen bemängelt wurde, dass zum Zeitpunkt der Abstimmung über die Verfassung den Abgeordneten die entsprechenden Drucksachen nicht vorlagen, so lässt sich überhaupt an den Zwischenrufen ablesen, dass im SED-Staat parlamentarischer Streit nicht vorgesehen war, und dies sogar noch mit abnehmender Tendenz: Für die fast 40 Jahre ihres Bestehens sind in den Stenographischen Niederschriften der »alten« Volkskammer nicht mehr als 1375 Zwischenrufe nachzuweisen. Diese Zahl entspricht ungefähr dem Zwischenruf-Output von eineinhalb bis zwei Sitzungstagen im Deutschen Bundestag. Fast die Hälfte aller Zwischenrufe, nämlich 588, wurden in der 1. Wahlperiode gemacht. Doch schon in der 2. Legislaturperiode sank die Zahl auf 379, und in der 3. waren nicht mehr als 286 Zurufe zu verzeichnen. Danach beschleunigte sich der Verfall: Waren in der 4. und 5. Wahlperiode immerhin noch 48 bzw. 57 Zurufe zu hören, so waren es in der 6. und 7. spärliche 9 bzw. 7. In den Protokollen der 8. Legislaturperiode ist nur noch ein einziger Zuruf aufgeführt. Von 1982 bis zur »Wende«-Tagung vom November 1989 hat es im Plenum der zur Bedeutungslosigkeit herabgesunkenen Volkskammer überhaupt keine Zwischenrufe mehr gegeben.

Von den 1358 Zwischenrufen der ersten 5 Wahlperioden sind in der Stenographischen Niederschrift 1291 im Wortlaut ausgewiesen. Davon wiederum sind 1080 Kurzzurufe der sechs Standard-Typen »Sehr richtig!«, »Sehr wahr!«, »Sehr gut!«, »Hört, hört!«, »Pfui!« und »Bravo!«. Hinzu kommen 2 »Hoch!«-Rufe. Insgesamt sind also 1082 konventionelle Kurzzurufe zu verzeichnen. Etwa drei Viertel aller Zwischenrufe sind AFFIRMATIV, wobei – erwartungsgemäß – besonders häufig den Rednern der Regierung ZUGESTIMMT wird. Ungefähr ein Fünftel der Zurufe machen die DISSENTIVA (zumeist »Pfui« bzw. »Hört, hört!«) aus, die sich fast ausschließlich auf West-Zitate und Redneräußerungen über die Bundesrepublik oder die übrigen westlichen Länder beziehen. Zugleich sticht das Fehlen der ORGANISATORISCH-TECHNISCHEN DIREKTIVA: AUFFORDERUNG, ZUR SACHE KOMMEN, ANMAHNUNG EINES SACH- ODER ORDNUNGSRUFS, AUFFORDERUNG, ABSTIMMEN LASSEN, und »SCHLUSS!«-RUF ins Auge. Der einzige Ruf »ZUR GESCHÄFTSORDNUNG!« stammt aus der 1. Legislaturperiode.

Die Zwischenrufe konzentrieren sich in den Reden der Mitglieder der Partei- und Staatsführung, dienen vor allem der Unterstützung von Grotewohl, Ulbricht und später Honecker und treten gehäuft in Reden mit außenpolitischer Zielrichtung auf:

> *Ministerpräsident Grotewohl: [...]*
> *Wir fordern Freiheit für die politischen Gefangenen in der Bundesrepublik, insbesondere für die politischen Gefangenen, die sich für ganz Deutschland eingesetzt haben!*
> *(Bravorufe, starker Beifall)* (VK 2/381)

In den ersten drei Legislaturperioden können Zwischenrufe gelegentlich auch dazu verwendet werden, Redner in ihrer Kritik an organisatorischen bzw. Versorgungsmängeln zu unterstützen:

> *Abg. Frau Ermisch (DFD): [...]*
> *Was leider bisher nicht zu erhalten ist, sind Wickeltücher für unsere Babys. Kaum kann man es glauben, aber es stimmt: der Plan 1954 sieht keine Wickeltücher vor!*
> *(Hört, hört!)* (VK 1/2058)

> *Abg. Heinz Lehmann (LDPD): [...]*
> *Ich bin der Meinung, daß wir im Siebenjahrplan mit diesen Eulenspiegeleien Schluß machen müssen.*
> *(Sehr richtig! Sehr wahr!)* (VK 3/250)

Über die Standard-Kurzzurufe hinaus hat es in der Volkskammer bis zum Ende der 5. Wahlperiode (1971) nur 209 ausformulierte Zwischenrufe gegeben. Selbst im Vergleich zur zwischenrufarmen Nationalversammlung von 1848/49 in der Frankfurter Paulskirche ist das sehr wenig. Auch das (wort-)spielerische Element, das viele Zwischenrufe pluralistischdemokratischer Parlamente auszeichnet, ist in der »alten« Volkskammer extrem selten und nur in den ersten Wahlperioden aufzuspüren. Die beiden einzigen wirklich originellen Exemplare sind dem SED-Abgeordneten Buchwitz zu verdanken und – wie könnte es anders sein – gegen den westdeutschen Schwesterstaat gerichtet:

Man sollte lieber sagen Bundesnacht und nicht Bundestag! (VK 1/524)

Der Papst sollte Adenauer scheinheilig sprechen! (VK 2/1188)

Auffällig ist, dass mehr als ein Drittel der ausformulierten Zwischenrufe, nämlich 63, von Regierungsmitgliedern gemacht werden; nicht weniger als 17 davon stammen von Otto Grotewohl, und sogar 27 gehen auf das Konto von Walter Ulbricht:

Abg. Homann (NDPD): […]
Ich weiß nicht, wo Herr Strauß war, als bei Stalingrad die 6. Armee für den deutschen Militarismus unterging und das Schicksal jeder imperialistischen Aggression erfuhr.
(Ministerpräsident Grotewohl: Bestimmt mit dem Kopf im Sand!) (VK 2/516)

Abg. Benecke (VdgB [BHG]): […]
Wir ernteten mehr Getreide und hatten in den meisten Gebieten Kartoffelerträge wie selten zuvor. […] Besonders hat sich für uns Einzelbauern die Arbeit in selbständigen Arbeitsgemeinschaften bewährt.
(Stellv. d. Ministerpräsidenten, Ulbricht: Aber bei den Zuckerrüben ist der Ertrag niedriger!)
– Jawohl, darauf komme ich noch zurück. (VK 2/534)

Wie die Beispiele illustrieren sollen, handelt es sich bei den meisten dieser »regierungsamtlichen« Zwischenrufe um SPÖTTISCHE BEMERKUNGEN über westliche Politiker oder um KRITISCHE FRAGEN bzw. EINWÄNDE zu Berichten über wirtschaftliche Einzelprobleme. Im demokratischen Parlamentarismus sind Zurufe von der Regierungsbank traditionell verpönt und daher selten. Schon die bloße Zahl solcher Zwischenrufe deutet daher auf die »hegemoniale« Struktur der Volkskammer hin.

Anders als in anderen Parlamenten ist der Zwischenruf in der DDR-Volkskammer alter Prägung ein Mittel der Herstellung von Konsens, nicht der Demonstration von Dissens und kann als überwiegend KONSENSUS-DEMONSTRATIV beschrieben werden.

Die schrittweise Abnahme der Zahl der Zwischenrufe – lediglich in der 5. Wahlperiode ist noch einmal ein leichter Anstieg zu verzeichnen – und die zunehmend klarere Verschiebung der Zahl der AFFIRMATIVA zugunsten der Regierungsredner zeigen einen Rollenwandel des Parlamentsplenums hin zum passiven Statistentum an. Mit der Zahl der Volkskammer-Sitzungen (1. Wahlperiode: 50; 2. Wahlperiode: 36; 3. Wahlperiode: 27; 4. Wahlperiode: 22; 5. Wahlperiode: 20) und dem Rückgang ihrer gesetzgeberischen Tätigkeit nimmt auch die Zahl der Zwischenrufe kontinuierlich ab. Der letzte Zwischenruf der »alten« Volkskammer erklang am 3. Dezember 1981, stammte ausgerechnet von Präsident Sindermann und lautete sowohl bezeichnender- als auch ironischerweise »Bravo!« (VK 8/70).

3. Politische Sprache im Interimsparlament

Auch wenn der Wandel nur unter dem Druck des Volkes gelang, das auf den Straßen von Berlin, Leipzig und anderswo demonstrierte, stellt die Volkskammertagung vom 13. November 1989 den in der deutschen Geschichte einzigartigen Akt der Selbstbefreiung und Selbstdemokratisierung eines auf undemokratische Weise zustande gekommenen Parlaments dar. Mit den alten Herrschaftsstrukturen kehrt sich auch das »regulative« Sprachspiel um, denn, wie es Christa WOLF am 4. November 1989 in ihrer Rede auf dem Alexanderplatz ausgedrückt hat: »Jede revolutionäre Bewegung befreit auch die Sprache. [. . .] ›Unten‹ und ›oben‹ wechseln ihre Plätze in dem Wertesystem, und dieser Wechsel stellt die sozialistische Gesellschaft vom Kopf auf die Füße.«[7]

Schon am Anfang der Tagung steht ein Novum: Nach dem Rücktritt des alten Volkskammer-Präsidiums ist die Wahl eines neuen Präsidenten notwendig geworden, die – mitten in der Legislaturperiode – von einem Alterspräsidenten geleitet wird, und erstmalig wird dabei nicht einstimmig per Akklamation, sondern auf demokratisch-parlamentarische Weise lediglich »mehrheitlich« in geheimer Abstimmung gewählt, und auch bei der »in offener Abstimmung en bloc« vorgenommenen Wahl der übrigen Mitglieder des neuen Präsidiums gibt es immerhin eine Gegenstimme und drei Enthaltungen. Zudem haben die Abgeordneten die Wahl zwischen mehreren Kandidaten. Bravourös wird das Wahlverfahren vom 92-jährigen Alterspräsidenten Jendretzky eingeleitet, erläutert und durchgeführt. Gewählt wird Dr. Maleuda (DBD).[8]

Das große Zauberwort nach der »Wende« – die ja zunächst nicht viel mehr war als eine von der neuen Partei- und Staatsführung ausgegebene Parole[9] – war das von der »Erneuerung von Staat und Gesellschaft« bzw. der »demokratischen Erneuerung des Sozialismus«. Auch einige andere Schibboleths dieser Interimszeit wären hier zu nennen: »Neuorientierung der Wirtschafts- und Sozialpolitik«, »sozialistische Marktwirtschaft«, »Fehlverhalten und Defizite in unserer Gesellschaft«, »Bau des gemeinsamen europäischen Hauses«, »Konsensfähigkeit«. Diese und ähnliche Begriffe durchzogen die Beiträge fast aller Redner der Parteien und Massenorganisationen. Weil sich selbst die Sprecher der SED durchweg dem Gedanken von der »Erneuerung des Sozialismus« ANSCHLIESSEN und Regierungsmitglieder und Funktionäre gegenüber der Kritik und den Forderungen der Abgeordneten keinerlei Widerstand leisten, kommt auch in dieser denkwürdigen Tagung, die eine deutliche Zäsur im DDR-Parlamentarismus markiert, eine eigentliche Kontroverse nicht zustande.

Gleichwohl ist bei allen Rednern große Befangenheit zu spüren, ein Gefühl für die Notwendigkeit der Selbstbefreiung einerseits und eine – sehr verständliche – Angst vor der eigenen Courage andererseits. Die Zulässigkeit von Zwischenrufen (ebenso wie die Möglichkeit des Stellens von Geschäftsordnungsanträgen) muss daher bezeichnenderweise zu Beginn der Sitzung vom neugewählten Präsidenten ausdrücklich HERVORGEHOBEN werden (vgl. VK 9/232).

Die Debattenbeiträge der Redner fast aller Parteien und Massenorganisationen enthalten GESTÄNDNISSE oder ZUSCHREIBUNGEN von Schuld, Fehlern oder Versagen. Diese

Äußerungen haben den Charakter der SCHULDZUWEISUNG, des SCHULDEINGESTÄNDNISSES oder des persönlichen SCHULDBEKENNTNISSES.

So RÄUMT der Sprecher der SED-Fraktion, Dr. Jarowinsky, »ernste Fehler des abgelösten Generalsekretärs und des abgelösten Politbüros« EIN, dessen Führungsstil »weithin durch politische Arroganz und Selbstgefälligkeit, nicht aber durch sachliche, kollektive Beratung gekennzeichnet« gewesen sei. Auch der Sprecher der SED-Fraktion NIMMT seine Partei vom VORWURF der »Arroganz und Selbstgefälligkeit« NICHT AUS, denn mit größter Offenheit FÜGT er HINZU:

> *Es geht aber nicht nur um einzelne Personen. Dahinter steht, daß das von der SED entscheidend gestaltete politische System die Vielfalt der Interessen, Meinungen und Forderungen des Volkes ungenügend aufnahm und verarbeitete. Letzten Endes funktionierte es fast nur von oben nach unten und wenig von unten nach oben. So sehr es in der Idee darauf ausgelegt war, Millionen Bürger in die Vorbereitung und Realisierung staatlicher Entscheidungen einzubeziehen, so sehr schränkte es in der Praxis durch Überzentralisierung und Bevormundung diese Mitwirkung ein.* (VK 9/232)

Es fällt jedoch auf, dass der Sprecher der SED die Kritik an der eigenen Partei in der dritten Person formuliert, wenn er einerseits von »der SED« (als ob er nicht selbst dazugehörte) spricht und andererseits mehrfach ein unpersönliches »es« auf das abstrakte »System« zurückverweisen lässt.

Deutlicher GESTEHT die Sprecherin der CDU-Fraktion, Christine Wieynk, EIGENE SCHULD EIN:

> *Keiner von uns spricht sich von Mitschuld an der Krise frei, die unsere Gesellschaft und unser Land erfaßt hat. Verantwortung und Schuld tragen wir dafür, daß wir in der Vergangenheit nicht oft genug unsere Verfassungsrechte wahrgenommen, nicht laut genug gesagt haben, was uns von unseren Wählern für unser Wirken aufgetragen ist, wie es von Abgeordneten unseres Landes mit Recht erwartet wird.* (VK 9/235)

Auch Redner anderer Parteien und Massenorganisationen RÄUMEN eigenes Verschulden und eigene Versäumnisse selbstkritisch EIN.

Später BEKENNEN Abgeordnete und einige Minister auch persönliche Schuld, so etwa der Abgeordnete Prof. Schneeweiß von der CDU, der sagt: »Ich habe das Vertrauen meiner Wähler in der Vergangenheit durch eine zu verhaltene Kritik, ja, vielfach durch Schweigen an falscher Stelle nicht gerechtfertigt.« (VK 9/249)

Zwar wird solche Schuld EINGESTANDEN, aber immer noch in sehr vorsichtig gewählten Worten, die fast etwas Euphemistisches haben. Das System als solches wird (noch) nicht in Zweifel gezogen, lediglich seine Reformbedürftigkeit HERAUSGESTELLT.

Neben dem SCHULDEINGESTÄNDNIS enthalten fast alle Beiträge ein BEKENNTNIS zum Sozialismus, wenn auch mit verändertem Gesicht. Die neuen Fahnenwörter bezeichnen die neuen politischen Ziele. GEFORDERT wird die »tiefgreifende Demokratisierung«, die »demokratische Erneuerung des Sozialismus«, die »sozialistische Marktwirtschaft«, der »pluralistische Sozialismus«, die »sozialistische Demokratie«, die »Unumkehrbarkeit« der »Erneuerung unserer sozialistischen Gesellschaft«, ein »menschlich würdiger« und »attraktiver«, ein »lebens- und liebenswerter Sozialismus«, »höhere Lebensqualität«, die »Demokratie im Sozialismus«, der Kurs »hin zur umfassenden Demokratie, hin zu einer Solidargemeinschaft DDR, die das Attribut ›sozialistisch‹ als Synonym von Menschlichkeit und Volksherrschaft wahrhaft verdient« (VK 9/236). Wie sehr die Herrschaft der SED die Begriffe *Demokratie* und *Sozialismus* bei den Bürgern in Verruf gebracht hat, wird darin deutlich, dass beide Begriffe ohne erläuternde Attribute nicht mehr zu verwenden sind. In einigen Beiträgen ist von *Nation* und *Patriotismus* die Rede. Auffällig bleibt allerdings, dass es nicht mehr, wie noch 1949 und in den Jahren danach, die gesamtdeutsche Nation ist, die beschworen wird, sondern die – letztlich wiederum von der SED jahrzehntelang propagierte – *DDR-Nationalität.* Die ABLEHNUNG der Vereinigung der beiden deutschen Staaten ist daher einhellig, als Thema ist sie jedoch schon präsent.

Der Stil der Volkskammer hat sich über Nacht verändert, es werden konkurrierende MEINUNGEN VERTRETEN, POSITIONEN werden BEZOGEN, KRITIK wird (im doppelten Sinne) GEÜBT, FORDERUNGEN werden ERHOBEN. Manchen Formulierungen sieht man sowohl spontanen Mut und persönliche Betroffenheit als auch eine gewisse Vorsichtigkeit ihrer Sprecher an, und es ist nur natürlich, wenn die alte Sprache mit dem inzwischen obsolet gewordenen Politvokabular der sozialistischen Agitation und damit auch die alten sprachlichen Umgangsformen gelegentlich noch durchschlagen: So ist vom »Aktionsprogramm der Partei« ebenso die Rede wie von »Leitungskadern«, vom »Antifaschismus«, von »Aktivisten« und, natürlich, von den »Werktätigen«. Der Abgeordnete Koplanski fällt an einer Stelle vollständig in die umständliche, unverbindlich-technokratische Sprache des alten Regimes und der alten Volkskammer, die Syntax der Grußadressen und offiziellen Verlautbarungen, zurück:

> *Werte Abgeordnete! Getragen von der Bündnisverantwortung für die Versorgung der Bevölkerung mit Nahrungsgütern und der Industrie mit Rohstoffen sowie der Verbesserung der Arbeits- und Lebensbedingungen der Werktätigen in der Landwirtschaft, FORDERT die DBD mit Nachdruck, das Produktionsprofil und -programm der Landmaschinenindustrie der Deutschen Demokratischen Republik konsequent an den Erfordernissen unserer Landwirtschaft und am internationalen Höchststand zu orientieren und der Deckung des Eigenbedarfs gegenüber dem Export den Vorrang einzuräumen, endlich entschiedene Maßnahmen für eine spürbare und dauerhafte Verbesserung der Bereitstellung von Ersatzteilen einzuleiten sowie landtechnische Instandsetzungsbetriebe und landwirtschaftseigene Baukapazitäten ausschließlich für die Landwirtschaft einzusetzen und mehr für die Modernisierung und Mechanisierung der alten Ställe der Tierproduktion zu tun.* (VK 9/234)

Abgesehen von der für den DDR-Parlamentarismus typischen Anrede »Werte Abgeordnete!« begegnet hier zwar die mit Substantivitis infizierte, schwerfällig hypotaktische Sprache der sozialistischen Planwirtschaft, doch immerhin erscheint sie in der Gestalt einer zuvor unaussprechbaren FORDERUNG.

Das kritische Potential dieser ersten Volkskammer-Tagung nach der Öffnung der Grenzen liegt in verschiedenen VORWÜRFEN gegen die alte Regierung, die sich im Gebrauch etwa der folgenden, zumeist moralische Wertungen oder sogar Imperative enthaltenden Wörter und Wendungen äußern: »Fehlentscheidungen«, »politische Arroganz und Selbstgefälligkeit«, »Duldung von gravierenden Disproportionen innerhalb und zwischen den Zweigen und Bereichen der Volkswirtschaft«, »ungenügende Einbeziehung der Bürger in Entscheidungen, ihre ständige Bevormundung und Gängelei, das laufende Hineinreden in die Leitung von Staat und Wirtschaft und der immer mehr wachsende Bürokratismus« (VK 9/234), »Vertrauensverfall«, »Einmischung in die gesetzlich geregelten Kompetenzen der Organe unseres Staates«, »Versagen und falsches Handeln, politische und ökonomische Fehlentscheidungen«, »Heuchelei, Anpassung und Opportunismus«, »politische Lähmung der SED«, »sprachlos, weil entscheidungsunfähig«, »Machtanmaßung, ja Machtmißbrauch«, »Ignoranz, was die Lebensinteressen der Bürger, den Willen des Volkes, das tatsächliche Kräftepotential im Lande anging«, »Vertrauensbruch in der Gesellschaft«, »Amtsmißbrauch und Korruption«. In all diesen Begriffen dokumentiert sich das innere Siechtum eines politischen Systems, in dem »gesellschaftliches Engagement zu physischer und moralischer Zermürbung« (VK 9/243) führte.

Als integrierende Momente der Debatte geben allseitiges SCHULDEINGESTÄNDNIS, Verständigung über das Festhalten am Sozialismus und der Eigenstaatlichkeit der DDR sowie Gleichsinnigkeit der VORWÜRFE an die bisher Regierenden den Abgeordneten die Kraft und den Mut, die Umkehr des »regulativen« Sprachspiels zu wagen. Das Volk hat die Diskursherrschaft übernommen, und stellvertretend für es werden im letzten Drittel der Volkskammer-Tagung der zurückgetretene Volkskammer-Präsident sowie Mitglieder des Ministerrates, die ebenfalls um Abberufung gebeten haben, vom Plenum über Diskussionsbeiträge und FRAGENDE Zwischenrufe ZUR REDE GESTELLT. Passagenweise nimmt dieser Teil der Sitzung VERHÖRartige Züge an und gipfelt darin, dass an den Vorsitzenden des Ministerrats die FRAGE gerichtet wird, inwiefern die Kompetenzen des laut Verfassung der Volkskammer verantwortlichen Ministerrats denn eingeschränkt gewesen seien. Als Stoph nur vage von »zentralen Entscheidungen« spricht, ist es Präsident Dr. Maleuda, der ihn durch mehrfaches NACHFRAGEN dazu zwingt, die Frage nach dem Verursacher der (illegalen) Kompetenzbeschneidungen zu BEANTWORTEN. Nur widerstrebend GIBT Stoph schließlich die ANTWORT: »Der Vorsitzende des Staatsrates und Generalsekretär des ZK der SED und der Stellvertreter des Staatsratsvorsitzenden, das Mitglied des Politbüros Mittag.« (VK 9/258) Spätestens mit dem öffentlichen Aussprechen dieser BEZICHTIGUNG ist klar, dass die frühere DDR-Regierung vollständig kapituliert und die Diskursherrschaft gewechselt hat.

Im Laufe der 9 Stunden und 40 Minuten dauernden Debatte wurden nicht mehr als 25 Zwischenrufe gemacht, von denen im Stenographischen Bericht 22 im Wortlaut festgehalten sind. Die meisten davon hatten es allerdings in sich. Was in früheren Tagungen undenkbar schien, geschieht jetzt: Die Zurufe werden gemacht, um Druck auf die Redner, insbesondere auf aktuelle und ehemalige Regierungsmitglieder auszuüben. Damit läuten nicht zuletzt die Zwischenrufe hörbar auch parlamentarisch das Ende der alten Machtstrukturen ein, die doch zugleich durch die Zusammensetzung der Volkskammer immer noch repräsentiert werden.

Als z.B. nach dem bisherigen Volkskammer-Präsidenten Sindermann auch der Minister für Staatssicherheit, Mielke, dem anscheinend immer noch nicht klar ist, welche Stunde hier der SED-Herrschaft geschlagen hat, mehrfach die Anrede »Genossen« benutzt, erhält er dafür den WIDERSPRECHENDEN, jedoch formal als Antrag an den Präsidenten gerichteten Zwischenruf: »Zur Geschäftsordnung: Ich BITTE doch endlich dafür zu sorgen. In dieser Kammer sitzen nicht nur Genossen«, der wenige Wochen zuvor noch undenkbar gewesen wäre und das neugewonnene Selbstbewusstsein der Versammlung widerspiegelt. Mielke reagiert darauf völlig hilflos – fast schon weltfremd – mit dem Satz: »Ich bitte, das ist doch nur eine formale Frage.« Auf die im Protokoll vermerkten, für ihn ungewohnten »MISSFALLENSÄUSSERUNGEN« antwortet er dann mit seiner grotesken, allgemein als zynisch verstandenen ERKLÄRUNG: »Ich liebe doch alle Menschen ...«, die vom Plenum mit (höhnischem) »Gelächter« QUITTIERT wird.

War die alte Volkskammer sprachlich und politisch bis in die Zwischenrufe hinein von der Regierung und der in den wichtigsten Positionen mit ihr personell identischen Parteiführung der SED dominiert, so kehrt sich in der Tagung vom 13. November 1989, an deren Ende dem Rücktritt des Vorsitzenden und der Mitglieder des Ministerrates DURCH ABBERUFUNG ZUGESTIMMT und Hans Modrow (bei einer Gegenstimme) zum neuen Vorsitzenden des Ministerrats gewählt und mit der Regierungsbildung BEAUFTRAGT wurde, dieses asymmetrische Verhältnis um: Die Volkskammer erwacht aus ihrem 40-jährigen Dornröschenschlaf und gewinnt ihre verfassungsmäßige Stellung zurück; die Regierungsmitglieder rücken auf die Anklagebank. Oben und unten wechseln die Plätze, und es entsteht eine neue Asymmetrie, in der die Abgeordneten die Initiative haben.

4. Politische Sprache im Abwicklungsparlament

Gestützt durch die flankierende Vermittlungsarbeit des Zentralen Runden Tisches[10] setzt die »gewendete« Volkskammer bis zum März 1990 ihre Demokratisierungsarbeit fort. Nach den Wahlen konstituiert sie sich als nunmehr demokratisch legitimiertes, pluralistisches Parlament, in dem in kontroverser Diskussion das »informativ-persuasive« Sprachspiel der überredend-überzeugenden Einflussnahme auf den Bürger gespielt wird. Abweichend vom Gegenwartsparlamentarismus westlicher Prägung wird jedoch unter weitgehender Hintanstellung parteipolitischer Polemik zumeist offen diskutiert und vor allem konsensorientiert argumentiert. Mit dem Wahlergebnis ist auch die Vereinigung der beiden deutschen Staaten als Ziel der parlamentarischen Arbeit vorgegeben. Schon in der Antrittsrede der neuen Volkskammer-Präsidentin, Frau Dr. Bergmann-Pohl (CDU), wird dies deutlich (vgl. dazu VK 10/5). Bei grundsätzlicher Übereinstimmung in Bezug auf das Ob kann sich der Dissens daher nur noch auf das Wie erstrecken. Diskursivität und Konsensorientierung spiegeln sich auch in der Sprache und im Kommunikationsverhalten wider. An dieser Stelle kann das nur anhand weniger Beispiele demonstriert werden. Stellvertretend für viele andere Debatten fiel die Wahl auf die Aussprache über die Regierungserklärung von Ministerpräsident de Maizière vom 20. April 1990 (VK 9/65 ff.), eine Debattensorte also, die im Bundestag traditionell zu heftigen parteipolitischen Kontroversen genutzt wird.

Auffällig ist zunächst einmal das weitgehende Fehlen von Zwischenrufen, wie sie im Bundestag gern zur Meinungsbekundung außerhalb des Rederechts und zur Störung des aktuellen Redners verwendet werden. Im Protokoll der 4 Stunden und 40 Minuten dauernden Debatte sind nur 52 Zurufe verzeichnet.[11] Hinzu kommen allerdings 4mal »Unmutsäußerungen« aus verschiedenen Fraktionen und 2 Protestrufe. 9 der Zwischenrufe waren ZUSTIMMEND (»Sehr richtig!«, »Ja!«), bei nicht weniger als 8 Zurufen handelte es sich um AUFFORDERUNGEN, ZUR SACHE bzw. ZUM SCHLUSS ZU KOMMEN. Die meisten der ausformulierten Zwischenrufe, nämlich 9, lassen sich als KRITISCHE ZUSATZINFORMATIONEN, d. h. als kritische Hinweise auf wichtige Gesichtspunkte oder Argumente[12], klassifizieren: »Das wurde nie bestritten!«, »Die CDU hat das mitgetragen!«, »40 Jahre sind genug!« u. a. Ein Zuruf ist IRONISCH: »Da werden sich die Millionen Gewerkschafter aber freuen!«. 7 ASSERTIVE Zurufe sind zugleich SPÖTTISCH gemeint, wie z. B. »Herzliches Beileid für die Regierung«, »Ach, der Chefzensor!«, »Die Gnade der späten Geburt?« oder der Zuruf »Es geht doch aufwärts!« auf Ortlebs metaphorische Beschreibung der Arbeit des Verfassungsausschusses: »Und, meine Damen und Herren, die Zeit dafür wird nicht allein durch den Willen, sondern durch die Fallgesetze bestimmt!« Hierher gehört auch das folgende Beispiel eines Zwischenrufs der Form »einfache syntaktische Ergänzung«: Als der Abgeordnete Prof. Walther (DSU) sagt: »Die jahrelang von der SED betriebene sogenannte Kaderpolitik führte dazu, daß vor allem Willfährige und nicht fachlich Ausgewiesene zu Ordinarien berufen wurden«, erhält er den »Heiterkeit« und »Beifall« erzeugenden Zuruf »Wie Sie!« RHETORISCHE FRAGEN sind etwa »Was wird das, wenn es fertig ist?«, »Was will ich damit sagen?« ABLEHNEND sind »Jetzt reicht es aber!« und »Das paßt doch nicht zur Regierungserklärung!« Lediglich »Anstand haben Sie überhaupt nicht!« bzw. »Propagandarede!« lassen sich als ABQUALIFIKATIONEN DER PERSON bzw. DES INHALTS fassen. Die kurze Auswertung zeigt, dass neben der Zahl der Zwischenrufe auch das in ihnen liegende Aggressionspotential bemerkenswert gering ist. Insofern ist für die Atmosphäre in der Volkskammer der 10. Wahlperiode der per Zwischenruf an Prof. Walther gerichtete APPELL »Konstruktivität bitte!« durchaus bezeichnend.

Diskursivität und Konsensorientierung lassen sich auch in den Redetexten nachweisen. Die exemplarische Analyse muss sich jedoch hier auf die Beiträge von Gysi (PDS) und Thierse (SPD) beschränken. Gysi (VK 10/73 ff.) beginnt seine Rede mit einer POLEMISCHEN BEMERKUNG gegen die Partei seines Vorredners, Prof. Walther (DSU): »nachdem ich den Vertreter der DSU gehört habe, verstehe ich den ursprünglichen Beschluß der SPD, keinesfalls mit ihr zu koalieren, wirklich gut. Ich verstehe bloß nicht, wie man das ändern konnte.« Und er BEKLAGT sich darüber, dass das Präsidium auch die Redezeit der Fraktion der stärksten Oppositionspartei auf 15 Minuten begrenzt habe. Dann aber beginnt der sachbezogene Teil seiner Rede, der mit einer Kooperativität signalisierenden Vorbemerkung einsetzt, sich jedoch einige Seitenhiebe gegen den Debattenstil des Bundestages nicht verkneifen kann:

Herr Ministerpräsident! Sie werden bereits während Ihrer Erklärung bemerkt haben, daß es häufig auch Beifall von den Bänken der PDS gab, weil bestimmte humanistische, demokratische, rechtsstaatliche Positionen und Auffassungen zu internationalen Verpflichtungen geäußert wurden, die sich mit unseren Positionen decken. Im Unterschied zu dem Geschehen in anderen Parlamenten werden wir uns bemühen, den Sachstreit nur dort zu suchen, wo er auch angebracht ist. Soweit es Übereinstimmungen gibt, werden wir keine Hemmungen haben, diese auch darzustellen.
Auf diese Art und Weise können wir in die Zukunft auch ein Stück mehr an politischer Kultur einbringen. Hier könnte dann der Bundestag von uns lernen.

Über diese debattenstilistische Botschaft hinaus möchte Gysi vermitteln, dass die PDS, die ursprünglich gegen die Vereinigung gewesen war, das Wählervotum akzeptiert hat und daher nur noch über das Wie streiten will, nicht mehr über das Ob. Der anschließende Teil der Rede ist daher konsensbetont strukturiert und formuliert. Vor allem an den vollzogenen Sprechhandlungen ist dies abzulesen. Zunächst wird die Würdigung der Teilnehmer des Zentralen Runden Tisches und der anderen Runden Tische durch den Ministerpräsidenten ausdrücklich ANERKANNT und den Vertretern der Kirchen »für ihren besonnenen und bedeutenden Beitrag in dieser Zeit« DANK GESAGT. Auch wenn er sich in erwartbarer Weise immer dann der »Bewegung« und des »Gelächters« bei CDU/DA erwehren muss, wenn er die Differenzen zwischen SED und PDS hervorhebt, fährt Gysi fort, Gemeinsamkeiten zu betonen. Klimaxartig wird gleich mehrfach der politiktypische Sprechakt des BEGRÜSSENS im Sinne der ZUSTIMMUNG zu Handlungen oder Inhalten vollzogen:

> *Wir begrüßen Ihre Ausführungen, Herr Ministerpräsident, die Sie zu guter Nachbarschaft und zur Freundschaft mit den Völkern im Osten und im Westen und insbesondere mit denen der Sowjetunion gemacht haben. Wir begrüßen auch Ihre Feststellung, daß die Probleme der Dritten Welt in sozialer und ökologischer Hinsicht unvorstellbar viel größer sind als unsere eigenen Probleme und daß wir verpflichtet sind, einen Beitrag zu einer gerechten Weltwirtschaftsordnung zu leisten.*
> *Wir begrüßen Ihre offensichtliche Absicht, eine souveräne Regierung der DDR zu leiten. Diesbezüglich werden Sie immer unsere Unterstützung haben.* (VK 10/74)[13]

Im folgenden Teil seiner Rede geht Gysi kritisch auf einige Aspekte der Regierungserklärung ein, denen die PDS nicht zustimmen kann: der Zugehörigkeit des vereinigten Deutschland zur NATO und der Beibehaltung der Wehrpflicht, und kommt dann mit dem apodiktischen Satz »Keine Einigkeit werden wir in der Frage des Weges zur deutschen Einheit erzielen« auf sein eigentliches Thema zu sprechen. »Namens der PDS-Fraktion« ERKLÄRT Gysi ausdrücklich, »daß wir entschieden gegen einen Beitritt der DDR gemäß Artikel 23 des Grundgesetzes der Bundesrepublik Deutschland eintreten«, und führt für diese Haltung argumentativ zahlreiche Gründe an. Indem weitgehend auf polarisierende Stigma-, Unwert- und Gegenschlag-Wörter[14] verzichtet wird, bleibt der Stil konsensorientiert und kooperativ. Ein ironischer Unterton ist jedoch an manchen Stellen zu ahnen. Nur wenn sich der Redner vom politischen Gegner angegriffen fühlt, REPLIZIERT er polemisch: Als er etwa auf seine an den Ministerpräsidenten gerichtete BITTE, dafür zu sorgen, »daß die Bürgerinnen und Bürger der DDR eine Chance bekommen, in die deutsche Einigung mit aufrechter Haltung zu gehen, damit wir nicht auf Jahre den aufrechten Gang verlernen«, auf Seiten der CDU/DA nur Gelächter erntet, KONTERT er mit der Bemerkung: »Den haben manche in meiner Partei schwerer erkämpft als viele in Ihrer.«

So konsensorientiert wie die Gysis ist die Rede des Sprechers der SPD-Fraktion, Thierse (VK 10/76 f.), nicht, dessen Hauptanliegen es ist, gegenüber der Opposition den Eintritt seiner Partei in die Große Koalition zu VERTEIDIGEN und die ZUSTIMMUNG der SPD zum Beitritt der DDR nach Artikel 23 des Grundgesetzes zu ERKLÄREN. Dabei geht es um den schwierigen Spagat, sich als Sprecher einer Koalitionspartei einerseits gegenüber den einstigen Partnern aus der Bürgerbewegung, insbesondere Bündnis 90/Grüne, zur »Tradition des Herbstes« zu BEKENNEN und sich andererseits von der PDS als Rechtsnachfolger der SED ABZUSETZEN, deren Mitglieder ebenfalls zum Teil an der friedlichen Revolution beteiligt gewesen waren. Zu diesem Zweck nimmt Thierse für die SPD die Werte »Diskussion«, »Freiheit« und »Toleranz«, »moralisch-politische Ernsthaftigkeit«, »Gerechtigkeit«, »soziale Marktwirtschaft« und »Solidarität« sowie die »Fähigkeit zum Kompromiß«, die als »demokratische Urtugend« gekennzeichnet wird, in Anspruch und hält dagegen Unwerte wie »Parteidisziplin«, »Einheitspartei«, »Meinungsdiktatur«, »realsozialistische Parteidiktatur«, »zentralistische Kommandowirtschaft«, »Unrechtsapparat« und »Terrorsystem«. Auf der einen Seite UNTERSTELLT er sodann den »lieben Freunden vom Bündnis 90« indirekt einen »latenten

Monopolanspruch auf diesen Herbst«, den er auf pathetische Weise als ungerechtfertigt kennzeichnet, weil auch die SPD an den Ereignissen teilgenommen habe – »vielleicht weniger prominent, weniger sichtbar, weniger laut, aber doch mit gleichem heißen Herzen« – und darum, »wenn Ihr es erlaubt, diesem Herbst verpflichtet bleiben« möchte. Auf der anderen Seite WIRFT er der PDS neben einer »abgründigen Bindung an die Vorstellungswelt von Einheitspartei und Meinungsdiktatur« zugleich VOR, sich trotz ihrer geschichtlichen Verstrickung als »Partei der fröhlichen Unschuld und der entschlossenen Gedächtnislosigkeit« zu gebärden. Angesichts des »bedrängendsten Stichworts« der DDR-Vergangenheit, nämlich »Staatssicherheit«, RUFT Thierse dazu AUF, diese Vergangenheit weder verdrängen zu wollen noch »unkontrollierbare Macht über uns gewinnen« zu lassen: »Beides«, sagt er unter unverkennbarer ANSPIELUNG auf die PDS, »wäre ein später Sieg der SED oder wie immer sie heißen mag.« Indem die negativen Wertungen und die polemischen Passagen in argumentative Strukturen eingebettet und einheitsstiftende Hochwertwörter wie »Kompromiß«, »Konsens«, »Kooperation« und »Übereinstimmung« immer wieder hervorgehoben werden, geht die im Grundsatz integrative Ausrichtung auch in Thierses Rede nicht verloren. Das Fehlen aggressiver Zwischenrufreaktionen zeigt, dass dies auch von den Angesprochenen so verstanden wurde. Aufs Ganze gesehen steht jedoch die RECHTFERTIGUNG des eigenen Koalitionseintritts im Vordergrund, der mit der Sorge um »einen geordneten Weg zur Einheit Deutschlands« und die »Interessen der Menschen in diesem Lande« begründet wird. Die ganze Rede läuft daher auf die positiv-zusammenfassende ERKLÄRUNG zu, die ihren Abschluss markiert:

> *Wir tragen diese Regierung mit. Wir BEGRÜSSEN die Regierungserklärung des Ministerpräsidenten nachdrücklich. Wir WÜNSCHEN der Regierung GLÜCK – um ihretwillen und um unser aller willen. DANKE.*

Im Rahmen der konsensorientierten RECHTFERTIGUNG dieser Position vor ehemaligen Mitstreitern aus der Bürgerbewegung fungieren die Distanzierungssignale gegenüber der PDS auch als zusätzliches Mittel der Solidarisierung.

Trotz der offenkundigen Dominanz allgemeiner Sach- und Konsensorientierung war natürlich auch die Volkskammer des Jahres 1990 von tumultuarischen Szenen nicht ganz frei. Ein Beispiel findet sich sogar in der thematisierten Tagung und ist – wie man vermuten konnte – das Resultat einer Provokation der SED-Nachfolge-Partei PDS. Als der Abgeordnete Nowack (DSU) formuliert:

> *[...] nachdem Sie das Land heruntergewirtschaftet haben, stellen Sie sich hin und sagen: Nun entschuldigt mal. [...] Das hat es in der deutschen Geschichte noch nicht gegeben, denn dann könnten wir ja Herrn Goebbels einräumen, daß er sich dreimal entschuldigen darf, und die ganze Angelegenheit ist erledigt.*

und damit implizit eine Analogie zwischen PDS und NSDAP behauptet, erhält er aus mehreren Fraktionen »Erregte Zwischenrufe«, unter anderem den ABLEHNENDEN Zuruf »Jetzt reicht es aber!« Die meisten Mitglieder der PDS-Fraktion verlassen aus Protest den Plenarsaal, andere machen ABQUALIFIZIERENDE bzw. HYPERBOLISCH-IRONISCHE Zwischenrufe wie »Anstand haben Sie überhaupt nicht! Und: Bringen Sie doch ein Gesetz ein, daß sie uns erschießen sollen!« Auch ein ORDNUNGSRUF wird GEFORDERT. Erst als der nächste Redner begonnen hat zu sprechen, nehmen die Abgeordneten wieder im Plenarsaal Platz.

Am grundsätzlichen Zutreffen der Merkmale »Konsensorientierung« und »Konstruktivität der Debattenführung« ändern diese konfrontativen Ereignisse zwar nichts. Ein differenzierteres Bild der Kommunikation in der »neuen« Volkskammer kann jedoch nur eine umfassendere Studie erbringen.

5. Schluss

In der Volkskammer des SED-Staates wurde das »regulative« Sprachspiel gespielt. Die Partei- und Staatsführung bestimmte dabei die Musik. Erst in der Tagung vom 13. November 1989 kehrte sich – gleichsam mit Rückendeckung von Seiten der demonstrierenden Bürger – auch im DDR-Parlament die Diskursherrschaft um. Flankiert von der Verständigungsarbeit des Zentralen Runden Tisches, der als eine Art interimistisches Nebenparlament fungierte, entstand ein konsensorientierter, demokratischer DDR-Parlamentarismus, der sich auch nach den freien Wahlen vom 18. März 1990 in seinem Wesen behauptete. Denn auch unter den Bedingungen des Mehrfraktionenparlaments blieb in der Volkskammer der letzten Legislaturperiode, bei allem Dissens in den einzelnen Sachfragen, ein mit Ernst und persönlichem Respekt gepaarter kooperativer Ton bestimmend, der dem eingespielten alt-bundesrepublikanischen Parlamentarismus – zumindest in den medienwirksamen Schaukämpfen seiner Plenardebatten – häufig fehlt. Hier könnte der West- vom Ost-Parlamentarier durchaus etwas lernen. Insofern ist dem Gysi von 1990 auch heute noch zuzustimmen.

---

1 Allenfalls in den ersten beiden Legislaturperioden sind gelegentlich kritische Bemerkungen zu hören, die sich aber fast ausnahmslos auf die Versorgungslage beziehen.
2 Vgl. dazu BURKHARDT 1992, 156 ff.
3 Vgl. GRÜNERT 1983, 45 ff.
4 HOPFER 1992, 120 ff.
5 Hier wie im Folgenden dient die Hervorhebung durch GROSSBUCHSTABEN der Kennzeichnung sprachlicher Handlungen und der entsprechenden TEXTSORTEN.
6 Vgl. GEIER 2000, 423 ff.
7 WOLF 1990, 119.
8 Dass er vom Alterspräsidenten danach gefragt worden wäre, ob er die Wahl annehme, überliefert das Sitzungsprotokoll seltsamerweise nicht. Sein Dank für das erwiesene Vertrauen darf aber wohl als Annahme der Wahl verstanden werden.
9 Vgl. SCHÄFFNER 1992, 138 ff.
10 Vgl. dazu LÄZER 2000.
11 Berücksichtigt man die relative Kürze der Debatte entspricht das ungefähr 10 % des Outputs einer normalen, ganztägigen Bundestagssitzung. Zur Typologie der Zwischenrufe vgl. BURKHARDT 1992a und 1993.
12 Vgl. dazu BURKHARDT 1992a, 93 f. und 1993, 175 ff.
13 Hervorhebung durch Unterstreichung vom Verf.
14 Vgl. dazu BURKHARDT 1998, 100 ff.

BURKHARDT, A. (1992): Ein Parlament sucht(e) seine Sprache. – Zur Sprache der Volkskammer. In: BURKHARDT, A./FRITZSCHE, K.P. (Hrsg.): Sprache im Umbruch. Politischer Sprachwandel im Zeichen von »Wende« und »Vereinigung«. Berlin, New York. S. 155–197.

BURKHARDT, A. (1992a): »Die Stenographie ist ja überhaupt eine unheimliche Sache!« (Konrad Adenauer) Zur Sprache des Deutschen Parlamentarismus. [Teil III] In: Neue Stenographische Praxis 41. Heft 3–4. S. 73–127.

BURKHARDT, A. (1993): Der Einfluß der Medien auf das parlamentarische Sprechen. In: BIERE, B. U./HENNE, H. (Hrsg.): Sprache in den Medien nach 1945. Tübingen. S. 158–203.

BURKHARDT, A. (1998): Deutsche Sprachgeschichte und politische Geschichte. In: BESCH, W./BETTEN, A./REICHMANN, O./SONDEREGGER, S. (Hrsg.): Sprachgeschichte. Ein Handbuch zur Geschichte der deutschen Sprache und ihrer Erforschung. Berlin, New York. 2. vollständig neu bearbeitete u. erw. Aufl. S. 98–122.

BURKHARDT, A./FRITZSCHE, K.P. (Hrsg.) (1992): Sprache im Umbruch. Politischer Sprachwandel im Zeichen von »Wende« und »Vereinigung«. Berlin, New York.

GEIER, R. (2000): Parlamentarische Reden in den Farben der DDR. In: BURKHARDT, A./PAPE, K. (Hrsg.): Sprache des deutschen Parlamentarismus. Studien zu 150 Jahren parlamentarischer Kommunikation. Wiesbaden S. 419–430.

GRÜNERT, H. (1983): Politische Geschichte und Sprachgeschichte. Überlegungen zum Zusammenhang von Politik und Sprachgebrauch in Geschichte und Gegenwart. In: Sprache und Literatur in Wissenschaft und Unterricht 14. H. 52. S. 43–58.

HOPFER, R. (1992): Christa Wolfs Streit mit dem ›großen Bruder‹. Politische Diskurse der DDR im Herbst 1989. In: BURKHARDT, A./FRITZSCHE, K.P. (Hrsg.): Sprache im Umbruch. Politischer Sprachwandel im Zeichen von »Wende« und »Vereinigung«. Berlin, New York. S. 111–133.

LÄZER, R. (2000): Von der ›Demokratie der Straße‹ zum demokratischen Parlament. Politische Streitkultur in Verhandlungen am Runden Tisch. In: BURKHARDT, A./PAPE, K. (Hrsg.): Sprache des deutschen Parlamentarismus. Studien zu 150 Jahren parlamentarischer Kommunikation. Wiesbaden. S. 431–450.

PVK = Provisorische Volkskammer der Deutschen Demokratischen Republik. Berlin 1949/50.

SCHÄFFNER, C. (1992): Sprache des Umbruchs und ihre Übersetzung. In: BURKHARDT, A./FRITZSCHE, K.P. (Hrsg.): Sprache im Umbruch. Politischer Sprachwandel im Zeichen von »Wende« und »Vereinigung«. Berlin, New York. S. 135–153.

WOLF, C. (1990): Sprache der Wende. Rede auf dem Alexanderplatz. In: dies.: Reden im Herbst. Berlin, Weimar. S. 119–121.
VK = Volkskammer der Deutschen Demokratischen Republik. 1. – 10. Wahlperiode. Berlin 1950–1990.

Kornelia Pape

Der aufhaltsame Aufstieg zur direkten Demokratie

Die Verfassungsdiskussion im Landtag von Sachsen-Anhalt

1. Start

Die Verfassung des Landes Sachsen-Anhalt hat den Ruf, eine moderne zu sein. »Sie ist nicht nur ein geklonter Abkömmling der betagteren altbundesrepublikanischen Verfassungen« (LIMBACH 1997, 17 f.), sondern sie verbindet sowohl traditionelles Verfassungsbewusstsein in Anlehnung an das Grundgesetz der Bundesrepublik mit Erfahrungen der DDR und der Landesspezifik und hat auch die aktuelle Verfassungsrechtsprechung der Bundesrepublik berücksichtigt.

Die erste frei gewählte Volkskammer der DDR hatte im so genannten Ländereinführungsgesetz vom 22. Juli 1990 festgelegt, dass der erste gewählte Landtag gleichzeitig die verfassunggebende Versammlung sei. Somit war auch an die im Land Sachsen-Anhalt gewählten Parlamentarier der Auftrag ergangen, eine Landesverfassung zu erarbeiten. Bis zur Einführung der Verfassung galt für die Arbeit von Regierung und Parlament das Gesetz über die vorläufige Ordnung der Regierungsgewalt.

Am 28. 02. 1991 begann der Verfassungsausschuss mit seiner Arbeit und am 15. 07. 1992 stimmten 80 Abgeordnete für die Verfassung des Landes Sachsen-Anhalt, so dass die erforderliche Zweidrittelmehrheit erreicht wurde[1].

Dieser Zeitabschnitt prägte die politische Kommunikation und die Entwicklung einer parlamentarischen Streitkultur in besonderer Weise. Anhand von Protokollen der Verfassungsdiskussion in Sachsen-Anhalt soll die folgende linguistische Analyse den steinigen Weg von der Skepsis einiger Abgeordneter und ihrer Parteien gegenüber plebiszitären Elementen bis hin zu einem Kompromiss über die Bürgerbeteiligung an politischen Entscheidungsprozessen exemplarisch nachzeichnen.

Im Zuge der Verfassungsdiskussion war parlamentarische Demokratie im doppelten Sinne zu erfahren: als Prinzip der freiheitlich-rechtsstaatlichen Ordnung, wie es in der Verfassung festgeschrieben ist, und als praktizierte parlamentarische Diskussionsform auf ganz unterschiedlichen Ebenen, zu denen der konsensual orientierte Dialog im Ausschuss, die inszenierte strittige Kommunikation in der Plenardebatte und das Gespräch mit der Öffentlichkeit, mit dem Bürger, mit Verbänden und Organisationen gehörten. In diesen drei unterschiedlichen kommunikativen Situationen erfahren die politischen Akteure aus Ost und West die Vielfalt bestehender Meinungen auch als Herausforderung ihrer Konfliktfähigkeit und Kritikverträglichkeit. Im Zuge dieser institutionalisierten Kommunikation sind Kontroversen zu eruieren, ist um Meinungen in Rede und Gegenrede zu streiten, sind Entscheidungen auszuhandeln und Kompromisse anzunehmen und gestaltend umzusetzen.

2. Auf dem Weg in die verfassungsrechtlich gesicherten Freiheiten

Nicht wenige Sachsen-Anhalter hatten Anteil an der Suche nach diesem Weg und waren engagiert an der Entstehungsgeschichte der Landesverfassung beteiligt. Die Verfassung bildet die Grundlage des demokratischen Rechtsstaates, sie legt die Grundrechte der Bürgerinnen und Bürger fest, begrenzt die Macht des Staates und soll die Basis für eine lebendige Demokratie sein. Die fast zweijährige Verfassungsdiskussion in Sachsen-Anhalt war inhaltlich von der Aufbruchstimmung der »Wende«-Zeit bestimmt. Besonders zäh wurde deshalb auch darum gerungen, den Gestaltungsspielraum für die parlamentarische Demokratie durch die Möglichkeiten plebiszitärer Einflussnahme auf Politik und Recht zu ergänzen. Demokratie lebe vom Mitmachen, und der Satz »Wir sind das Volk!« sei nicht nur für den Herbst 1989 reserviert (vgl. Höppner PVA 1997, 12)[2]. In das Prozedere der Verfassungsdiskussion wurde auch die Öffentlichkeit einbezogen. Der Landtagspräsident rief die Bürgerinnen und Bürger und die Vereinigungen auf, sich bis zum 31. Januar 1992 an der öffentlichen Verfassungsdiskussion zu beteiligen. Tatsächlich erreichten den Verfassungsausschuss bis zu diesem Zeitpunkt 986 Zuschriften, davon 875 Zuschriften einzelner Bürger und 111 von Verbänden und Organisationen mit 3335 Änderungsvorschlägen zu einzelnen Artikeln. 73 % der Zuschriften bezogen sich auf die Grundrechte, die anderen forderten Ergänzungen, Erweiterungen und Präzisierungen bei Einrichtungsgarantien und Staatszielen (vgl. PP1/31, 2618 f.).

Der Verfassungsausschuss war nach Fraktionsstärke zusammengesetzt. Den 13 Abgeordneten standen je ein Verfassungsexperte auf Vorschlag der CDU/FDP-Regierungskoalition und der SPD-Opposition zur Seite. Des Weiteren haben an den Beratungen des Ausschusses regelmäßig Vertreter der Regierung und Mitarbeiter des Gesetzgebungs- und Beratungsdienstes der Landtage von Sachsen-Anhalt und Niedersachsen teilgenommen. Der Vorsitzende des Verfassungsausschusses war der damalige Abgeordnete und heutige Ministerpräsident Dr. Reinhard Höppner (SPD).

Dem Verfassungsausschuss lagen Entwürfe der CDU/FDP, der SPD und von BÜNDNIS 90/DIE GRÜNEN vor. Mit dem Verfassungsentwurf des Runden Tisches war ein vierter Entwurf gegeben, in dessen Tradition man sich stellte, auch wenn allen klar war (so Höppner laut PP 1/31, 2618), dass längst nicht alles Ideengut der Verfassung des Runden Tisches in die Landesverfassung würde einfließen können. Bis zur ersten Beratung des Entwurfs der Landesverfassung in der Landtagsdebatte vom 09. 04. 1992 tagte der Ausschuss in zwölf zum Teil mehrtägigen Sitzungen. Höppner (vgl. ebd.) hebt hervor, dass man nicht nur Referentenentwürfen zugearbeitet habe, sondern gewissermaßen Verfassungstext selbst erarbeitet habe. Sogar in Fällen, in denen die Entwürfe weitgehend übereinstimmten, hätten die Diskussionen im Verfassungsausschuss gelegentlich zu erheblichen Veränderungen geführt. Die Atmosphäre in den Ausschussberatungen beschreibt Höppner als konstruktiv und kooperativ; zu den komplizierten Kompromissverhandlungen vor allem in der letzten Sitzung des Verfassungsausschusses bemerkt er, dass der Vorrat an Gemeinsamkeiten bei allen Ausschussmitgliedern groß genug gewesen sei, um einen Entwurf vorzulegen, der von einer Mehrheit des Landtages habe getragen werden können (vgl. ebd., 2617 f.).

3. Kurskorrekturen! Parlamentarische Kommunikation von ost- und westdeutschen Abgeordneten im Landtag von Sachsen-Anhalt

Die Verfassungsdiskussion ist an ein institutionelles Kommunikationsgefüge von Ausschusssitzungen und Plenardebatten gebunden, das sich durch Analyse der intertextuellen Beziehungen linguistisch nachzeichnen lässt. Auf die Typik der Kommunikationsformen parlamentarischer Arbeit kann an dieser Stelle nur kurz hingewiesen werden: In den letzten Jahrzehnten sind die Ausschussberatungen zum eigentlichen Arbeitsschwerpunkt der Parlamentarier geworden. Hier diskutieren Abgeordnete mit Experten aus den betreffenden Fachgebieten und bereiten in Detailarbeit Gesetzentwürfe unter Ausschluss der Öffentlichkeit vor. Die Arbeit der Ausschussberatungen verläuft eben wegen der Medienabstinenz größtenteils sachbezogen, ohne nennenswerte emotionale Zuspitzung und ohne vordergründige persönliche Desavouierung der politischen Kontrahenten. In der inszenierten Plenardebatte hingegen werden die im Ausschuss fachkompetent vorbereiteten Entscheidungen von den jeweiligen Parteistandpunkten aus kontrovers diskutiert und öffentlich legitimiert, um auf diese Weise die Meinungsbildung der Bürgerinnen und Bürger zu beeinflussen.[3]

Im Zentrum der folgenden Untersuchung steht der Prozess der Diskussion über die Frage der direkten Demokratie, wie sie von den Abgeordneten in den Ausschusssitzungen geführt und in den drei Lesungen vor dem Plenum ausgetragen wurde. Der theoretische Rahmen kann an dieser Stelle nicht weiter expliziert werden.[4] Die linguistische Analyse zum Sprachgebrauch von ost- und westdeutschen Abgeordneten zielt vornehmlich auf zwei Aspekte ab: auf die dominierenden Sprachhandlungen der politischen Kontrahenten und auf die in den Aussprachen zur direkten Demokratie verwendete Lexik.

Die pragmalinguistische Analyse orientiert sich dabei sowohl an gesprächsanalytischen als auch an textlinguistischen Methoden.

Die empirische Basis der vorliegenden Untersuchung bilden die Protokolle der Sitzungen des Verfassungsausschusses vom 4. März 1991 bis 7. Juli 1992 und die Stenographischen Berichte der drei Beratungen im Parlamentsplenum des sachsen-anhaltischen Landtages.

Den Protokollen ist zu entnehmen, dass die Positionen zur direkten Demokratie, wie zu erwarten, kontrovers sind. Da ist zum einen die generelle Skepsis der CDU/FDP-Regierung gegenüber plebiszitären Elementen. Der aus Nordrhein-Westfalen stammende CDU-Abgeordnete Becker (vgl. PVA, 583) HEBT[5] die betreffenden Vorschriften und Artikel des Grundgesetzes (GG) HERVOR, die die mittelbare Demokratie befürworten. Darin sei das Prinzip der Volkssouveränität ohnehin schon verankert. Schließlich besage der Artikel 20 Abs. 2 GG, dass alle Staatsgewalt vom Volke ausgehe. Becker LOBT die durch das GG vorgegebenen Vorschriften zur mittelbaren Demokratie und versucht, den Abgeordneten seine Einstellung zu EMPFEHLEN. Darüber hinaus WARNT er vor der Gefahr einer geringen Wahlbeteiligung, die das Gleichheitsprinzip verletzen würde, und STELLT die praktische Durchführbarkeit von Volksentscheiden IN FRAGE. Wie oft wolle man denn die Bürger an die Wahlurne rufen, ohne dass dies zu einer gewissen Wahlmüdigkeit führe? Wenn es bei Gemeinderats- und Kreistagswahlen, bei der Bürgermeisterwahl um Herrn Müller und Frau Schulze gehe, könne man durchaus Leute mobilisieren, wenn es aber eine rein theoretische Frage betreffe, ob etwa in den Elbauen ein Kraftwerk gebaut oder in den Saaleauen ein Weinberg gerodet werden solle, sei die Plastizität für Leute, die in einer anderen Gegend wohnen, einfach nicht mehr nachvollziehbar, so dass die Gefahr einer geringen Wahlbeteiligung groß sei (vgl. PVA, 585). Becker (vgl. ebd., 583) drückt seine Bedenken hinsichtlich der Festschreibung plebiszitärer Elemente – direktiv[6] – in der EMPFEHLUNG aus: Man [die Sachsen-Anhalter – K. P.] solle aus der Verfassungspraxis anderer demokratischer Staaten und auch aus den Erfahrungen des Grundgesetzes einiges an Skepsis gegenüber diesen plebiszitären Elementen einfach auf sich wirken lassen. Er BEGRÜNDET seine Meinung durch den Hinweis auf seine eigenen Erfahrungen und Kenntnisse.

Die Verfassungsentwürfe von SPD und BÜNDNIS 90/DIE GRÜNEN enthalten im Gegensatz zu dem der CDU/FDP-Regierung plebiszitäre Elemente: vom Recht auf Gesetzeseinbringung über die vorzeitige Landtagsauflösung bis hin zur

Volksabstimmung. Der Ausschussvorsitzende Höppner (SPD) spitzt die Kontroverse zu, wenn er als erklärtes Verhandlungsziel der SPD ankündigt: Er als Mitglied der SPD-Fraktion könne sich nicht vorstellen, dass seine Fraktion einer Verfassung zustimmen werde, in der solche plebiszitären Elemente nicht vorkämen (vgl. PVA, 591). Das euphemistische ANKÜNDIGEN ist hier als kompromisslose FORDERUNG der eigenen Fraktion zu verstehen, die sich gegen die Interessen der Regierungskoalition richtet und deshalb wie eine DROHUNG wirkt.

Die Befürworter der direkten Demokratie nutzen assertive Sprechhandlungen wie BEHAUPTEN, BEGRÜNDEN und ERKLÄREN, um vor dem Hintergrund der friedlichen Revolution vor allem das Argument der politischen Reife der Bürgerinnen und Bürger HERVORZUHEBEN und ZUR DISKUSSION zu STELLEN. Infolgedessen FORDERN sie im Gegensatz zur CDU, politische Instrumentarien, die eine stärkere Beteiligung der Bürgerinnen und Bürger am politischen Entscheidungsprozess möglich machten. Diese direktive Sprechhandlung funktioniert Tschiche (BÜNDNIS 90/DIE GRÜNEN) in einen indirekten VORWURF um: Man könne so einer Tendenz entgegenwirken, dass sich Parlamentarismus und Parteien verselbständigten und von der wirklichen politischen und gesellschaftlichen Situation entfernten. Tschiche SPRICHT SICH GEGEN das von Becker (CDU) geäußerte prinzipielle Misstrauen gegenüber direktdemokratischen Elementen AUS. Er KÜNDIGT AN, seine Fraktion werde sich dafür einsetzen, dass eine größere Beteiligung der Bürger an politischen Entscheidungsprozessen erreicht werde.

> *In der ehemaligen DDR habe man erlebt, daß die öffentliche Moral und die öffentliche Bereitschaft, sich in den gesellschaftlichen Prozeß einzuschalten, auf Grund der autoritären Elemente, die die Menschen umgaben, völlig verkommen waren. Und wenn man die Leute hier [in Sachsen-Anhalt – K. P.] trainieren wolle, sich einzumischen, müsse man entsprechende Möglichkeiten bereitstellen. Die Neigung sei schon wieder sehr groß, alles die Parteien machen zu lassen. (PVA, 587)*

Des Weiteren wolle er auch, dass die Verwaltung der Gesellschaft und das politische Leben durchschaubarer würden. »Eines der Korrektive wäre, plebiszitäre Elemente in die Verfassung einzubauen« (ebd.). Ganz im Sinne kooperativer Konstruktivität im Ausschuss LOBT Höppner (SPD) den Abgeordneten Becker (CDU) zugleich als »Westberater« und zeigt sich mit ihm einig, was die generell positive Bewertung des Grundgesetzes betrifft. Gesetze, so STELLT Höppner übereinstimmend mit den Skeptikern gegenüber der direkten Demokratie FEST, wolle auch er nicht per Volksentscheid hervorbringen lassen. Er BESTREITE aber, dass der Wille einer Mehrheit des Volkes ausschließlich durch die Willensbildung der politischen Parteien hinreichend formuliert werden könne (vgl. PVA, 590). Im Hinblick auf die Probleme mit der praktischen Durchführbarkeit ERKLÄRT er seine BEREITSCHAFT, den SPD-Entwurf noch einmal zu prüfen. Er SCHLÄGT in diesem Zusammenhang VOR, über die Höhe von Quoren zu reden. Becker (CDU) BESTÄTIGT Höppner und BEDANKT sich bei ihm für diese offene Replik (vgl. PVA, 592).

Die seitens der SPD formulierte UNTERSTELLUNG, von der CDU werde gerade das in der jüngsten Geschichte historisch bedeutsame Argument des Bürgerengagements in Zweifel gezogen, bringt Becker jedoch dann wieder in eine Verteidigungsposition, von der aus er routiniert und besonnen auf die Skepsis der Väter des Grundgesetzes VERWEIST und einschränkend ZU BEDENKEN GIBT: Er wisse natürlich, dass die Parallele zwischen 1948 und 1991 gewagt sei. Rhetorisch geschickt weicht er sodann auf ein konsensstiftendes Argument aus und WARNT, indem er auf praktische Bedenken verweist, die man seitens der CDU gegen die Aufnahme plebiszitärer Elemente habe (vgl. ebd., 584).

Die vorstehende Analyse macht deutlich: Die Sprechhandlungen im Ausschuss zielen auf einen mehrheitsfähigen Kompromiss durch argumentatives AUSHANDELN, der über die Fraktionsgrenzen hinaus durch das gemeinsame Interesse an einer politischen Lösung gekennzeichnet ist.[7] Es fällt auf, dass vor allem die Mitglieder der SPD, CDU und FDP im Ausschuss immer wieder bemüht sind, einander guten Willen und Verantwortungsbewusstsein im Interesse des Landes zu attestieren.

Bei den Sprechern aus Ost und West sind im Hinblick auf das Sprachverhalten folgende Nuancen sichtbar: In den Ausschusssitzungen dominieren bei den Abgeordneten und Verfassungsexperten/West die Sprechhandlungen EMPFEHLEN und RATEN, VORSCHLAGEN, ZU VERSTEHEN GEBEN und BEANTRAGEN, also neben Akten des Aufforderns assertive Sprechhandlungen wie WISSEN LASSEN, HINWEISEN, ERINNERN, die bei den Befürwortern direkter Demokratie ein – aus Sicht der Regierungsparteien – vernünftiges Einlenken herbeiführen sollen. Diese Sprechhandlungen werden größtenteils in den Kontext der langjährigen Erfahrungen mit dem Grundgesetz gestellt. Becker (PVA, 592) betont, dass er von »Verfassungskosmetik« nichts halte: »Er sage es den Leuten lieber so, wie es ist. Er nehme in die Verfassung nicht gern Dinge auf, von denen er wisse, daß sie [...] auf Grund der langjährigen Erfahrungen überholt seien.« Mit solchen direktiven Sprechhandlungen will man die politischen Kontrahenten ÜBERZEUGEN, den allgemein für gut befundenen und bereits erprobten Vorschlag für die gemeinsame Zukunft zu übernehmen. Da sich die den Verfassungsentwurf einbringenden Politiker der Regierungskoalition aus CDU und FDP bewusst sind, dass sie für einen Konsens natürlich auch die Stimmen aus den Reihen der politischen Gegner benötigen, nutzen sie zugleich die expressive Sprechhandlung LOBEN, um über die Beziehungsebene günstige Bedingungen für den auszuhandelnden Kompromiss zu schaffen.

Die »Wende«-Euphorie bei den Abgeordneten/Ost spiegelt sich auch in dominierenden Sprechhandlungen wider. Vor dem Hintergrund der friedlichen Revolution ist ein hohes Maß an Selbstbewusstsein zu beobachten, das auch von den Abgeordneten/West größtenteils respektiert wird und deshalb den Gesprächsverlauf kooperativ begleitet. Die ostdeutschen Abgeordneten BESCHREIBEN, BEHAUPTEN, KÜNDIGEN AN, LOBEN, RECHTFERTIGEN und FORDERN. Hier mischen sich stärker assertive mit direktiven, kommissiven und expressiven Sprechhandlungen. Diese Sprechhandlungstypen garantieren eine konsensual-kooperative Gesprächsatmosphäre in den Ausschusssitzungen.

Anders in den Debatten des Plenums. Wie zu erwarten und

durch die intertextuellen Vergleiche belegbar, geht es im Plenum um die Legitimation der jeweils parteispezifischen Position für die Öffentlichkeit. Hier werden im Unterschied zur Ausschusssitzung Machtstrukturen nicht mehr nur indirekt angedeutet, sondern offen thematisiert. Höppner (vgl. PP 1/31, 2621) drückt sein Vertrauen auf die politische Kraft des Volkes aus, dem die neuen Bundesländer ihre Existenz verdankten, und SCHLUSSFOLGERT, eine direkte Mitbestimmung über die Wahlen hinaus sei notwendig. Er spricht in der Debatte die Landesregierung, die durch konservative Juristen aus Niedersachsen bestimmt sei, direkt an:

> *Sie können sich offenbar ganz schwer damit abfinden, daß wir in Sachsen-Anhalt eine eigene moderne Verfassung schaffen wollen und daß nicht von westlichen Landesverfassungen abgeschrieben wird. Sie haben sich so sehr daran gewöhnt – ich verstehe das ja in dem Prozeß –, daß die Rechtssetzung in den neuen Bundesländern eine Übernahme bundesdeutschen Rechts ist, so daß eigenes Nachdenken eher als störend und lästig empfunden wird. Vielleicht ist es auch so, [...] daß man das eigene so gut findet, daß man sich überhaupt nicht vorstellen kann, daß dem Andersdenkenden noch etwas Besseres einfällt.* (PP 1/31, 2635)

Selbstbewusst WIRFT Höppner der Regierung Inkompetenz und mangelndes Verständnis für die Ostdeutschen VOR. Er ERMUNTERT die Sachsen-Anhalter und KÜNDIGT eine programmatische Äußerung AN: »Wir Sozialdemokraten jedenfalls sind der Ansicht, daß die Erarbeitung einer eigenen, unserer Tradition und Situation entsprechenden Verfassung ein wichtiger Baustein für das Finden einer eigenen Identität ist.« (vgl. ebd.) Sitte (PDS) FORDERT in ihrem Beitrag, man müsse in diesem Zusammenhang insbesondere über die Volkssouveränität und das »Demokratieprinzip« nachdenken. Immerhin habe »das Volk« die SED-Herrschaft selbst abgeschüttelt. Der PDS gehe es darum, die Bürgerinnen und Bürger der bisherigen DDR auf dem Weg der Verfassungsgebung mit der Chance auszustatten, sich mit einem Stück ihrer bisherigen Identität in die Landesverfassung einbringen zu können (vgl. PP1/31, 2630).

Die Verfechter der direkten Demokratie wollen vor allem

durch BEHAUPTEN, BESCHREIBEN, BEZWEIFELN einerseits und durch ANKÜNDIGEN und FORDERN andererseits ihrer Überzeugung Ausdruck verleihen.

Tritt ein westdeutscher Minister in die »Kanzel« eines ostdeutschen Landtages, wird aus den illokutiven Sprechhandlungen RATEN und EMPFEHLEN schnell ein durch die Perlokution bestimmtes BELEHREN. Die markanten kommunikativen Besonderheiten in der Plenardebatte im Unterschied zur oben skizzierten Ausschusssitzung sollen hier nur an einem Beispiel aus der Debatte zur direkten Demokratie exemplarisch angedeutet werden: Der damalige Ministerpräsident Münch (CDU) BELEHRT jene »Stimmen, die eine nach ihrer Ansicht zu starke Begrenzung auf den Rahmen des Grundgesetzes als hinderlich empfinden« eines Besseren:

> *Es ist ganz natürlich, daß in den neuen Ländern vielfach unbefangener und auch kritischer an das Grundgesetz herangegangen wird als in den alten Bundesländern. Es ist allerdings leichter – unabhängig von einzelnen Positionen –, etwas zu verwerfen, als etwas Neues zu entwerfen, das dann auch wirklich besser wird.* (PP1/31, 2641)

Münch will seinen Erfahrungshintergrund nicht verbergen, so dass er aus seiner konservativen Position heraus zu Verallgemeinerungen neigt, die der Aufbruchsstimmung im Osten zuwiderlaufen. Er zweifelt an der Kompetenz der Befürworter der Plebiszite: »Der Primat der Politik im Sinne unserer demokratischen Ordnung, und das heißt ja auch Volksvertretung, muß gewahrt bleiben.« (ebd.) Der damalige Ministerpräsident WIRFT den Bürgerinnen und Bürgern der DDR Inkonsequenz VOR, denn schließlich hätten sie den Beitritt zum Geltungsbereich des Grundgesetzes gemäß Artikel 23 gewollt.

> *Ihr Wunsch nach Freiheit und Grundrechten, nach Rechtsstaat und Demokratie war nicht auf eine Utopie, sondern ganz konkret auf den Staat des Grundgesetzes als Vorbild ausgerichtet. In der Wende der Jahre 1989 und 1990 wurde dieser Wunsch zum unüberhörbaren Ruf.* (ebd.)

Man solle deshalb bei allem Verständnis für alternative Vorschläge daran denken, dass die deutsche Einheit eben auch eine großartige Bestätigung des Grundgesetzes gewesen sei. Die Erfahrungen mit der SED-Diktatur, deren ganzes erschreckendes Ausmaß ja erst allmählich sichtbar werde, und die Schwierigkeiten auf dem Weg hin zu einer rechtsstaatlichen Ordnung, mit denen man gegenwärtig kämpfe, dürften nicht dazu verleiten, die Verfassung zu sehr auf die spezifische historische Übergangssituation beziehen zu wollen (vgl. ebd.). Münch reagiert dem altbundesdeutschen konservativen Kritik-Schema folgend: Forderungen nach einer weiteren Demokratisierung implizierten die Gefahr der Auflösung einer intakten verfassungsmäßigen Grundordnung (vgl. dazu auch STÖTZEL/WENGELER 1995, 395). Indem er dergestalt VORWIRFT und BELEHRT, begibt sich Münch in eine asymmetrische Partnerkonstellation, die das gelegentlich erkennbare West-Ost-Gefälle in der wechselseitigen Einschätzung durchaus verschärft.

Der Umgang der Abgeordnetenkollegen miteinander ist selbst in den Plenardebatten Anfang der 90er Jahre kaum persönlich verletzend und kaum vordergründig aggressiv inszeniert. Der ausgeprägte Hang zur Selbstdarstellung fehlt, so dass die Debatten vor allem sachorientiert verlaufen (vgl. PAPE 2000).

Der Meinungsstreit im Ausschuss und im Plenum zeigt, dass sich die ostdeutschen Abgeordneten zu diesem Zeitpunkt durch ein hohes Maß an Selbstwertgefühl und Selbstbewusstsein qualifizieren. Dieser selbstreflexive Prozess vor dem Hintergrund der friedlichen Revolution impliziert eine positive Verortung. Diese Identifikation mit den aktuellen Ereignissen drückt sich nicht nur in den konkreten Sprechhandlungen, sondern auch im Wortgebrauch der Abgeordneten aus.

Die CDU-Abgeordneten nutzen sowohl im Ausschuss als auch in den Plenardebatten etablierte konservative Terminologie. Bei BÜNDNIS 90/DIE GRÜNEN und der PDS wird dagegen in der Verfassungsdiskussion Lexik verwendet, die am wenigsten von westdeutschen Parteien beeinflusst ist. Das Kompositum »Wahltagsdemokratie« (PP 1/31, 2631) wird beispielsweise zum PDS-Synonym für repräsentative Demokratie. Ausschließlich auf diesen einen Akt der Wahl reduziert, werde der Staat zunehmend als »anonyme Macht« erlebt.

Volkssouveränität ist immer auch ein spontanes Element, das Impulse von der gesellschaftlichen Basis herüberzubringen vermag. Dabei geht es uns wahrhaft nicht nur um Personalplebiszite, sondern vielmehr um Sachplebiszite. (ebd.)

Die Chuzpe, mit der die PDS-Abgeordnete Sitte dieses die parlamentarische Demokratie konstituierende Element der Wahl vor dem Hintergrund, dass in der DDR jahrzehntelang Scheinwahlen stattgefunden haben, abwertet, ist jedoch besonders provozierend. Schließlich wurde u. a. durch den Vorwurf der Wahlfälschung ein ganzes System gekippt.

Eine weitere Wortschöpfung bietet der Abgeordnete Tschiche (BÜNDNIS 90/DIE GRÜNEN). Er bezeichnet die repräsentative Demokratie als »Vertretungsparlamentarismus« und will dadurch betonen, dass sich Parteien immer mehr von der wirklichen politischen und gesellschaftlichen Situation entfernen (vgl. PVA, 587). Nach Tschiches Meinung ist Politik nicht nur die »Sache von Profis«.

Professionalismus führe leicht zur Blindheit gegenüber den eigentlichen Problemen. Der Souverän sei das Volk und eben nicht die Parlamentarier. Und wenn das nicht zu einer rituellen Phraseologie verkommen solle, dann müsse das wenigstens durch bestimmte Elemente in der Verfassung deutlich gemacht werden. (PP 1/34, 3740)

Im Zusammenhang mit der Verfassungsdiskussion zeigen sich im Sprachgebrauch der Abgeordneten der SPD kritisch-modernisierende und bei BÜNDNIS 90/DIE GRÜNEN und der PDS darüber hinaus mehr oder weniger distanzierte bis ablehnende Tendenzen. Markant ist dabei die Verwendung des Schlagwortes »Demokratisierung«. Die CDU verwendet es statisch-perfektiv – im Sinne des durch das Grundgesetz bereits gegebenen Ordnungsprinzips im Rahmen des parlamentarisch-demokratischen Verfassungsstaates. Bei der SPD, bei BÜNDNIS 90/DIE GRÜNEN und der PDS wird »Demokratisierung« im dynamisch-prospektiven Sinne eines Erneuerungs- bzw. Modernisierungsprozesses nach der friedlichen Revolution in fordernder, fast einklagender Weise benutzt. Es steht hier in einem Kontext mit den Lexemen »Mitbestimmung«, »Mitverantwortung«, »Mündigkeit«, »mündige Bürger, mehr Demokratie«, »Misstrauen«, »Plebiszit«, »Volksbegehren«, »Volksentscheid«, »Volksinitiative«, »Quoren«, »Volkssouveränität«, »Selbstbestimmung«, »direkte Mitbestimmung«.

Gewiss, im Landtag von Sachsen-Anhalt sind keine radikal-demokratischen Forderungen gestellt worden. Danach stand den Demokraten, die die Früchte der friedlichen Revolution einfahren wollten, nicht der Sinn. Die zentrale Streitfrage nach direkter Demokratie in der Verfassung wurde schließlich beigelegt. Dabei wurde die Volksinitiative, die ja lediglich besagt, dass die Bürgerinnen und Bürger das Recht haben, etwas auf die Tagesordnung des Landtages zu setzen, nicht zum Anlass einer unversöhnlichen Kontroverse zwischen den einzelnen Fraktionen, zumal es sich hier ja gewissermaßen um eine Ergänzung der parlamentarischen Demokratie handelt. Bis zuletzt strittig und am Rande des Scheiterns war dagegen der Artikel 81: Volksbegehren und Volksentscheid.

Der Verfassungsausschuss hat aber nach zähem Ringen den Kompromiss gefunden, Elemente der Volksgesetzgebung, nämlich die Volksinitiative, das Volksbegehren und den Volksentscheid, in die Verfassung aufzunehmen. Umstritten waren dabei die Quoren, also die Zahl der notwendigen Unterschriften, die erforderlich sind, um die Volksgesetzgebung in Gang zu setzen.

Man einigte sich darauf, dass eine Volksinitiative mindestens 35 000 Unterschriften von Wahlberechtigten einholen muss. Ein Volksbegehren, das darauf gerichtet sein kann, ein Landesgesetz zu erlassen, zu ändern oder aufzuheben, muss von mindestens 250 000 Wahlberechtigten unterstützt werden. Ein solcher Gesetzentwurf kann nur dann durch einen Volksentscheid angenommen werden, wenn mindestens ein Viertel der Wahlberechtigten zugestimmt hat (vgl. Artikel 80 und 81 der Landesverfassung). Da es nach Meinung der PDS nahezu unmöglich ist, einen Volksentscheid tatsächlich durchzubringen (PVA, 1270 f., PP 1/35, 3853), forderte die PDS-Fraktion eine weitere Verringerung der Unterschriftenzahl für das Volksbegehren. Der Ausschuss lehnte solche Änderungsanträge mehrheitlich ab. Der Abgeordnete Becker (CDU), der unnachgiebig darauf beharren wollte, dass Plebiszite nicht in die Landesverfassung gehörten, verwies schließlich auf die

Kompromissbereitschaft seiner Fraktion zwischen der ersten und zweiten Beratung im Plenum und hielt deshalb das gefundene Quorum für die unterste Grenze. Tschiche spricht von einem tiefen Misstrauen, das offenbar gegenüber dem Volk vorhanden sei.

> *›Der Lümmel, das Volk‹ – das ist sozusagen die Hinteridee, die man hat. Ich habe den Eindruck, daß sehr viele Abgeordnete in unserem Parlament der Meinung sind, unsere Bürgerinnen und Bürger seien geistig minderbemittelt und deswegen könne man ihnen nicht zutrauen, daß sie Entscheidungen fällen könnten, oder, wie dann gesagt wird, sie hätten ja gar nicht den Durchblick. Meine Damen und Herren! Ich habe aber den Eindruck, es gibt hier im Parlament sehr viele, die ebenfalls nicht den Durchblick haben und trotzdem hier sitzen.* (PP 1/34, 3740)

Die Diskussion um die Demokratisierung scheint aus der Sicht einiger Abgeordneter im Landtag von Sachsen-Anhalt nur ein vorläufiges Ende gefunden zu haben. Sie sind auf dem Weg, mehr Demokratie zu wagen.

Finish

Die Verfassung des Landes Sachsen-Anhalt wäre ohne die friedliche Revolution nicht vorstellbar gewesen. Insofern mögen das kompromissbereite Sprachverhalten und die Solidarität der Abgeordneten über die Fraktionsgrenzen hinaus aus heutiger Sicht als »Nach-Wende«-Phänomen beurteilt werden. Des Weiteren hatten die Abgeordneten/Ost aufgrund der in der DDR zentralistisch verordneten »Einheitsmeinung« keine wirkliche rhetorische Erfahrung im öffentlichen politischen Streit. Für viele ostdeutsche Abgeordnete war die »neue« Zeit geprägt durch ein »learning by doing«, das sich den routinisierten und eingeschliffenen Sprachverhaltensmustern der westdeutschen Abgeordnetenkollegen gegenübersah. In diesen Zusammenhang ist wohl auch die kritisch ermunternde Anmerkung der Präsidentin des Bundesverfassungsgerichts einzuordnen, sowohl das Formulieren als auch das Anwenden der Verfassung geschehe häufig »im heißen

Streit«, darüber dürfe auch das den Worten des Fraktionschefs der CDU (Christoph Bergner – K. P.) abgelauschte Urteil nicht hinwegtäuschen, die sachsen-anhaltische Verfassung sei »eine der moderateren Töne« (LIMBACH 1997, 19). In der mittlerweile dritten Legislaturperiode ist unterdessen zu beobachten, dass sich die unverbrauchte, frische und größtenteils sachorientierte Auseinandersetzung der Aufbruchzeit immer mehr den etablierten parlamentarischen Stereotypen nähert (vgl. PAPE 2000).

Anhand authentischer Protokolle der Verfassungsdiskussion in Sachsen-Anhalt sollte der aufhaltsame Aufstieg zur direkten Demokratie pragmalinguistisch nachgezeichnet werden: Unsere repräsentative Demokratie wurde auf Landesebene durch direktdemokratische Elemente ergänzt. Die Landespolitiker also setzen auf politisch informierte und engagierte Bürgerinnen und Bürger in Sachsen-Anhalt. Die Quoren deuten letztlich auf eine gebremste Euphorie, die nur durch größeres Interesse und höhere verantwortliche Mitwirkung an politischen Entscheidungsprozessen gelöst werden kann.

---

1 19 Abgeordnete stimmten dagegen, zwei Abgeordnete enthielten sich der Stimme. Fünf Abgeordnete waren nicht anwesend.

2 Die Ausschusssitzungen sind als Ergebnisprotokolle überliefert. In den Quellenangaben werden folgende Abkürzungen verwendet: PVA = Protokoll des Verfassungsausschusses, PP = Plenarprotokoll des Landtages von Sachsen-Anhalt. Die dem Kürzel PVA hinzugefügten Ziffern markieren die entsprechende Seitenzahl der zitierten Äußerung. Die Kennzahlen im Anschluss an die Angabe PP beziehen sich auf die jeweilige Legislatur, die Sitzung und die Seitenzahl im Protokoll.

3 Vgl. auch BURKHARDT 1995; HOLLY 1990 und KLEIN/STEYER 2000.

4 Vgl. BURKHARDT 1986 und 1998; KLEIN 1987.

5 Sprechhandlungstypen werden durch GROSSBUCHSTABEN gekennzeichnet.

6 In der Terminologie zu den Sprechakten folge ich BURKHARDT 1986.

7 LÄZER (2000, 435) beobachtet in den Verhandlungen des Zentralen Runden Tisches der Wendezeit ähnliche Besonderheiten konsensueller Lösungen des politischen Meinungsstreits.

Literatur

BURKHARDT, A. (1995): Zwischen Diskussions- und Schaufensterparlament. Zur Diagnose und Kritik parlamentarischer Kommunikation – am Beispiel von Zwischenfragen und Kurzdialogen. In: DORNER, A./VOGT, L. (Hrsg.): Sprache des Parlaments und Semiotik der Demokratie. Studien zur politischen Kommunikation in der Moderne. Berlin, New York. S. 73–106.

BURKHARDT, A./PAPE, K. (2000) (Hrsg.): Zur Sprache des deutschen Parlamentarismus. Studien zu 150 Jahren parlamentarischer Kommunikation. Wiesbaden.

HOLLY, W. (1990): Politikersprache. Inszenierungen und Rollenkonflikte im informellen Sprachhandeln eines Bundestagsabgeordneten. Berlin, New York.

HÖPPNER, R. (1997): Grußwort des Ministerpräsidenten des Landes Sachsen-Anhalt. In: 5. Jahrestag der Verkündung der Verfassung des Landes Sachsen-Anhalt am 16. Juli 1997 in Magdeburg. Parlamentarische Schriftenreihe, Heft 8. S. 10–13.

KLEIN, J./STEYER, K. (2000): Fraktionsdebatte und Meinungsstrategien. Eine exemplarische Analyse öffentlicher und interner Konfliktaustragung. In: BURKHARDT, A./PAPE, K. (Hrsg.): Zur Sprache des deutschen Parlamentarismus. Wiesbaden. S. 288–318.

LÄZER, R.: Von der »Demokratie der Straße« zum demokratischen Parlament. Politische Streitkultur in Verhandlungen am Runden Tisch. In: BURKHARDT, A./PAPE, K. (Hrsg.): Zur Sprache des deutschen Parlamentarismus. Wiesbaden. S. 431–450.

LIMBACH, J. (1997): Vortrag der Präsidentin des Bundesverfassungsgerichts in Karlsruhe. In: Parlamentarische Schriftenreihe, Heft 8, S. 13–24.

PAPE, K. (1997): Schlag(wort-)abtausch im Landesparlament. In: Deutsche Sprache 2. S. 114–122.

PAPE, K. (2000): Vom Wanzenstaat und der wirksamen Bekämpfung der »Organisierten Demokratie«. Der Diskurs zum Großen Lauschangriff in den Landesparlamenten Niedersachsens und Sachsen-Anhalts. In: BURKHARDT, A./PAPE, K. (Hrsg.): Zur Sprache des deutschen Parlamentarismus. Wiesbaden. S. 451–472.

PROTOKOLLE ÜBER DIE SITZUNGEN DES VERFASSUNGSAUSSCHUSSES vom 4. März 1991 bis 7. Juli 1992. Landtag von Sachsen-Anhalt. 1997. S. 1–1339.

STENOGRAPHISCHER BERICHT. Erste Wahlperiode. 31. Sitzung vom 09. 04. 1992. 34. Sitzung vom 25. Juni 1992 und 35. Sitzung vom 15. Juli 1992.

Ruth Geier

»Alle Jahre wieder ...«

Zehn Reden zur deutschen Einheit

Jedes Jahr am 3. Oktober wird in einer Festveranstaltung die deutsche Einheit gewürdigt, jedes Jahr sprechen Politiker darüber, wie sie vollzogen wurde und sich zur Zeit darstellt. Die entsprechenden Reden sollen im Folgenden Gegenstand einer sprachwissenschaftlichen Betrachtung sein.

Der »Vertrag zwischen der Bundesrepublik Deutschland und der Deutschen Demokratischen Republik über die Herstellung der Einheit Deutschlands«, kurz Einigungsvertrag genannt, schreibt in Artikel 2 (2): »Der 3. Oktober ist als Tag der Deutschen Einheit gesetzlicher Feiertag.«[1] Damit liegt eine in der Geschichte nicht seltene Erscheinung vor, dass Gesellschaften neue Feiertage installieren. Wolfgang BRAUNGARTH verweist in diesem Zusammenhang darauf, dass keine Gesellschaft ohne Feste existieren kann:

»Deshalb hat die Französische Revolution nach der Abschaffung der alten kirchlichen Festtage etwa mit dem Fest der Vernunft sogleich neue gesetzt, eine neue Zeitrechnung begonnen und den Zeitverlauf neu rhythmisiert.«[2]

Ähnlich war es auch in der frühen DDR, die nationalsozialistischen Rituale waren nicht mehr brauchbar, es mussten neue Feste und Feiern eingeführt werden. Beim »Tag der deutschen Einheit« allerdings ist die Vorgeschichte zu berücksichtigen. In der alten Bundesrepublik gab es einen solchen Tag bereits, nämlich den 17. Juni, der am 3. Juli 1953 auf Antrag der Regierungs- und Oppositionsparteien des damaligen Bundestags als gesetzlicher Feiertag eingeführt worden war.

»Anfang der 70er Jahre kam die Forderung nach Abschaffung des Gedenktages auf. Die Distanz zu dem Ereignis wuchs, die emotionale Betroffenheit schwand. Der Tag wurde mehr und mehr ein Feiertag, an dem man ins Grüne fuhr. Die Gewerkschaften reklamierten ihn als sozialen Besitzstand. Politische Einwände waren gewichtiger: Viele fanden es unpassend, daß die Menschen im sicheren Hort der Bundesrepublik Deutschland einen Aufstand feierten, den andere mit hohem Einsatz riskiert und verloren hatten. [...] Aber mochte der Feiertag auch seinen ursprünglichen Sinn verloren haben, seine Abschaffung hätte als offizielle Absage an die Einheit der Nation gewirkt. [...] Weit über den historischen Anlaß hinaus war der Tag zum Symbol für den Einheitswillen der Deutschen geworden, auch als die Hoffnung schon geschwunden war.«[3]

Mit Vollzug der deutschen Einheit am 3.10.1990 wurde dieser »Tag der deutschen Einheit« zugunsten dieses neuen Datums aufgegeben. Auch inhaltlich kam es zu Änderungen, der ehemalige Tag der deutschen Einheit orientierte sich an einer zukünftigen Einheit, während der neue sich auf eine vollzogene staatliche Einheit berief. Es musste also ein neues Fest oder eine neue Feier geschaffen werden. Die Erschaffung neuer Feste aber bedarf der Sprache als Mittel der Sinngebung. Von daher haben Reden bei der Installierung von Festen und Feiern zumindest am Anfang eine große Bedeutung. Später kann sich daraus ein neues rituelles Moment ergeben, dass nämlich die Reden nicht mehr funktionalisiert sind als Begründung des Rituals, sondern selbst rituellen Charakter haben.

Die Feiern zum »Tag der Deutschen Einheit« finden alljährlich in dem Bundesland statt, das den Präsidenten des Bundesrates stellt. An den Feierstunden nehmen Repräsentanten der Politik aus dem In- und Ausland teil. Seit 1993 sprachen zu den Feiern auch fast immer Gäste aus dem Ausland, so 1993 der damalige Präsident der EG- Kommission Delors, 1994 der polnische Schriftsteller Szczypiorski, 1996 der ungarische Ministerpräsident Horn, 1997 der ehemalige US-Präsident Bush, 1998 der tschechische Präsident Havel und 1999 der jetzige Präsident der Europäischen Kommission Prodi. Diese ausländischen Gäste waren sowohl selbst Redner als auch primäre Adressaten der anderen Redner, d. h. auf sie und ihre Verdienste bei der deutschen Einheit gingen alle anderen Redner explizit ein. Weiter sprachen die jeweiligen Ministerpräsidenten der Länder und Repräsentanten der deutschen Regierung: 1991, 1993, 1995 und 1996 Süssmuth als Bundestagspräsidentin, 1990, 1992 Weizsäcker, 1994 und 1998 Herzog als Bundespräsidenten, 1997 Kohl und 1999 Schröder als Bundeskanzler.

Zumindest dem Bundespräsidenten und der Bundestagspräsidentin gemeinsam ist eine weitgehende politische Neutralität von Amts wegen.

»Der Bundestagspräsident hat [aber auch, R. G.] das Recht zu Aussagen, die anderen Politikern verwehrt sind. Ihm ist es vorbehalten, für **alle** Deutschen zu reden. Er hat das Recht zur Deutung des geschichtlichen Ortes der ganzen Nation. Er ist zuständig für die Äußerung der großen, identitätsstiftenden und integrationsfördernden Aussagen. Ihm ist es aufgegeben, die Normen und Werte eines Gemeinwesens, die ja lediglich einen symbolisch-fiktiven ontologischen Status besitzen, zur Darstellung zu bringen.«[4]

KINDT sieht als wesentlich für die Festrede an:

»Zum Aufgabenrepertoire von Festreden gehört es u. a., die für den Festanlaß relevanten Sachverhalte zusammenzutragen und als kollektives Wissen zu stabilisieren. [. . .] Generell kann man Festreden als ein Verfahren der ›kommunikativen Aufarbeitung‹ des Relevanztopos ansehen: Es sollen diejenigen Sachverhalte dargestellt werden, die für eine angemessene Bewertung der Vergangenheit und für das Ziehen der richtigen Konsequenzen für zukünftiges Handeln entscheidend sind.«[5]

Es soll an dieser Stelle vor allem etwas gesagt werden zur ›kommunikativen Aufarbeitung des Relevanztopos‹, mit anderen Worten dazu, welche Sachverhalte den jeweiligen Rednern relevant erscheinen und welche Lehren jeweils für die Zukunft gezogen werden. Dabei soll darauf eingegangen werden, welche Momente obligatorisch sind, weil über sie ein solcher gesellschaftlicher Konsens besteht, dass keine individuelle Auslegung möglich ist.

Vergangenheit wird in der Festrede beurteilt und bewertet vom Standpunkt der jeweiligen Gegenwart mit Blick auf die Zukunft. KOPPERSCHMIDT nennt als Ziel der Gedenkreden, das kommunikative Kurzzeitgedächtnis in das kulturelle Langzeitgedächtnis zu transformieren[6]. Das heißt aber, dass in unserem Fall die Ereignisse, die der Einigung vorausgingen, und die Modalitäten der Einigung einer ständigen Bewertung unterzogen werden müssen, einer Bewertung, die vom gegenwärtigen Zeitpunkt aus im Hinblick auf die Aufgaben der Zukunft erfolgt. Eine solche Interpretation spiegelt, wie HABERMAS es für den 8. Mai formulierte, »eine retrospektive Erkenntnis, aber keine zeitgenössische Erfahrung«[7]. Die Festrede hat demnach drei Zeithorizonte, in denen die Sachverhalte relevant sein können, wobei mir hier Gegenwart und Zukunft besonders wichtig erscheinen.

Das heißt, diese Festreden sind zum einen in ein Geflecht von gesellschaftlichen Bezügen eingebettet, zum anderen sind sie bestimmt durch die jeweils anwesenden Gäste. So gehen die Redner in ihren Reden jeweils auf die Verdienste der anwesenden ausländischen Gäste beim Vollzug der Einheit ein:

1993 äußert Süssmuth[8] explizit ihren Dank an die Bündnispartner und die Europäische Kommission, »daß wir trotz Nationalsozialismus und Zweitem Weltkrieg sehr bald wieder in die internationale Völkergemeinschaft zurückkehren konnten. Ohne diese Integration wäre eine Zustimmung zur Wiedervereinigung (sic!) nicht zu erreichen gewesen.«

1994 thematisiert Herzog die Anwesenheit des polnischen Schriftstellers Szczypiorski wie folgt:

»Unsere Verantwortung für das sich neu gruppierende Europa liegt auf der Hand. Nach Westen hin haben wir in vier Jahrzehnten bewiesen, daß wir diese Verantwortung sehen und daß wir sie ernst nehmen, und was wir über die anderen Teile Mitteleuropas wie über die Staaten Osteuropas denken, brauche ich hier nicht noch einmal zu wiederholen. Insofern sind zwei Symbole aussagekräftiger: die Tatsache, daß Andrzej Szczypiorski heute unter uns ist und zu uns spricht und – was in den letzten Tagen von der deutschen Öffentlichkeit fast übersehen wurde – daß Polen es war, das in der laufenden UNO-Vollversammlung die Streichung der Feindstaatenklausel aus der UNO-Charta beantragt hat.«

1996 ist in der Rede Süssmuths folgende Passage zu finden:

»Ungarn hat im September 1989 Deutschen die Flucht in die Freiheit ermöglicht. Die politisch Verantwortlichen haben die Grenzen geöffnet und den Freiheitsrechten Vorrang vor den Vertragsbindungen des damaligen Warschauer Paktes gegeben. Dies war eine überaus mutige Tat, ein entscheidender Beitrag auf dem Weg zur Freiheit des ganzen Europas und zur Einheit Deutschlands.«

1997 ist in der Rede Kohls über Bush und die USA zu hören:

»Wir Deutschen hätten die Einheit in Freiheit nicht gewinnen können, zumindest nicht so schnell, wenn nicht Sie, lieber George Bush, und mit Ihnen die Vereinigten Staaten von Amerika treu an unserer Seite gestanden hätten.«

Die Rede von Herzog 1998 geht nur sehr knapp auf Tschechien ein:

»Und unsere Hymne steht für die Überzeugungen, zu denen sich jeder bekennen kann. Die demonstrierenden Arbeiter haben sie 1953 bei ihrem Marsch durch das Brandenburger Tor ebenso angestimmt wie am 30. September die Botschaftsflüchtlinge im Prager Palais Lobkowicz.«[9]

Die Anwesenheit der ausländischen Gäste führt also zu einer Wichtung des Inhalts der Reden.

Dass Schröder 1999 die Rolle Europas und die Notwendigkeit der Europäischen Integration relativ breit abhandelt, ist der Rolle der Zukunft Deutschlands und vor allem Europas geschuldet. Die Funktion und die Verdienste Prodis aber werden nicht explizit genannt, er wird als Repräsentant Europas gesehen.

Allein diese Auswahl von Zitaten, die die Einordnung Deutschlands in Europa zum Inhalt haben, macht deutlich, wie relevant dieser Topos ist. Er gehört quasi zum festen Teil der Inszenierung »Festrede zum Tag der Deutschen Einheit«. GOFFMAN befasst sich in seinem Buch »Das Individuum im öffentlichen Austausch. Mikrostudien zur öffentlichen Ordnung« mit unterschiedlichen Inszenierungen und ihrer Reinheit, die skalierbar ist nach der Ausschließlichkeit des Anspruchs, den die Zuhörer/Zuschauer auf die jeweilige Handlung haben.[10] Danach wären solche Reden derjenigen Gruppe zuzuordnen, bei der mit bestimmten Abweichungen von einem festen Ritual zu rechnen ist. Es steht also die Frage, welche Teile der Reden fest und welche variabel sind, es sogar sein müssen. Meines Erachtens lässt sich hier eine Antwort finden, wenn man von LAUSBERGs Definition der Wiedergebrauchsrede ausgeht. Er definiert diese – im Gegensatz zur Verbrauchsrede, die immer wieder neu geschaffen werden muss – als eine Rede, »die in typischen, sich periodisch oder unperiodisch wiederholenden (Feier-)Situationen von demselben Redner oder von jeweils wechselnden Rednern gehalten wird und ihre Brauchbarkeit zur Bewältigung dieser typischen Situationen ein für allemal (innerhalb einer als konstant angenommenen sozialen Ordnung) behält«.[11]

Da LAUSBERG selbst auf die Schwierigkeiten einer Abgrenzung von Verbrauchs- und Wiedergebrauchsrede verweist, sind m. E. auch die Reden zum 3. Oktober als zumindest an der Peripherie der Wiedergebrauchsreden stehend anzusehen. Wir haben die sich periodisch wiederholenden Feiersituationen, dieselbe oder eine zumindest ähnliche Konstellation der sozialen Rolle des Redners und die konstante soziale Ordnung. Diese Momente sind also typisch für Wiedergebrauch, wie auch bestimmte Momente der Gliederung bzw. Topoi der Festreden. So sind in den meisten Reden Formeln mit den Verben bzw. verbalen Fügungen »danken, Dank aussprechen« vorhanden. Sie lassen die Reden nach BRINKER[12] zu einer Art Kontakt- bzw. Partizipationstext werden.

Diese performativen Topoi, wie ZIMMERMANN[13] sie nennt, referieren aber nicht nur auf die jeweiligen ausländischen Gäste, sondern auch – in unterschiedlichem Grade – auf die ostdeutsche Bevölkerung.

Wie ist dieser Dank in den Reden sprachlich realisiert?

Weizsäcker 1990: »Zu danken haben wir heute vor allem jenen Deutschen, die in der DDR den Mut aufbrachten, sich gegen Unterdrückung und Willkür zu erheben. Seit über zehn Jahren hatten Zusammenkünfte und Friedensgebete in den Kirchen die Gedanken der friedlichen Revolution vorbereitet, vertieft und verbreitet. [...]«

Süssmuth 1991: »Das war nur möglich, weil im Osten unseres Vaterlandes mutig, ja heldenhaft gehandelt worden ist, friedlich, ohne Waffen. Die Menschen im Osten unseres Landes haben sich erhoben, Widerstand geleistet gegen Unfreiheit und Unterdrückung, und aus eigener Kraft, unterstützt von allen Demokraten in Ost und West, das System überwunden. Für ihren Mut und ihr Selbstbewußtsein haben wir ihnen auch an diesem Tag zu danken.«

Bei Weizsäcker 1992 fehlt eine analoge Passage, ebenso bei Süssmuth 1993 und Weizsäcker 1994.

Bei Süssmuth 1995 finden wir dagegen im Sinne einer Sachverhaltsbeschreibung: »Was geschaffen wurde [in den fünf Jahren deutscher Einheit, R. G.], ist eindrucksvoll, ist eine Gemeinschaftsleistung aller Deutschen. Unverkennbar haben die Menschen in den neuen Bundesländern den größten Anteil an dieser gewaltigen Leistung. Sie haben ihr Land in einem atemberaubenden Tempo verändert. Aufbruch, den wir ständig einfordern, wird ständig praktiziert. Anerkennung und Dank kann an diesem Tag nur unsere Antwort sein. [...] Daher ist es notwendig, daß wir ihnen [den Ostdeutschen, R. G.] und uns immer wieder ihre große Leistung bewußt machen: Sie waren es, die dem mutigen Vorstoß der Bürgerrechtler folgten und sich im Herbst 1989 gegen das SED-Regime erhoben haben. Sie haben die erste friedliche Revolution auf deutschem Boden gegen Unrecht und Unfreiheit durchgesetzt.«

1996 dagegen weitet Süssmuth den Dank auf alle Deutschen aus: »Unser Dank richtet sich an alle deutschen und ausländischen Bürgerinnen und Bürger, die sich jeweils an ihrem Platz für unser Land eingesetzt haben und zwar in den nunmehr sechs Jahren der Einheit.«

Kohl sagt 1997: »Unser Dank gilt all jenen, die die Einheit Deutschlands möglich gemacht haben. Viele haben daran mitgewirkt. Ich denke an die Männer und Frauen, die zu Hunderttausenden in Leipzig, Dresden und an vielen anderen Orten gegen die Diktatur aufstanden. [...] Wenn ich von Dankbarkeit rede, dann meine ich vor allem auch unsere Freunde, unsere Partner und Verbündeten im Ausland, die die Wiedervereinigung Deutschlands tatkräftig unterstützten.«

Bei Herzog 1998 findet sich Dank nur implizit in bewertenden Passagen.

Gerhard Schröder dagegen sieht den Dank als wesentliches Moment des Tages an: »Ich denke, der 3. Oktober sollte vor allen Dingen ein Tag des Dankes an die Deutschen sein: an die Deutschen in der ehemaligen DDR für den Mut, für die Zivilcourage, mit der sie die Mauer und ein diktatorisches System zum Einsturz gebracht haben, aber auch an die Westdeutschen für die Solidarität und die Hilfsbereitschaft für die damals noch sehr neuen Länder. Und schließlich an die Bewohner des heutigen Deutschlands, für ihr Engagement, unserem Gemeinwesen eine erfolgreiche Zukunft und unserer Nation eine friedliche Identität zu sichern. Zur Besinnung auf das Gemeinsame gehört – das wissen wir – die Vergewisserung der geschichtlichen Tatsachen. Es kann deshalb nicht oft genug gesagt werden: Die Mauer wurde von Ost nach West eingedrückt, und nicht umgekehrt.«

Aus diesen Zitaten möchte ich zwei vergleichend gegenüberstellen: Erstens den Beginn des Schröder-Zitates und zweitens Süssmuth 1995. Welche Rolle die Personalpronomen in politischen Texten spielen, wie sie zu Selbstdarstellungs- und Ausgrenzungsprozeduren führen können, ist schon wiederholt untersucht worden.

Beide Politiker sprechen ihren Dank aus, und zwar primär der ostdeutschen Bevölkerung, beide Politiker sind ohne Zweifel auch bemüht, noch existierende Mauern abzubauen. Wie geschieht dies aber sprachlich? Bei Süssmuth auffallend ist die Dichotomie zwischen »sie« (die neuen Bundesländer) und »wir« (die alten Bundesländer). Allerdings wird damit die Zeit um 1989 beschrieben, wo es wirklich kein gemeinsames »wir« gab. Hier wäre es auch anmaßend gewesen, hätten sich die Westdeutschen bestimmte Verdienste der Ostdeutschen zur Wendezeit in Form eines »wir« zugeschrieben[14]. Dennoch ist diese zeitliche Referenz in der Rede nicht immer eindeutig, so dass der Eindruck von »wir« als die alte Bundesrepublik und »sie« als die Ostdeutschen dominiert. Die weitere »wir«-»sie«-Dichotomie bezieht sich dann aber auch auf die Jahre nach 1990. Damit wird eine erneute sprachliche Ausgrenzung vollzogen, indem die Ostdeutschen nicht in die Wir-Gruppe eingeschlossen sind.

Bei Schröder tritt diese Ausgrenzung nicht auf, er differenziert eindeutig in die Deutschen in der ehemaligen DDR, die Deutschen im ehemaligen Westen, also in Benennungen für die Deutschen zur Zeit der Wende, und in die Bewohner des heutigen Deutschlands. Diese Benennungen sind politisch korrekt.

Die gleiche Intention – nämlich zu danken und Mauern abzubauen – realisiert sich in beiden Reden unterschiedlich, wobei eben bei Süssmuth durch die sprachliche Realisierung neue Mauern aufgerichtet werden.

In der Festrede wird ein Ereignis bewertet im Hinblick auf Gegenwart und Zukunft, das heißt, die thematisch-inhaltlichen Topoi können in den einzelnen Reden durchaus nach anderen Relevanzkriterien ausgewählt werden.

Wie sieht nun die Bewertung des geschichtlichen Ereignisses Vereinigung der beiden deutschen Staaten in den einzelnen Reden aus?

Dazu soll in einem ersten Schritt die Präambel des Einigungsvertrages durchgesehen werden, dem folgt eine Analyse der Reden. Es wird also zu fragen sein, mit welchen Paraphrasierungen und Etikettierungen das Ereignis versehen ist.

In der Präambel werden zum einen Voraussetzungen und Ausgangspunkte der Vereinigung genannt: »Wunsch der Menschen in beiden Teilen Deutschlands, Bewußtsein der Kontinuität deutscher Geschichte, Unverletzlichkeit der Grenzen und der territorialen Integrität und Souveränität aller Staaten in Europa«, zum anderen aber auch Ziele: »Entschlossen, die Einheit Deutschlands in Frieden und Freiheit als gleichberechtigtes Glied der Völkergemeinschaft in freier Selbstbestimmung zu vollenden, in dem Bestreben, durch die deutsche Einheit einen Beitrag zur Einigung Europas und zum Aufbau einer europäischen Friedensordnung zu leisten«.

Diese Präambel des Einigungsvertrags ist im Sinne der Diskursanalyse als Prägetext zu bezeichnen. Sie setzt gewisse Schwerpunkte bei der Bewertung der Einheit. Als Rechtstext verwendet sie weitgehend emotional neutrale Bezeichnungen. In den Reden finden wir diese, dem feierlichen Anlass entsprechend, stärker emotionalisiert.

Die Herstellung der Einheit Deutschlands wird bezeichnet als:

1990: »eine der sehr seltenen historischen Phasen, in denen wirklich etwas zum Guten verändert werden kann«; »Teil eines gesamteuropäischen geschichtlichen Prozesses, der die Freiheit der Völker und eine neue Friedensordnung unseres Kontinents zum Ziel hat«;
1991: »Glück«;
1992: »Freude«;

1993: »große[s] historische[s] Ereignis, große Gestaltungsaufgabe«;
1994: »Geschichte eines unerhörten Glücksfalls, Geschichte einer übergroßen Erwartung«;
1995: »Verpflichtung zur europäischen Einigung«;
1997: »Tag der Freude und Dankbarkeit, Tag der Selbstbesinnung, Blick auf die innere Einheit unseres Vaterlandes«;
1998: »[Tag der] Freude, Dankbarkeit, des Stolzes und der Zuversicht«.

Als wesentlicher Aspekt wurde von Anfang an die »innere Einheit« gesehen, es ist deshalb natürlich, dass dieser Punkt in den Reden fast immer thematisiert wurde. Ich möchte im Folgenden ausführlicher darauf eingehen.

In seiner Rede am 3. 10. 1990 geht Weizsäcker auf diese Fragen nicht ein, das Problem stand realiter noch nicht.

1991 sagt Süssmuth dagegen schon: »Heute, ein Jahr später, liegen auch Schatten über dem Jahrestag der Vereinigung. Wir feiern ohne Grenzen, aber das Denken der Deutschen und der Wille zum tatsächlichen Zusammenleben scheint erneut auf Grenzen zu stoßen. Die Menschen messen ihre Hoffnungen an ihrer persönlichen Realität. Dabei sind die einen voller Zuversicht, die anderen zweifelnd oder auch enttäuscht. Für uns alle kann das nur bedeuten, unsere Anstrengungen zu verstärken, um die gesetzten Ziele zu erreichen.

Gestehen wir uns unterschiedliche und gegensätzliche Lebensschicksale zu. Schauen wir nicht unentwegt darauf, ob die Ostdeutschen inzwischen so sind wie die Westdeutschen, sondern lassen wir sie anders sein und anerkennen wir sie als bereichernd. Fixieren wir uns nicht länger auf das Phantombild einer einheitlichen Identität, die es nicht gibt und wohl auch nicht geben kann, schon gar nicht nach vierzig Jahren so unterschiedlicher Vergangenheiten. Entscheiden wir uns für die Vielfalt!«

Aber auch: »Dazu gehört auch die Seelenlage der Menschen in den neuen Ländern. Folgt man den Meinungsumfragen, so ist die Unkenntnis voneinander in Ost und West das größte Hindernis beim Zusammenwachsen. Es ist das mangelnde Wissen und Verständnis für die schwierigen Lebensbedingungen in einem autoritären und repressiven Staat, für die täglichen Anpassungsleistungen, die fast jeder dort zu vollbringen hat, es ist aber auch die mangelnde Bereitschaft zum Zuhören, die sich jetzt bemerkbar macht.

Was die Deutschen im Westen leben durften, das darf auch im Osten nicht vorenthalten werden. Selbstwertgefühl kann nur durch Gleichberechtigung, nicht durch Bevormundung wachsen.«

Süssmuth nennt damit zwei Problemkreise, erstens die Probleme der Ostdeutschen bei der Anpassung (woran oder an wen?) und zweitens mangelndes Wissen und Verständnis für die Befindlichkeit der Ostdeutschen auf westdeutscher Seite.

Weizsäcker 1992 verweist auf die Stimmung der Menschen im Osten: »Man trifft im Osten auf Dankbarkeit, auf viele Menschen, auf viele Menschen, die sich voll einsetzen, die sich selbst und anderen helfen. Zugleich gibt es Enttäuschung, verletztes Selbstgefühl, Mißtrauen gegen Zusagen, Mangel an Perspektive. Es sind wirtschaftliche, soziale und tiefe menschliche Erfahrungen im Widerstreit.« Gleichzeitig betont er, dass der menschliche Zustand unseres Zusammenlebens im Osten und Westen bedrohlichen Störungen ausgesetzt ist.

Süssmuth 1993 geht ausführlicher auf die Störungen im Zusammenleben ein, warnt aber gleichzeitig vor Stereotypen: »Ich habe auch gelernt, daß es die ostdeutsche und die westdeutsche Ansicht nicht gibt.« Sie greift die »immer wieder« diskutierte Frage auf: »Leben wir noch in zwei getrennten Kulturen? Haben wir unsere gemeinsame nationale Identität noch nicht gefunden?« Ihre Antwort: »Wir haben sie noch nicht erreicht, wir sind noch auf dem Weg dazu. Für unsere Identität kommt es entscheidend darauf an, daß wir gemeinsam unter dem Dach der demokratischen Idee leben wollen, und dabei darf es keine Deutschen erster und zweiter Klasse geben.« Als wesentlich auf dem Weg dahin erachtet sie persönliche Begegnungen.

1994 greift Herzog den bereits bei Süssmuth 1991 genannten Aspekt der Vielfalt auf: »Verschiedenheit des Denkens und der Erfahrung ist doch nicht Verschiedenwertigkeit. [...] Seit der Vereinigung wirken Ostdeutschland und Westdeutschland tagtäglich aufeinander ein, und wenn der westliche Einfluß im Osten zunächst auch eindeutig stärker war, so zeigt sich doch mehr und mehr, daß es hier keine Einbahnstraßen gibt. Aber: Das funktioniert allerdings nur, wenn wir aufhören, uns gegenseitig vorzusagen, wie wir die Welt zu sehen hätten, wie wir uns vor allem in der Vergangenheit richtig hätten verhalten sollen. Natürlich: wir wissen immer noch viel zu wenig voneinander, und ich bezweifle, daß es im Westen Deutschlands sehr viele Menschen gibt, die sich anmaßen dürften, Ostdeutschen vorzuhalten, wie sie sich in den bewußten 40 Jahren richtig verhalten hätten.« Für Herzog kommt es darauf an, die Schritte zu gehen, die auch die Ethnomethodologie beim Übergang in eine neue Ethnie vorschlägt, nämlich das wechselseitige Erzählen der Biographien.

Im Wesentlichen greift Süssmuth 1995 diesen Aspekt auf, geht aber noch stärker auf die Probleme der Ostdeutschen dabei ein: »Es sind nicht nur Arbeitslose, sondern auch jene, die ihren Platz im wiedervereinten Deutschland noch nicht gefunden haben. Wir hören und lesen von ›Heimatlosigkeit in der neuen Heimat‹ von ›Fremdheit im eigenen Haus‹. Das beschreibt zum einen den Eindruck, nicht voll angenommen zu sein, und zum anderen die Erfahrung, Vertrautes – auch mit all seinen negativen Elementen – verloren zu haben, ohne mit dem Neuen vertraut zu sein.«

Ähnliches lesen wir 1996 bei ihr: »Immer klarer wird, daß zunächst die Menschen im Osten einen tiefgreifenden Kontinuitätsbruch erfahren haben.« Aber: »Die Konzentration auf die Deutsche Einheit hat eine Zeitlang die europäischen und weltweiten Veränderungen zurücktreten lassen. Jetzt gilt es, sich darauf beschleunigt einzustellen.«

1997 in der Kohl-Rede finden wir Ähnliches: »Ich wünsche mir nach wie vor, die Deutschen im Osten wie im Westen unseres Vaterlandes wären sehr viel stärker bereit, sich mit den Erfahrungen des jeweils anderen einfühlsam auseinanderzusetzen. Die Menschen im Westen haben ihren Landsleuten in den neuen Bundesländern das Erlebnis und die Chance jahrzehntelanger Freiheit voraus. Umgekehrt können sie von den Deutschen im Osten neu lernen, daß Freiheit nichts Selbstverständliches ist, sondern ein hoher Wert, für den zu kämpfen und den zu bewahren sich lohnt. Aber auch hier der Satz: Geistige und kulturelle Gleichförmigkeit kann nicht das Ziel sein, davon haben nicht zuletzt die Menschen in den neuen Bundesländern ein für allemal genug.«

Sehr deutlich formuliert Herzog 1998 die Frage der wechselseitigen kulturellen Akzeptanz, er spricht von der »harmonieversessenen Vorstellung, die innere Einheit sei erst erreicht, wenn alle Deutschen so ziemlich das gleiche Lebensgefühl hätten, so ziemlich austauschbare politische Ansichten, so ziemlich übereinstimmende Sympathien und Antipathien und so ziemlich gleichförmige Verhaltensweisen. [...] Vor allem warne ich davor, zur Einheit gleich noch die Einheitsdeutschen zu fordern.« Was er allerdings erstrebt, ist das Zusammengehörigkeitsgefühl, »es wird nur wachsen, wenn wir noch mehr miteinander ins Gespräch kommen«.

1999 sieht Schröder folgende Ursachen für die noch nicht vollzogene innere Einheit: »Der Aufbauprozess in den neuen Ländern ist eben noch nicht abgeschlossen, und deshalb ist die innere Einheit noch längst nicht vollendet.« Er fordert weiter Chancengleichheit, Solidarität, soziale Fairness. Damit wird innere Einheit von der Ebene eines mentalen Problems wieder stärker in Abhängigkeit von wirtschaftlichen Fragen gesehen.

In einem Aufsatz über Konsens, Fiktion und Resonanz der Festrede verweist PARIS[15] darauf, dass, um die Fiktion der Gemeinschaft nicht zu gefährden, die Festrede nicht zu scharfsinnig sein darf, dass Anschluss vor Wahrheit rangiert. Dennoch könne der Festredner Positionen beziehen, auch maßvolle Kritik sei erlaubt. Ich habe an anderer Stelle schon darauf verwiesen, dass ein probates Mittel, solche Kritik einzuleiten, das Herstellen kausaler, besonders restriktiver Beziehungen ist.[16] Als ein interessantes Detail ergab sich für mich beim Lesen der Reden Folgendes: Es besteht, wie die Texte ausweisen, Konsens darüber, dass die deutsche Einheit ein »Glücksfall« war. Hier sehe ich eine Gefahr für die längerfristige Interpretation dieses Tages. Glück aber ist etwas, was über die Menschen kommt, man fragt dabei nur selten nach dem Auslöser dieses Gefühls. Gerade aber bei einer geschichtlichen Betrachtung der Einheit sollten diejenigen nicht vergessen werden, die sich für dieses Gefühl eingesetzt, es mit einer friedlichen Revolution erkämpft haben, die Ostdeutschen nämlich.

Im gleichen Maße besteht Konsens, dass das Verhältnis zwischen Ost und West noch zu verbessern ist. Diese beiden Fakten müssen in der Rede verbunden werden, also die Tatsache, dass ein positiver Sachverhalt noch mit negativen Elementen behaftet und demnach in seiner Gültigkeit eingeschränkt ist. Dieses restriktive Verhältnis wird in den einzelnen Reden an der sprachlichen Oberfläche unterschiedlich realisiert:

Süssmuth 1991 stellt quasi antithetisch den 3. 10. 1990 mit seiner »gemeinsamen Freude« dem Feiertag 1991 gegenüber: »Heute, ein Jahr später liegen auch Schatten über dem Jahrestag der Vereinigung.«

Weizsäcker 1992 nennt stets zuerst die positiven Seiten, bringt dann, eingeleitet mit »doch«, »dennoch« das Restringierende.

1993 ist in Weizsäckers Rede folgender Satz zu finden: »Wahr ist, daß die neuen Bundesländer das Bild einer flächendeckenden großen Baustelle bieten, doch an diesem Um- und Neubau des Landes nehmen die Arbeitslosen nicht teil. [. . .] Trotzdem, überall ist spürbar: Vergangenheit verblaßt, und Zukunft tut sich auf.«

Diese doppelte Einschränkung lässt »die Arbeitslosen« in der Mitte dieses Satzes fast ganz zurücktreten.

1994 bei Herzog ist zu lesen: »Die Wiedervereinigung war ein Geschenk an alle Deutschen [. . .]. Aber da gibt es auch die Geschichte einer übergroßen Erwartung, die sich inzwischen stellenweise in Enttäuschung gewandelt hat.«

Zum Vergleich sei noch Kohl 1997 zitiert: »Vieles ist mühseliger und langwieriger, als wir alle gedacht haben. Aber dies darf nicht den Blick darauf verstellen, worauf es wirklich ankommt: Entscheidend ist, daß wir Deutschen diesen Weg gemeinsam zurücklegen«.

Herzog geht vom Positiven aus und nennt dann das Einschränkende, Kohl geht den umgekehrten Weg. Meines Erachtens ist dies nicht nur eine mögliche Varianz in der syntaktischen Anordnung von Fakten. Beide Politiker nutzen nämlich die mit »aber« eingeleiteten Sachverhaltsdarstellungen als Einleitung einer umfangreicheren Passage. Damit ist eine Gewichtung festgelegt, bei Kohl dominiert das positive Bild der Vereinigung (verständlich bei einem »Kanzler der Einheit«, dem es sicher auf entsprechende Selbstdarstellung ankommt, ohne sich im Rahmen der Festrede zu sehr zu expositionieren[17]), Herzog verweist stärker auf die Probleme. Ebenso Schröder 1999, der auch Erfolge einräumt, ihnen aber einen konzessiven Nebensatz als Überleitung anschließt: »Gewiss ist vieles erreicht worden, aber dennoch werden wir auf Solidarität und Hilfe beim Aufbau Ost auch in Zukunft nicht verzichten können.«

Allen Reden gemeinsam ist der Hinweis auf die noch nicht vollzogene innere Einheit, alle Redner sind gewillt, sie zu fördern und zu fordern. Die sprachliche Analyse weist jedoch nach, dass bei einigen Reden an der Textoberfläche Momente sind, die eher geeignet sind, das Gegenteil zu erreichen. Gerade weil die Zeit um 1989/1990 nicht mehr allen Deutschen präsent ist, sie bereits aus dem kommunikativen Gedächtnis vieler geschwunden ist oder nie Teil ihres kommunikativen Gedächtnisses war, muss sie durch entsprechende Deutung in den Reden in das kulturelle Gedächtnis transformiert werden.

---

1 Bulletin Nr. 104/877 vom 6. 9. 1990.
2 BRAUNGARTH. 1996, 89.
3 Handbuch der deutschen Einheit 1993, 634.
4 SCHIEDER 1998, 310.
5 KINDT 1998, 268.
6 KOPPERSCHMIDT 1996, 81.
7 HABERMAS 1995, 167 f.
8 Dieser und die folgenden Redeausschnitte sind zitiert nach den Veröffentlichungen der Reden im Bulletin des Presse- und Informationsamtes der Bundesregierung.
9 Interessant ist hier die Anspielung auf den ursprünglichen Tag der deutschen Einheit, den 17. Juni.
10 GOFFMAN 1974, 145.
11 LAUSBERG 1990, 17.
12 BRINKER 1992, 119.
13 ZIMMERMANN 1993, 40.
14 Mir sind die Reaktionen auf einen Wahlwerbespot der CDU aus dem Jahr 1994 noch bekannt, in dem über Helmut Kohl gesagt wurde: »Die Einheit. Helmut Kohl hatte es geschafft«.
15 PARIS 1999, 274 ff.
16 GEIER 2000.
17 Vgl. auch dazu PARIS 1999, 277.

Literatur

BRAUNGARTH, W. (1996): Ritual und Literatur. Tübingen.
BREMERICH-VOS, A. (1999): Kleine Epideiktik. Die Festrede in der Familie und für die Familie. In: KOPPERSCHMIDT, J./SCHANZE, H. (Hrsg.) . S. 23 ff.
BRINKER, K. (1992): Linguistische Textanalyse. Berlin.
GEIER, R. (2000): Festreden und kommunikative Ethik. In: VOLMERT, J. (Hrsg.): Deutsches Gedenken. Die Kultur politischer Fest- und Gedenkreden im Nachkriegsdeutschland. [i.Dr.]
GOFFMAN, E. (1974): Das Individuum im öffentlichen Austausch. Mikrostudien zur öffentlichen Ordnung. Frankfurt/M.
HABERMAS, J. (1995): Die Normalität einer Berliner Republik. Frankfurt/M.
HANDBUCH DER DEUTSCHEN EINHEIT. Hrsg. von W. WEIDENFELD und K.-R. KORTE. Bonn 1994.
JONAS, M. (1998): Richard von Weizsäckers Rede – Zur Methode des Abstracting. In: POHL, I./POHL, J. (Hrsg.) S. 250 ff.
KINDT, W. (1998): Wege zu einer linguistisch fundierten Textinterpretation. Lagebericht am Beispiel einer Analyse der Weizsäcker-Rede zum Tag der Deutschen Einheit 1990. In: POHL, I./POHL, J. (Hrsg.) S. 257 ff.
KOPPERSCHMIDT, J. (1996): Der verflixte 8. Mai oder: Zu den Schwierigkeiten, sich in Deutschland gemeinsam zu erinnern. In: Der Deutschunterricht H. 3. S. 77 ff.
KOPPERSCHMIDT, J./SCHANZE, H. (Hrsg.) (1999): Fest und Festrhetorik. Zu Theorie, Geschichte und Praxis der Epideiktik. München.
LAUSBERG, H. (1990): Elemente der literarischen Rhetorik. Ismaning.
PARIS, R. (1999): Konsens, Fiktion und Resonanz. Über einige Wirkungsbedingungen ritueller Kommunikation. In: KOPPERSCHMIDT, J./SCHANZE, H. S. 267 ff.
POHL, I./POHL, J. (Hrsg.) (1998): Texte über Texte – Interdisziplinäre Zugänge. Frankfurt/M., Berlin, Bern, New York, Paris, Wien.
SCHELLENBERG, W. (1998): Wir! – Wir Deutsche(n)! – Wir zusammen! Über Textverstehen und (Personal-) Deiktisches in öffentlicher Rede. In: POHL, I./POHL, J. (Hrsg.) S. 277 ff.
SCHIEDER, R. (1998): Dokument eines zivilrechtlichen Diskurses: Richard von Weizsäckers Rede am 3. Oktober 1990. In: POHL, I./POHL, J. (Hrsg.) S. 303 ff.
WARNKE, I. (1998): Sprachliches Handeln und staatliche Einheit – Sprechakttheoretische Aspekte der Rede Richard von Weizsäckers vom 3. 10. 1990. In: POHL, I./POHL, J. (Hrsg.) S. 319 ff.
WÜNSCHEL, H.-J. (1998): Eine verpaßte Chance. Die Rede des Bundespräsidenten Richard von Weizsäckers beim Tag der Deutschen Einheit am 3. Oktober 1990. In: POHL, I./POHL, J. (Hrsg.) S. 337 ff.
ZIMMERMANN, A. (1993): Von der Kunst des Lobens. Eine Analyse der Textsorte Laudatio. München.

Ingrid Kühn

»Besonderer Dank gilt der Hausgemeinschaft ...«

Konventioneller Stil und individueller Spielraum in Texten der Alltagssprache

Gibt es »moderne und originelle« Danksagungen? Gibt es einen Unterschied bei dieser Textsorte in den Tageszeitungen von Ost und West, von vor und nach der Wende? Wird mit Traditionen und Konventionen leichtfertig gebrochen? Was ist auffällig und ungewöhnlich? Was ist traditionell – also Norm – bei Danksagungen? In der vorliegenden Untersuchung sollen hauptsächlich an Beispielen von Danksagungen die Veränderungen innerhalb dieser stark normierten Textsorte aufgezeigt werden. Zunächst werden beispielhaft beobachtete Sprachgebrauchsveränderungen in den neuen Bundesländern in verschiedenen Texten der Alltagssprache verdeutlicht.

Neue Lexik in alltagssprachlichen Texten

Texte gehören zu bestimmten Textsorten, und diese haben bestimmte Namen, wie Gebrauchsanweisung, Liebesbrief, Kochrezept, Spielregel, Arbeitszeugnis, Todesanzeige, Geburtsanzeige, Danksagung, Vollmacht.

Angehörige einer Sprachgemeinschaft kennen die typischen Merkmale einer Textsorte, sie wissen, wie man beispielsweise eine Vollmacht schreibt. Texte, die für das Alltagsleben bestimmt sind, haben oft ein festes Muster. Es gibt Normen, Gewohnheiten und Routinen im Verfassen von Texten, an denen man sich orientieren kann (ADAMZIK 1991, 106). Die individuellen Spielräume sind oft gering. Fällt man aus dem Muster – weicht man von der Norm ab –, fällt das auf. Das Auffallen kann bewusst ein Ausdruck von Individualität sein, es kann aber auch unbewusst aus Unkenntnis der üblichen Norm geschehen. Alltagssprachliche Textsorten sind in der Sprachgemeinschaft historisch gewachsen. Der gemeinschaftliche Wissensvorrat unterliegt Veränderungen, wenn sich gesellschaftliche Bedingungen, die textextern sind, verändern.

Sprachliche Veränderungen in verschiedenen Textsorten können in den neuen Bundesländern gezeigt werden, wie etwa an Lebenslauf, Bewerbung, Arbeitszeugnis oder auch Stellenanzeigen. Oft wird in der Sprachberatungsstelle Hilfe gesucht. Es wird gefragt: »Kann man die Wendung ›ich möchte mich verändern‹ gebrauchen? Ich lese nur noch ›suche neuen Wirkungskreis‹ oder ›suche berufliche Herausforderung‹.« Anfragen zur richtigen, neuen Gestaltung des Lebenslaufes sind ebenfalls sehr häufig. Es muss gezielt konzipiert werden, die richtigen Akzente sind zu setzen. Tabellarischer Lebenslauf oder Curriculum Vitae – alter Inhalt mit neuem Muster? Da klingelt das Telefon beim Sprachberater in Halle. »Soll ich die Eltern erwähnen?« »Bin ich in Karl-Marx-Stadt oder Chemnitz geboren?« »Muss die Parteizugehörigkeit angegeben werden?« »Wie ausführlich soll ich mich zu wichtigen Umständen in der Familie äußern?« Zu DDR-Zeiten waren diese Informationen feste Bestandteile der Biographie. Schwierigkeiten bereiten auch Angaben zum Schulbesuch in der DDR. »Kann ich schreiben, dass ich das Abitur an der EOS [Erweiterte Oberschule] abgelegt habe? Muss ich dafür jetzt Gymnasium einsetzen?« (KÜHN/ALMSTÄDT 1997, 203/204)

Eine für den Beruf wichtige Textsorte ist das Arbeitszeugnis – oder heißt das Beurteilung? Jeder DDR-Bürger kennt Beurteilungen, jeder hat mehrfach Einschätzungen seiner Leistungen gelesen, meist schöngefärbt gefunden, dienten sie doch hauptsächlich zur Prämierung zum 1. Mai, Internationalen Frauentag, Tag des Gesundheitswesens, Tag des Lehrers u. a. m. Jeder Abteilungsleiter hat mit oder ohne Hilfe des Arbeitskollektivs, der Gewerkschafts- und Parteileitung Beurteilungen geschrieben. Ziemlich schnell nach der Wende verlangten die ersten Mitarbeiter, die den Betrieb, die Firma verlassen mussten, ein Arbeitszeugnis. Die Leiter – alte oder neue, aber aus der DDR – hörten den Terminus erstmals, hatten aber zunächst keine Probleme mit der inhaltlichen Zuordnung. »Beurteilung« als Überschrift blieb meist stehen.

Im Duden (Ost) nachgeschlagen, findet man Arbeitsnorm, Arbeitsplan, Arbeitsproduktivität, Arbeits- und Lebensbedingungen und Arbeitszeit. Arbeitszeugnis erscheint nicht. Es ist festzustellen, dass es die Benennung Arbeitszeugnis in der DDR nicht gab, während sie in den alten Bundesländern seit Anfang der 50er Jahre üblich wurde. Umlernen in den neuen Bundesländern!

Betrachtet man Norm und Aufbau von Arbeitszeugnissen und Beurteilungen, so lässt sich Folgendes feststellen: Art des Dienstverhältnisses, Dauer sowie Leistung und Führung im Dienst zu beschreiben, gehört zur Textfunktion des Arbeitszeugnisses (PRESCH 1991). Ratgeberliteratur für das Schreiben und Lesen von Arbeitszeugnissen ermöglicht allen Sprachteilhabern, von Bedeutung, Art, Formulierung über Geheimcodes bis zu Rechtsfragen ihr Wissen über Arbeitszeugnisse zu vervollkommnen (DITTRICH 1988). Ratgeberliteratur zum Schreiben von Beurteilungen gab es in der DDR nicht, dafür wurden in sprachwissenschaftlichen Fachbüchern die Anforderungen an Beurteilungen benannt und erläutert (LIEBSCH 1976). Die Beurteilung setzte sich aus folgenden Teilen zusammen: Überschrift, Personalangaben, Tätigkeit im Betrieb, berufliche Entwicklung, Einstellung zur Gesellschaft, Einstellung zur eigenen Person, Beurteilung besonderer Eigenschaften, Zweck der Beurteilung, Schluss. Der zweiseitigen Zweckbestimmung von Arbeitszeugnissen (Fortkommen und Auslese) entsprach eine Mehrdimensionalität von Beurteilungen. Dazu gehörte zur Information bei Arbeitsplatzwechsel eine Leistungseinschätzung, die Einschätzung des Entwicklungsstandes des Werktätigen und die Beurteilung als Mittel der Erziehung und Kritik.

Arbeitszeugnisse/Beurteilungen, die nach der Wende in den neuen Bundesländern geschrieben wurden, zeigten eine Mischung von alten und neuen Textteilen und oft noch die Überschrift Beurteilung anstelle von Arbeitszeugnis.

Untersuchungen zeigen, dass das Textmuster Arbeitszeugnis unter den veränderten gesellschaftlichen Bedingungen modifiziert realisiert wird (KÜHN 1995, KELLER 1997). Die Veränderungen resultieren aus der unvollkommenen Kenntnis des Textmusters – es ist ungewohnt, Ratgeberliteratur zu benutzen. Es werden bewusst tradierte Teiltextmuster (politische Entwicklung, Parteizugehörigkeit) weggelassen. Dafür werden häufig fremd empfundene Teiltexte und ihre vorgegebenen Formulierungsangebote (erfolgsorientiert, Führungspraxis) benutzt. Unbewusst werden vertraute Formen übernommen (Kollektiv, Aus- und Weiterbildung, außerunterrichtliche Aufgaben), wie das nachfolgende Beispiel zeigt:

»Abschlußbeurteilung
Frau X, geb. am 24.03.41, arbeitete vom 1.11.1982 bis zum 31.12.1991 als Sachbearbeiter in der Vertriebsabteilung der Melany-Konfektions- und Handels AG, ehemals VEB Kindermoden. Ihr Aufgabenbereich beinhaltete den Abschluß von Verträgen zu Messen, Auswertung der Vertragsabschlüsse, eine ordnungsgemäße Durchführung von monatlichen Inventuren sowie eine tägliche Überwachung der termin- und qualitätsgerechten Einhaltung der Lieferverträge und weitere Verkäufe und Angebote zu tätigen. Diese ihr übertragenen Aufgaben löste sie stets zur vollen Zufriedenheit. Fleiß und Verantwortungsbewußtsein gehörte zu ihrer täglichen Arbeit. Auf Grund von Rationalisierungsmaßnahmen innerhalb des Unternehmens wurde Frau X die Kündigung zum 31.12.1991 ausgesprochen.
Vorstandsvorsitzender« (vgl. KÜHN 1995).

Im Vergleich zu vorliegenden Arbeitszeugnissen westdeutscher Arbeitgeber erscheinen die im Musterkonflikt entstandenen gemischten Beurteilungen/Arbeitszeugnisse oft unbeholfen, aber auch fremdartig und neuartig in Bezug auf tradiertes Musterwissen und weggefallene Standardorientierungen. Die Art der Themenbehandlung wird als notwendig zeitgemäß empfunden. Durch das Weglassen der als fakultativ empfohlenen guten Wünsche zum Schluss wirken die Texte unpersönlich, steif und distanziert gegenüber Wohlwollen und Herzlichkeit ausstrahlenden Schlussformulierungen in Arbeitszeugnissen, geschrieben von Arbeitgebern aus den alten Bundesländern. Das Wissen um diese Unterschiede ist gerade für Arbeitszeugnisse wichtig, da Arbeitgeber aus den alten Bundesländern diese Textsorte durch Ratgeberliteratur genau interpretieren.

So wie die Textsorten Beurteilung oder Arbeitszeugnis von vor und nach der Wende, von Ost und West vergleichend analysiert wurden, kann man auch bei Berichten in der Tageszeitung die Sprachgebrauchsveränderungen feststellen. Die nachfolgenden Textbeispiele sollen zeigen, dass im momentanen Sprachgebrauch in den neuen Bundesländern eine Mischung aus altem und neuem Diskurs besteht, dass Varianten eventuell befremden und ungewöhnlich erscheinen.

In der Universitätszeitung der Martin-Luther-Universität heißt es in einem Artikel:

»Auf Seniorenkollegs und andere Formen des Erwachsenen-, speziell des Seniorenstudiums können viele Universitäten verweisen. Aber ein Seniorenklub wie der hallesche dürfte ziemlich einzigartig sein. Das hängt wohl auch damit zusammen, dass es ihn schon lange vor der Wende gab. Damals kümmerte sich vor allem die BGL (Betriebsgewerkschaftsleitung) um die aus dem Arbeitsleben ausgeschiedenen ›Veteranen‹ und Rentner, die damit einhergehende kulturelle und gesellige Angebote gern nutzten – fühlten sie sich doch auf diese Weise ihrem alten ›Betrieb‹, der Martin-Luther-Universität, weiterhin eng verbunden. Viele von ihnen wünschten sich, diesen Ort der Begegnung zu erhalten. So kam es 1990/91 zur Gründung der ›Seniorenvereinigung der Martin-Luther-Universität e. V.‹ – analog zum früheren ›Veteranenklub‹ meist ›Seniorenklub‹ genannt.«
(Universitätszeitung Halle, Nov. 1999)

Aus dem »Veteranenklub« wird die »Seniorenvereinigung«, aus »Rentnern« werden »Senioren« mit einem »Seniorenkolleg«.

Werden Missverständnisse und Kommunikationskonflikte durch landschaftlich geprägten bzw. gruppenspezifischen Sprachgebrauch hervorgerufen? Gibt es wirklich Kommunikationsprobleme zwischen Ost- und Westmitarbeitern, wie es in dem nachfolgenden Zeitungsausschnitt noch 1999 den Lesern suggeriert wird?

»… Aber ist das Einschalten einer solchen Kommunikatorin nicht ein Armutszeugnis? Mader: Ein Coach kann sehr produktiv sein. Denn in Häusern mit starker Ost-West-Mischung gibt es zwangsläufig Kommunikationsprobleme. So sind zum Beispiel die Sprachstrukturen immer noch so verschieden, daß man sich manchmal nicht auf Anhieb versteht.«
(Mitteldeutsche Zeitung, 28. 4. 1999)

Der Sprachwissenschaftler D. SCHLOSSER beschreibt die »Unterschiede« 1997 so: »Das Trennende läßt sich kaum mehr an einzelnen Wörtern festmachen, die sind oft gleich, eher am Verstehenskontext ... Ostdeutsche werden bei einem öffentlichen Auftritt bis in die Kleidung mehr Förmlichkeit zu wahren versuchen; sie werden bedächtiger, langsamer und überlegter sprechen, ihre Worte eher wägen als Westdeutsche.«

SCHLOSSER spricht von »kommunikativem Darwinismus, d. h., wer möglichst viel, schnell und laut redet, kann am ehesten gesellschaftlich überleben. Die Förderung der mündlichen Kommunikation in den westdeutschen Schulen führte oft zum ›Drauflosschwadronieren‹. In den ostdeutschen Schulen wird noch viel präziser gesprochen.« (FAZ, 13. 2. 1997) – So etwa die Einschätzung SCHLOSSERs. – Eine Untersuchung von Ruth REIHER (1996) bei ostdeutschen Befragten bestätigt den Eindruck, dass man Westdeutsche daran erkennt, dass sie »viel reden und wenig sagen«.

Neue »Führungskräfte« werden sehr schnell situationsspezifische Sprachregister ziehen, neue Muster übernehmen und aktiv und passiv verwenden. Trotzdem muss auch bei ihnen damit gerechnet werden, dass in selbstverständlicher Unbewusstheit erlernte Muster und ihre sprachliche Umsetzung bewahrt, variiert und differenziert werden, was wiederum bei Kommunikationspartnern aus dem Kommunikationsgebiet »westdeutsch« je nach Toleranzspielraum Verwunderung, Fremdheit oder Überheblichkeit auslöst; etwa, wenn ein Kunde in einem Reisebüro fragt, ob man bei der Reise nach Kenia die ganze Zeit im »Objekt« bleiben muss, oder ein Ost-Kollege zu West-Kollegen sagt, dass sie für heute ihr »Soll geschafft« hätten. Fremd liest sich auch auf der Lokalseite einer mitteldeutschen Zeitung folgende Kurzmeldung unter der Rubrik »Polizeireport«:

»... *Laut Polizei hatte eine 16jährige gegen 14 Uhr trotz roter Ampel versucht, die Kreuzung zu überqueren. Dabei sei sie von einer Tram erfaßt worden. Die junge Frau habe in ein Spital eingeliefert werden müssen.*«
(Mitteldeutsche Zeitung, 8. 1. 1998)

»Tram« und »Spital« können zwar als regionale Varianten als süddeutsch, österreichisch und veraltet auch schweizerisch erkannt werden, gehören aber nicht als übliche Varianten zum Sprachgebrauch in Mitteldeutschland.

Wandel und Übernahme am Beispiel der Textsorte »Danksagung«

In einem Zehnjahres-Zeitabschnitt kann die Sprachentwicklung im Spannungsfeld zwischen tradierten Normen und Sprachgebrauchsveränderungen beschrieben werden. Das ist spannend, zeigt aber auch Konflikte.

Sprachwissenschaftlicher Hintergrund der zu beobachtenden Sprachgebrauchsveränderungen sind Sprachwandelprozesse, bei denen Sprachveränderungen als eine besondere Form von gesellschaftlichen Veränderungen zu sehen sind (MATTHEIER 1985). Erlernte und erworbene Muster und Normen müssen durch neue gesellschaftliche Rahmenbedingungen überdacht werden.

In der Alltagssprache werden alte, d. h. DDR-Gebrauchsweisen mit neuen aus den alten Bundesländern gemischt, wie an den vorangegangenen Textbeispielen gezeigt wurde. 1985 liest sich eine Danksagung in der »Berliner Zeitung« noch folgendermaßen:

Allen Genossen, Freunden und Bekannten, die unserer Mutter, Schwiegermutter und Großmutter, der Genossin

Helene Giersch

in Trauer gedachten und von ihr Abschied nahmen, möchten wir unseren aufrichtigen Dank aussprechen.
Unser besonderer Dank gilt den Genossen der WPO 52, dem Rat des Stadtbezirkes Berlin-Lichtenberg, Abteilung Gesundheits- und Sozialwesen, dem Arbeitskollektiv im Ministerium für Post- und Fernmeldewesen und der Hausgemeinschaft.

Jean Giersch
im Namen der Familienangehörigen

(Berliner Zeitung, 5. 11. 1985)

Zehn Jahre später liest sich eine Danksagung in der »Berliner Zeitung« etwa so:

DANKSAGUNG

Allen Freunden und Bekannten, Dr. Tastarczyk sowie den Berliner Wasserbetrieben möchten wir auf diesem Wege für die herzliche Anteilnahme anläßlich des Todes meines geliebten Ehemannes und liebevollen Vaters

Peer Tellert

danken.

Ein besonderer Dank gilt Herrn Feige und seinem Bestattungshaus, das uns liebevoll und mit trostreichen Worten auf diesem schweren Gang begleitete.

Hannelore Tellert
Manja + Teasy

(Berliner Zeitung, 12./13. 2. 2000)

Bewusst oder unbewusst wird Sprachgebrauch gemischt. Was ist Norm? Was ist richtig – was ist falsch? Gibt es Varianten?

Toleranz beim Leben mit Varianten muss oft erlernt werden. Das zu vermitteln gehört auch zu den momentanen Aufgaben für Sprachwissenschaftler. In der Alltagssprache herrscht zur Zeit häufig noch eine Mischung deutsch-deutscher Sprachvarianten. Texte mit neuen Wörtern kennzeichnen den Sprachwandelprozess in den neuen Bundesländern:

Wörter wie »Kollektiv«, »Bestattungshaus« und »Pastor« erscheinen gemeinsam in einer Danksagung.

Danksagung
Im Leben geachtet, im Tode geehrt.

Tiefbewegt von der Anteilnahme in der schweren
Stunde des Abschieds von meinem lieben Mann,
unserem guten Vater, Schwiegervater, Opa,
Bruder, Schwager und Onkel

Kurt Schiebel

möchten wir allen Verwandten, Freunden, Bekannten
und Nachbarn, die durch persönliches Geleit, Blumen,
Wort, Schrift und Geldspenden ihre Verbundenheit
bekundeten, unseren Dank sagen.
Besonderer Dank gilt Herrn Dr. Kaye und seinem Kollektiv,
dem Kollektiv der Fleischerei Graupner Teicha,
dem Sportverein »LSG 67« und dem
Sportlerheim Ostrau, dem Bestattungshaus Bosmann
sowie Herrn Pastor Schulz für seine tröstenden Worte.

In stiller Trauer
Christa Schiebel und Kinder

Werderthau, im September 1998

(Mitteldeutsche Zeitung, 7. 10. 1998)

Um die Veränderung zu beschreiben, wurden Danksagungen analysiert. Umfangreiches Material wurde dazu für eine Magisterarbeit gesammelt (LASCH 1998). Die Arbeit wurde 1998 fertiggestellt. Das Korpus bestand aus Texten der Jahre 1953–1995, begrenzt auf einen Monat des jeweiligen Jahres der Zeitung »Freiheit« vor der Wende und »Mitteldeutsche Zeitung« nach der Wende. Die »Mitteldeutsche Zeitung« ist aus der »Freiheit« hervorgegangen, hat also auch wesentliche Teile der Leserschaft behalten, ist in der gleichen Region angesiedelt und gehört zu den auflagenstärksten Zeitungen in Deutschland. Zu Vergleichsuntersuchungen wurden für den entsprechenden Monat des Jahres 1995 die »Hannoversche

Allgemeine Zeitung« und das »Göttinger Tageblatt« ausgewählt. Insgesamt bestand das Korpus aus 900 + 100 Texten.

Weiterführend wurden aus den Jahren 1998 bis 2000 Danksagungen aus verschiedenen Tageszeitungen als Belege ergänzend hinzugefügt, von denen einzelne beispielhaft in den nachfolgenden Text aufgenommen worden sind. Dabei wurde den eingangs gestellten Fragen nachgegangen, die Teil von Untersuchungen zu Sprachgebrauchsveränderungen in den neuen Bundesländern zehn Jahre nach der Wende sind.

Danksagungen gehören nach ROLF (1993) zu den expressiven Textsorten, d. h. es wird auf Umstände reagiert, die vorher eingetreten sind, und die Texte reichen von Glückwünschen zur Geburt eines Kindes über Entschuldigungsbriefe, Belobigungsschreiben bis eben zu Dankschreiben und auch Danksagungen in der Presse. Als unbedingt notwendige Teile bei Danksagungen erscheinen der Name des Verstorbenen, die Dankesbezeigung und die Kennzeichnung der Inserenten. Fakultativ sind Bibelzitat/Spruch, Titel, Berufsbezeichnungen des Verstorbenen, Verwandtschaftsverhältnis. Hinzu kommen graphische Elemente wie Kreuz, Palmenzweig oder Rose.

Danksagung

Allen Freunden und Bekannten, den Vertretern der Angelvereine Oberhavel und des LAV Brandenburg e. V. sowie den Meisterkollegen möchten wir auf diesem Wege für die herzliche Anteilnahme anläßlich des Todes meines geliebten Ehemannes, liebevollen Vaters und Opas

Malermeister
Klaus Catholy

danken.

Berlin, Februar 2000

Gerda Catholy
Tochter Marina und Familie

(Berliner Zeitung, 19./20. 2. 2000)

Besonders in dem Teil zum Ausdruck des Dankes zeigen sich die inhaltlichen Veränderungen im Textmuster. Der Dank umfasst den Gegenstand des Dankes (Teilnahme, Blumen, Geldspenden, tröstende Worte) und die Dankadresse (Privater Bereich, Arbeitsumfeld, Freizeitbereich, medizinischer Bereich, Grabredner/Bestattungsinstitut/Pfarrer). Die Dankadresse richtet sich an verschiedene Personengruppen. Dazu gehören Personen aus dem privaten Lebensbereich. Das sind als Gruppe: Verwandte, Bekannte, Freunde, dann die Hausgemeinschaft, Hausbewohner mit und ohne Adresse und Nachbarn.

Als weitere Gruppe sind Personen oder Institutionen aus dem Arbeitsumfeld zu nennen. Die Nennung von Personen und Institutionen, die den Freizeitbereich des Verstorbenen betreffen, gehört ebenfalls dazu.

Der medizinische Bereich und Grabredner/Pfarrer sowie Bestattungsunternehmen gehören weiterhin zum Teiltext Dankadresse. Dieser Teil ist obligatorisch im Textmuster. Die Ausfüllung des Musters ist variabel.

Zu den einzelnen Teilen der Dankesbezeigung sollen hier, fußend auf der Untersuchung von LASCH (1998), Beispiele genannt werden.

Der Bereich der Dankesbezeigung

Die Nennung der Hausgemeinschaft beträgt in den Jahren 1953–1989 prozentual 40 %. Beispiel:

DANKSAGUNG

Wir möchten allen denen, die uns so viele Beweise ihrer Liebe
und Verehrung für unseren geliebten Entschlafenen

Walter Duwe

durch Wort, Schrift, Blumen- und Kranzspenden sowie
letztes ehrendes Geleit entgegenbrachten, unseren
tiefempfundenen Dank aussprechen.
Besonderen Dank der Hausgemeinschaft
Röpziger Straße Nr. 18, der Belegschaft der PGH
»Ihre Wäscherei«, Meisterbereich 1, den Parteifreunden
der NDPD, der Berufsgruppe der Wäscherei und Plätter
sowie Herrn Pfarrer Föhse für seine trostreichen Worte.

Im Namen aller Angehörigen:
Martel Duwe, geb. Burgemeister

Halle (Saale), im November 1968
Röpziger Straße 18

(Die Freiheit, 28. 11. 1968)

Auffällig ist, dass von 1990–1995 die Benennung als »Hausgemeinschaft« auf 10 % zurückgeht und durch die Synonymnennung »Hausbewohner« (7 %) ergänzt wird. In der Göttinger und der Hannoverschen Zeitung gab es im Vergleichszeitraum nur eine Nennung von Hausbewohnern.

Die Nennung des Arbeitsumfeldes in der Dankesbezeigung

Weiterhin werden Personen aus dem Arbeitsumfeld und aus Institutionen genannt. Kollegen bzw. das Kollektiv und Nennung des Betriebes waren typisch für DDR-Anzeigen und werden auch nach der Wende teilweise beibehalten.

Abkürzungen von Organisationen-Bezeichnungen waren üblich:

DANKSAGUNG

Für die zahlreichen und liebevollen Beweise aufrichtiger Anteilnahme durch Wort, Schrift und ehrendes Geleit beim plötzlichen Ableben meines lieben Gatten und Kampfgefährten, Genossen

Karl Pilger

danken wir auf diesem Wege sehr herzlich.
Besonderen Dank der Bezirksleitung der SED Halle, der Kreisleitung des VEB Leuna-Werke »Walter Ulbricht«, dem Orchester der BdVP, der Haus- und Blockgemeinschaft, den staatlichen und gesellschaftlichen Einrichtungen sowie allen Bekannten und Genossen.

Im Namen aller Angehörigen:
Anna Pilger, geb. Schiepe

Halle-Neustadt, im November 1968
Die Urnenbeisetzung findet am 14. November 1968, um 14.00 Uhr auf dem Friedhof in Ammendorf statt.

(Die Freiheit, 11. 11. 1968)

Nach der Wende konnte man eine Mischung aus altem und neuem Diskurs bei der Benennung einzelner Personengruppen beobachten: Kollegen der Firma, Brigade + Betriebsname, Genossen + Betriebsname.

DANKSAGUNG

Für die aufrichtige Anteilnahme durch Wort, Schrift, Blumen und Geldspenden sowie ehrendes Geleit in der schweren Stunde des Abschieds meiner lieben Entschlafenen

Edda Scheibe

spreche ich allen Verwandten, Bekannten und Freunden meinen herzlichen Dank aus.
Besonderer Dank gilt den Mitarbeitern ihres ehemaligen Arbeitskollektives, dem behandelnden Arzt Dr. Rohrberg und seinem Team, Schwester Eva und ihren Mitarbeiterinnen der Pflegestation, Herrn Janisch und seiner Mitarbeiterin und dem betreuenden Bestattungsinstitut sowie Pfarrer Hertzfeld für seine tröstenden Worte.

In stiller Trauer:

Im Namen aller Angehörigen
Jürgen Scheibe

(Mitteldeutsche Zeitung, 12. 11. 1994)

Kollegen mit und ohne Nennung der Arbeitsstelle wurden in den Jahren vor der Wende in fast 50 % der Anzeigen benannt. Nach der Wende sind es noch 25 %. In den Vergleichszeitungen sind Nennungen aus dem Arbeitsumfeld fast nicht vorhanden.

Zur Nennung von Personen aus dem Freizeitbereich

Freizeitbereiche, aus denen Personengruppen benannt werden, sind die »Kleingartenanlage« und die »Kleingartensparte«; neuere Benennungen dieser Gruppen sind »Freunde der Gartenanlage« oder »Gartenfreunde«.

Von »Rentnerverein« über »Rentnertreff« bis »Seniorentreff« sind diese Nennungen speziell ostdeutsch. In den Vergleichszeitungen gab es bis auf zwei Ausnahmen diese Nennungen nicht.

DANKSAGUNG

Tiefbewegt von den vielen Beweisen aufrichtiger Anteilnahme durch liebevoll geschriebene Worte, stillen Händedruck, Blumen, Kranz- und Geldspenden sowie durch persönliches Geleit in der schweren Stunde des Abschieds von meiner geliebten Frau, Mutti, Schwiegermutti, Omi, Schwester, Schwägerin und Tante

Marianne Fritsche, geb. Müller

sprechen wir allen Verwandten, Freunden, der Hausgemeinschaft, den Kegel- und Gartenfreunden, dem Vorstand, Nachbarn und ehemaligen Arbeitskolleginnen unseren Dank aus.
Besonderen Dank Frau Dr. Constanze Becker für ihre Fürsorge sowie Regina Steinecke für die trostreichen Worte und dem betreuenden Bestattungsinstitut.

In stiller Trauer:
Günther Fritsche und Kinder

(Mitteldeutsche Zeitung, 25. 11. 1994)

Der medizinische Bereich in der Dankesbezeigung

Auffallend ist die Veränderung bei der Nennung von Personen aus dem medizinischen Bereich. Während vor der Wende – eigentlich erst seit 1986 – vereinzelt namentliche Arztnennungen üblich wurden, zeigt sich hier nach der Wende eine wesentlich größere Zahl, als es in den alten Bundesländern zu erkennen ist, mehrfach in der Nennung von Arzt und Kollektiv (vgl. Danksagung Kurt Schiebel).

DANKSAGUNG

Für die liebevollen Beweise aufrichtiger Anteilnahme durch
Wort, Schrift, Blumen und Geldspenden
sowie ehrendes Geleit zur letzten Ruhestätte
meiner lieben Mutti

Christa Nitschke
geb. Kanning

möchten wir uns bei allen Verwandten, Bekannten
sowie der ehemaligen Hausgemeinschaft
recht herzlich bedanken.
Besonderer Dank gilt den Schwestern der Sozialstation
Schleiermacherstraße, der Hausärztin Frau Göpke,
der Rednerin Frau Hofmann für die tröstenden Worte
und Frau Bernhardt vom betreuenden
Bestattungsinstitut Pietät Halle.

In stiller Trauer:
Elvira Wesang und Familie

(Mitteldeutsche Zeitung, 11. 12. 1999)

Die Benennung von Grabredner/Bestattungsinstitut/Pfarrer

In den untersuchten Danksagungen war diese Sequenz vor 1989 selten, nimmt dann obligatorische Formen an, da auch die Privatisierung in diesem Dienstleistungsbereich besonders deutlich wird. Durch die atheistische Prägung eines Großteils der Bevölkerung ist der prozentuale Anteil von Dank an den Redner/Bestattungsredner wesentlich höher als an den Pfarrer/Pastor.

Eine interessante Mischform aus dem Jahr 1968 mit Dank an den Pfarrer und die Parteileitung zeigt die mögliche Polyvalenz als doch eher unübliche Einzelerscheinung.

Für die überaus herzliche Anteilnahme und die reichen Blumenspenden beim Heimgange meines lieben, unvergeßlichen Mannes, unseres lieben Vaters, Schwieger- und Großvaters, danken wir allen Freunden u. Bekannten recht herzlich.

Besonderer Dank Herrn Pfarrer Schoener sowie der Parteileitung der SED, der Nationalen Front, der Volkssolidarität und dem DFD.

Gertrud Krug, geb. Ulrichs
Familie Ernst Krug
Familie Gerhard Bach

402 Halle (S.), im Okt. 1968.
Ludwig-Wucherer-Straße 73

(Die Freiheit, 14. 11. 1968)

Danksagungen in Ost und West

Anhand der Untersuchung kann festgestellt werden, dass besonders die Formulierung der Dankesbezeigung in den ostdeutschen Danksagungen weiter sehr formelhaft wirkt, dass die Zahl der Adressaten des Dankes von 1970–1986 sich ständig erweiterte – besonders die der Vertreter aus dem Arbeitsumfeld. Nach 1989 verlieren sie zugunsten der Nennung von medizinischem Betreuungspersonal an Bedeutung.

Die Teile sind stark normiert, aber in den alten Bundesländern ist eine Lockerung der Norm zugunsten der Darstellung von Individualität zu erkennen. Sie reicht vom Schriftbild bis zu neuen Formulierungen.

D	für die tröstenden Worte – gesprochen oder geschrieben
A	für den Händedruck wenn die Worte fehlten
N	für alle Zeichen der Liebe Freundschaft und Verbundenheit
K	für Blumen und Geldspenden
E	allen Freunden, Nachbarn und Herrn Strempel für seine einfühlsamen Worte.

Waldemar Herfert
† 31. Oktober 1995

Helene Herfert
und Kinder

Göttingen, im November 1995

(Göttinger Tageblatt, 11. 11. 1995)

Besonders die stereotypen Eingangsformeln *»Für die vielen/zahlreichen/liebevollen Beweise herzlicher Anteilnahme …«* werden in den untersuchten Texten aus Hannover, Göttingen, Köln und Berlin durch individuelles Formulieren im Spiel mit der Norm variiert.

Herzlichen Dank sagen wir allen, die

Reinhold Barwich

im Leben ihre Zuneigung und Freundschaft schenkten, die seiner im Tode gedachten und ihre Anteilnahme bekundet haben.

Im Namen aller Freunde
Familie Wächter

Berlin, im Februar 2000

(Der Tagesspiegel, 6. 2. 2000)

Wer in Gedanken seiner Lieben lebt, ist nicht tot,
sondern nur fern.
Tot ist, wer vergessen wird.

Danke

für ein stilles Gebet,
für eine stumme Umarmung,
für das tröstende Wort,
gesprochen oder geschrieben,
für einen Händedruck, wenn die Worte fehlten,
für alle Zeichen der Liebe und Verbundenheit,
Freundschaft und Wertschätzung,
für Blumen, Kränze und Spenden
sowie das ehrende Geleit zur letzten Ruhestätte.

Im Namen aller Angehörigen
Lieselotte Hundgeburth
mit Verena

50354 Hürth, im Januar 2000

Lothar
Hundgeburth
† 16. Dezember 1999

Das Sechswochenamt halten wir am Sonntag, dem 30. Januar 2000, um 10.00 Uhr in der Pfarrkirche St. Maria am Brunnen in Hürth-Altstädten.

(Kölner Stadtanzeiger, 25. 1. 2000)

Bei der Analyse der Beispiele aus den neuen Bundesländern lässt sich erkennen, dass in das bekannte, erworbene Textmuster vorsichtig die neuen Formulierungsnotwendigkeiten implantiert werden bei gleichzeitiger Adaption von Formulierungsgewohnheiten aus den alten Ländern. Das betrifft neben graphischen Elementen und der Wahl von Sprüchen besonders die Teiltexte Freizeit und medizinischer Bereich.

DANKE

allen, die meinen lieben Mann
Rolf Achenbach

während der schweren Krankheit nicht allein gelassen haben.
Ich bin tief bewegt von den vielen Beweisen der Achtung und Verehrung in der Stunde des Abschieds. Für die liebevoll geschriebenen und gesagten Worte sowie für die vielen Blumen und Geldspenden danke ich herzlich.
Mein besonderer Dank gilt der Hausgemeinschaft Hannoversche Straße 61 und den Kolleginnen und Kollegen der DBI Gas- und Umwelttechnik Leipzig.

Heidi Achenbach
Leipzig, im März 2000

(Leipziger Volkszeitung, 25./26. 3. 2000)

Veränderungen gibt es nicht nur in der hier beschriebenen Textsorte Danksagungen. Untersuchungen zu Todesanzeigen lassen Veränderungen im Sprachgebrauch dieser ebenfalls stark normierten Textsorte erkennen. LAGE-MÜLLER (1995) hat Todesanzeigen in der deutschsprachigen Schweiz analysiert und sowohl die geltenden Konventionen als auch die bewussten Abweichungen als Spiegel der Gesellschaft (S. 37) beschrieben.

LINKE (1998) hat Todesanzeigen in regionalen und überregionalen deutschen Zeitungen untersucht und stellt fest, dass nicht mehr die Information über den Tod im Mittelpunkt steht, sondern der Ausdruck des Schmerzes der Trauernden im Sinne eines »offenen Briefes« an den Verstorbenen, etwa so: »Du bleibst unvergeßlich erste Freundin unseres Lebens . . .« (Der Tagesspiegel, 6. 2. 2000). Die Gefühlswelt wird öffentlich gemacht. Trauerarbeit ist zu leisten!

Individueller, kreativer Umgang mit dem Muster, wie er von LAGE-MÜLLER (1995) und LINKE (1998) festgestellt wurde, kann in den neuen Bundesländern kaum erkannt werden. Dafür wird deutlich, dass konventionelle Muster durch gesellschaftlichen Wandel den tradierten Formulierungsgewohnheiten des übernommenen Gesellschaftssystems zu großen Teilen angepasst werden. Die am Beispiel von Danksagungen aufgezeigten Mischformen im Gebrauch dokumentieren momentane Sprachwandelprozesse in den neuen Bundesländern, zeigen aber auch, dass Sprachgebrauch selbst bei stark normierten Textsorten gesellschaftlichen Entwicklungen unterworfen ist und unkonventionelle Musterrealisierungen, bewusst gewählt, Spielraum für Variation, Individualität und Kreativität lassen.

Literatur

ADAMZIK, K. (1995): Textsorten – Texttypologie. Münster.

COSERIU, E. (1974): Synchronie, Diachronie und Geschichte. Das Problem des Sprachwandels. München.

DITTRICH, H. (1988): Arbeitszeugnisse schreiben und verstehen. München.

KESSLER, C. (1997): »... und fügte sich gut ins Kollektiv ein« – Muster personenbeurteilender Texte in der DDR. In: BARZ, I./FIX, U. (Hrsg.): Deutsch-deutsche Kommunikationserfahrungen im arbeitsweltlichen Alltag. Heidelberg.

KÜHN, I. (1995): Alltagssprachliche Textsortenstile. In: STICKEL (Hrsg): Stilfragen. Berlin, New York.

KÜHN, I./ALMSTÄDT, K. (1997): Rufen Sie uns an – Sprachberatung zwischen Sprachwacht und Kummertelefon. In: Deutsche Sprache (3/1997). Berlin.

LAGE-MÜLLER, K. (1995): Text und Tod. Tübingen.

LASCH, A. (1998): Varianten im Sprachgebrauch als Indikator für den Prozeßcharakter von Sprachwandel – dargestellt an alltagssprachlichen Textsorten. Magisterarbeit (masch.). Germanistische Sprachwissenschaft. Martin-Luther-Universität Halle.

LIEBSCH, H. (Hg.) (1976): Deutsche Sprache. Leipzig.

LINKE, A. (1998): Wir werden Dich nie vergessen. Trauer, Öffentlichkeit und Intimität. Sprache und Technik. Abstracts. 29. Jahrestagung der GAL. Dresden. S. 111.

MATTHEIER, K.-J. (1985): Sprachwandel und Sprachvariation. In: (1985) HSK Sprachwandel. Band 2. 1. S. 768–779.

MÜLLER, G. (1998): Normen und Normbedürfnisse aus Sicht der Sprachberatung. In: Der Deutschunterricht (1998). Heft 3.

PRESCH, G. (1991): Arbeitszeugnisse. Informationsbroschüre des Germanistischen Seminars der Universität Hamburg. Hamburg.

REIHER, R. (1996): Ein Ossi – ein Wort; ein Wessi – ein Wörterbuch. Zur Bewertung von Sprache und Sprachverhalten der Deutschen Ost und West.

In: REIHER, R./LÄZER, R. (Hrsg.): Von Buschzulage und Ossinachweis. Ost-Westdeutsch in der Diskussion. Berlin. S. 32–54.
ROLF, E. (1993): Die Funktion von Gebrauchstextsorten. Berlin.
SCHLOSSER, D. (1997): In: Wermelskirchen, Axel: Wie sagt man da heute? In: Frankfurter Allgemeine Zeitung (FAZ). Frankfurter Allgemeine GmbH. Frankfurt/M. 13. 2. 1997.

Tageszeitungen

Berliner Zeitung. Berliner Verlag GmbH & Co. Berlin.
Der Tagesspiegel. Der Tagesspiegel GmbH. Berlin
Die Freiheit. Lokalausgabe Halle. Halle.
Frankfurter Allgemeine Zeitung (FAZ). Frankfurter Allgemeine GmbH. Frankfurt/Main.
Göttinger Tageblatt. Göttinger Tageblatt GmbH & Co. Göttingen.
Kölner Stadtanzeiger. M. DuMont Schauberg. Köln.
Hannoversche Allgemeine Zeitung. Verlagsgesellschaft Madsack GmbH & Co. Hannover.
Leipziger Volkszeitung. Leipziger Verlags- und Druckgesellschaft. Leipzig.
Mitteldeutsche Zeitung. Mitteldeutsches Druck- und Verlagshaus GmbH. Halle.

Jörg Palm/Stefan Richter

BERATUNG. Im Osten was Neues?

Die »Wende« in der DDR und die darauf folgende Vereinigung der beiden deutschen Staaten brachte den DDR-Bürgern – neben vielen anderen tiefgreifenden Veränderungen – auch das ihnen bis dahin unbekannte Rechts-, Verwaltungs- und Mediensystem der Bundesrepublik – und damit auch dessen Sprache. Dass z. B. das neue Verwaltungssystem über eine ihm eigene Fachlexik verfügt und dass diese von der Verwaltungslexik der DDR abweicht, leuchtet unmittelbar ein. Darüber hinaus liegt die These nahe, dass es sich, wie Manfred HELLMANN (1997, 73) formuliert, bei den Unterschieden in der Sprache zwischen Ost und West »[...] nicht nur um Unterschiede im Wortschatz, im Wortgebrauch, in den Kommunikationsregeln, sondern darüber hinaus um das Neuerlernen komplexer alltäglicher Handlungspläne« handelt. Denn auch DDR-spezifische Handlungsmuster, als Wissen über den Umgang mit Behörden, Banken, Versicherungen, aber auch mit den Medien, waren ja nach der Vereinigung Deutschlands unbrauchbar geworden. Zum Beispiel tat, wer in der DDR einen Kredit benötigte, am besten daran, erst einmal zu heiraten, um den »Ehekredit« in Anspruch nehmen zu können. Wer ein Haus baute, sollte auch auf den grauen Märkten der Baustoffversorgung bewandert gewesen sein. Und wenn es gar nicht mehr weiterging, half, wenn man es nicht übertrieb, eine Eingabe an den Staatsratsvorsitzenden.

In einem Forschungsprojekt an der Martin-Luther-Universität Halle-Wittenberg sind wir der Frage nachgegangen, ob diese veränderten Handlungspläne auch sprachliche Folgen haben. Greift der »gelernte DDR-Bürger« auch nach der Wende noch auf DDR-spezifisches Wissen zur Lösung kommunikativer Probleme zurück und wenn ja, welche Auswirkungen hat das auf das Gespräch?

Zur Beantwortung dieser Frage haben wir ein Korpus von etwa 350 telefonischen Beratungsgesprächen untersucht. Diese Gespräche wurden im Rahmen so genannter »Telefonforen« oder »Lesertelefone« bei regionalen Tageszeitungen auf dem Gebiet der neuen Bundesländer in den Jahren 1993–1995 aufgezeichnet.[1] Bei diesen »Telefonforen«, die als Service der Tageszeitungen angeboten werden, können die Leser der Zeitung zu einem vorher veröffentlichten Thema (Recht, Versicherung, Finanzen, Sozialhilfe usw.) Rat von Experten einholen. Diese sind innerhalb eines angekündigten Zeitraumes unter der Rufnummer der Redaktion zu erreichen. Die Gespräche werden für die redaktionelle Bearbeitung aufgezeichnet; ausgewählte Fragen und Antworten erscheinen dann auf der wöchentlichen Ratgeberseite.

Bemerkenswert an diesen Beratungsgesprächen ist, dass hier Experten aus dem Osten und dem Westen zu den gleichen Themen beraten.[2] Dabei haben uns die Themen dieser Gespräche nur am Rande interessiert. Uns stellt sich nicht die Frage, welche Schritte, um ein Beispiel aufzugreifen, jemand unternehmen muss, um die Summe für seinen Hausbau zusammenzubekommen. Vielmehr hat uns interessiert, wie die Gesprächsteilnehmer im Rahmen der Institution »Telefonforum« gemeinsam ein Gespräch führen, also etwa wie der ratsuchende Anrufer sein Problem darstellt, welche Fragen der Experte im Anschluss daran stellt, wie er die Problemlösung entwickelt, wie diese aussieht und schließlich ob der Ratsuchende diese Lösung annimmt – »ratifiziert« – oder ob er sie vielleicht gar nicht als Lösung für sein Problem akzeptiert. Da die Ratsuchenden in allen Fällen aus dem Verbreitungsgebiet der jeweiligen Tageszeitungen anrufen, waren besonders die Gesprächsstrategien der Experten interessant, da diese ja entweder aus dem Osten oder aus dem Westen kamen.

Wir konnten beobachten, dass Experten aus Ost oder West unterschiedliche Gesprächsstrategien verfolgen, das heißt, sich an unterschiedlichen Mustern für Beratungsgespräche orientieren. Wir haben diese die Muster AUSKUNFT und BERATUNG genannt. Ostdeutsche Experten verfolgen eher eine Strategie, die man gemeinhin als »Auskunft geben« beschreiben würde, während die Gesprächsstrategie westdeutscher Experten mehr als »Beratung« zu bezeichnen wäre.

Woraus bestehen nun diese »Strategien« oder »Muster« und worin unterscheiden sich die Muster AUSKUNFT und BERATUNG?

In einem Beratungsgespräch müssen die Gesprächspartner eine Reihe von Handlungsschritten vollziehen, um dieses Gespräch zu einem Beratungsgespräch – und vor allem zu einem erfolgreichen, an dessen Ende die Lösung des Problems steht – zu machen. Man unterscheidet die Handlungsschritte *Problempräsentation, Problemexploration, Lösungsentwicklung* und *Lösungsverarbeitung.*[3]

In der *Problempräsentation* muss der Ratsuchende dem Experten sein Problem zunächst einmal darlegen. Die sich anschließende *Problemexploration* dient der Rekonstruktion des Problems aus der Expertensicht. Der Experte muss aus der alltagsweltlichen und oftmals fragmentarischen Darstellung des Problems durch den Ratsuchenden ein (aus fachlicher Sicht) lösbares und zudem für diesen relevantes Problem rekonstruieren. Der Ratsuchende muss diese Neustrukturierung des Problems ratifizieren. Das Ergebnis dieser beiden ersten Phasen eines Beratungsgesprächs ist eine wechselseitig akzeptierte Problemsicht. Aus dem alltagsweltlichen Problem des Laien ist damit ein im Beratungsgespräch behandelbares Problem geworden. In der *Lösungsentwicklung* unterbreitet und begründet der Experte einen oder mehrere Lösungsvorschläge. Und schließlich muss in der Phase der *Lösungsverarbeitung* der Laie einen Lösungsvorschlag ratifizieren, d. h. als Lösungsmöglichkeit für sein Problem akzeptieren.

Diese Handlungsschritte, die ja an sich mehr oder weniger logisch sind, ergeben allerdings noch kein Handlungsmuster für Beratungsgespräche, welches zur Orientierung in einem Beratungsgespräch ausreichend wäre. Es bleiben einige Fragen unbeantwortet, wie etwa: »Wie stellt der Ratsuchende sein Problem einem Experten dar? Welche Lösung wäre für ihn akzeptabel?«, »Wie kann der Experte das Problem des Ratsuchenden in die Welt seines Faches übersetzen? Was muss er vom Ratsuchenden dafür alles erfahren? Wie genau muss er über sein Problem Bescheid wissen? Wie kann er ihm einen Rat erteilen?« und schließlich auch »Was kann er in dieser Situation und dieser Institution sagen und was nicht?«

Es sind vor allem diese Fragen, die durch ein *Handlungsmuster* beantwortet werden. Handlungsmuster sind also Wissensbestände der Gesprächsteilnehmer, die ihnen sagen, was in bestimmten Situationen, etwa in Beratungsgesprächen, nötig, möglich oder angemessen ist und was nicht.[4] Sie sind von Kultur und Gesellschaft geprägt und werden von den Angehörigen einer Kultur oder Gesellschaft entweder durch eigene Erfahrung oder durch Überlieferung erworben.

Die beiden Muster AUSKUNFT und BERATUNG unterscheiden sich also in dem, was die Gesprächspartner im Beratungsgespräch für nötig, möglich oder angemessen halten. Das zeigt sich besonders in den Handlungsschritten, in denen einer der Gesprächspartner die Initiative ergreifen muss: für den Ratsuchenden in der *Problempräsentation* und in der *Lösungsverarbeitung*, für den Experten in der *Problemexploration* und der *Lösungsentwicklung*. Da uns hier vor allem die Gesprächsstrategien der Experten interessieren, wollen wir uns auf die beiden letztgenannten Gesprächsphasen konzentrieren und Problempräsentation und Lösungsverarbeitung des Ratsuchenden nur am Rande beachten.

Handelnde orientieren sich in der Interaktion an den Mustern, die sie wissen. Da in Beratungsgesprächen der Experte die dominierende Gesprächsrolle innehat, ist seine Musterorientierung für den gesamten Gesprächsverlauf ausschlaggebend: Das Musterwissen des Experten über die sprachliche Handlung »Beratungsgespräch« zeigt sich an der sprachlichen Oberfläche, d. h. in der Struktur des Gesprächs.

Betrachten wir zunächst die Problemexploration in einem Beispiel, in welchem sich der Experte am Muster BERATUNG orientiert. In diesem Beispielgespräch wendet sich eine Ratsuchende an das Telefonforum, welches unter dem Thema »Versicherung« stand, mit der Bitte um Rat bei der Finanzierung ihres Hausbaus. Ihr liegt ein ganz spezielles Angebot eines Versicherungsvertreters vor, nämlich:

(1: BERATUNG)[5]

RS *[...] der möchte mit uns, und jetzt sag ichs Ihnen, eine Versicherung eine Vorsorgelebensversicherung machen, mit äh Kapitallebensversicherung*

RG *ja*

RS auf Todes- und Erlebenszeit
RG richtig
RS nach Tarif LG zwei und Unfallzusatzversicherung sowie Dynamikvereinbarung nach Erhöhung um zehn Prozent der ursprünglichen Versicherungssumme alle zwei Jahre. Und jetzt habe ich das gelesen, jetzt kriege ich Bauchschmerzen. Ich habe noch nichts unterschrieben.

Ein Experte, der sich am Muster BERATUNG orientiert, versucht, das Problem des Ratsuchenden wenn möglich zu erweitern und in einen komplexeren Zusammenhang zu stellen. Daher bearbeitet der Ratgebende in diesem Beispiel nicht sofort die »Bauchschmerzen« der Ratsuchenden, sondern er stellt zuerst fest, dass die Baufinanzierung über eine Lebensversicherung durchaus zu möglichen und überlegenswerten Optionen gehört (was im speziellen Fall der Ratsuchenden aber nicht der Fall ist, wie sich später herausstellen wird), und erläutert dann anschließend sehr allgemein die Bedingungen dieser speziellen Versicherung. So weitet er das Problem vom speziellen Anliegen der Ratsuchenden in den komplexeren Gegenstand der allgemeinen Versicherungsbedingungen aus.

(2: BERATUNG)
RG Also dazu ist folgendes zu sagen. Man kann natürlich auch ein Haus finanzieren über Lebensversicherung. Das heißt, der Kredit, den der Lebensversicherer zahlt, wird nicht getilgt, sondern man tilgt den Kredit aus der Ablaufleistung ganz zum Schluss [...]

Betrachten wir nun aber ein anderes Beispiel, in welchem sich eine Expertin am Muster AUSKUNFT orientiert. Beim Muster AUSKUNFT versucht der Experte, das Problem des Ratsuchenden möglichst einzuengen und auf einen konkreten Teilaspekt zu reduzieren.

In unserem Beispiel geht es um das Thema »Lehrstellen«. Ein Abiturient erkundigt sich nach den Möglichkeiten einer Umschulung. Er schildert sein Problem der Mitarbeiterin der Zeitung, welche alle Anrufer einer solchen Beratungsveranstaltung zunächst »statistisch erfasst«, und wird von dieser anschließend mit der Expertin verbunden:

(3: Auskunft)

RS *[…] ich arbeite jetzt fünf Jahre im kaufmännischen Bereich, und äh würde jetzt gerne eine Umschulung in Richtung äh äh Bürokaufmann oder Kaufmann für Bürokommunikation…*
[Gesprächsübergabe]

RG *Guten Tag Herr X, hier ist Frau Y, Arbeitsamt Z. äh Sie wollten*

RS *ja, Guten Tag.*

RG *sich äh wegen einer Umschulung erkundigen, ja?*

RS *Ja.*

RG *ja, da würde ich Sie bitten, rufen sie aus Z an?*

RS *Ja aus Z.*

RG *Ja da müssten Sie sich bitte an das Arbeitsamt wenden*

In der Gesprächsübergabe wird der Expertin durch die Gesprächsannahme signalisiert, dass sich der Ratsuchende wegen einer Umschulung erkundigen will. Genau damit steigt sie auch in das Gespräch ein, indem sie nach der Vorstellung sofort die Umschulung thematisiert. Sie versucht dann aber nicht, die näheren Umstände des Problems zu erfragen (erwartbar wären z. B. Alter, Interessen oder vorher abgeschlossene Ausbildungen des Ratsuchenden), sondern die Expertin verweist den Ratsuchenden sofort an das Arbeitsamt als die zuständige Institution. Damit engt sie das Problem auf einen einzigen Aspekt, der im Rahmen der Institution »Arbeitsamt« bearbeitet werden kann, ein.

Ganz entsprechend der in der Problemexploration vorgenommenen Problemdefinition verfahren die Experten auch in der sich anschließenden Phase der Lösungsentwicklung. Da in beiden Beispielen keine Intervention der Ratsuchenden bezüglich der Problemdefinition erfolgt, arbeiten die Experten »ihre« Muster weiter ab.

Experten, die sich am Muster Beratung orientieren, informieren den Ratsuchenden in der Phase der Lösungsentwicklung zunächst über die verschiedenen hypothetischen Möglichkeiten der Problemlösung. Sie eröffnen durch Hintergrundinformationen verschiedene Handlungsalternativen und erläutern für jeden möglichen Lösungsweg die damit verbundenen Vor- und Nachteile. Die Experten vermitteln den Ratsuchenden auf diese Weise umfangreiches Hintergrundwissen und machen so die Problemlösung plausibel.

In unserem Beispielgespräch zum Muster BERATUNG etwa informiert der Experte die Ratsuchende anfangs über die Bedingungen einer Kapitallebensversicherung.

(4: BERATUNG)

RG *Eine Kapitallebensversicherung über eine bestimmte Summe mit Dynamik – das heißt: Der Vertrag wird jedes Jahr angepasst um einen bestimmten Prozentsatz. Man vereinbart einen Prozentsatz, um den die Versicherungssumme erhöht wird, und zwar jedes Jahr, und entsprechend dieser Erhöhung wird auch der Beitrag erhöht.*

(5: BERATUNG)

RG *Die Finanzierung über Lebensversicherung macht nur dann Sinn, wenn man Werbungskosten, also die Schuldzinsen, als Werbungskosten geltend machen kann, und das geht nur, wenn man das Objekt vermietet.*

Im Ausschnitt (5) wird deutlich, dass der Experte zwar in einer Lebensversicherung eine Möglichkeit der Problemlösung sieht, diese aber der Ratsuchenden nicht empfiehlt. Als Alternative dazu entwirft er als Lösungsvorschlag die Finanzierung über eine Bank und begründet dieses Lösungsangebot, wenn auch zunächst nur mit der Autorität der Stiftung Warentest.

(6: BERATUNG)

RG *Sie sollten eine Finanzierung über eine Bank machen. Das ist in jedem Fall günstiger. Die Stiftung Warentest hat diese Berechnung immer wieder angestellt.*

Dieser Lösungsvorschlag wird als am günstigsten bewertet. Das wird durch den Vergleich mit anderen Lösungsmöglichkeiten ausführlich begründet, nach dem Schema: »Es gibt verschiedene Möglichkeiten, Ihr Problem zu lösen, die einzelnen Varianten haben die und die Vorteile und diese und jene Nachteile, ich würde folgende Variante empfehlen.«

In unserem Beispielgespräch entscheidet sich der Experte sehr deutlich für eine Problemlösungsvariante, obgleich er auch hier auf Alternativen und deren Vorteile hinweist.

(7: BERATUNG)

RG *Der Nachteil bei einer Lebensversicherung ist doch einfach folgender. Sie tilgen ja nicht. Sie bleiben immer bei der gleichen hohen Schuldsumme. Sie haben zwar im Augenblick einen relativ niedrigen Zins, aber das wird ja nicht auf Dauer so bleiben über die gesamten dreißig Jahre. Die kommen irgendwann mal wieder bei einem höheren Zins und Sie haben noch die gleiche Schuldsumme da stehen. Deshalb sind die Lebensversicherer ein wenig ungünstiger, wenngleich der Zins, der Nominalzins, den Sie kriegen, optisch etwas niedriger ist. Sie sollten zu einer Bank gehen. Sie sollten sich von der Bank ein Angebot machen lassen und sollten dann über diese Bank finanzieren. Nicht über die Lebensversicherung. Lebensversicherung macht wirklich nur Sinn, wenn Sie die Kreditzinsen, die Sie bezahlen, als Werbungskosten ansetzen können und das geht wirklich nur, wenn man das Objekt vermietet.*

Im Gegensatz zum Muster BERATUNG besteht die Lösungsentwicklung im Muster AUSKUNFT aus einer sehr konkreten und detaillierten Handlungsanweisung. Diese Handlungsanweisung entspricht meist einem notwendigen und institutionell vorgeprägten Handlungsablauf zur Erreichung eines bestimmten Handlungsziels in seinen einzelnen Phasen und den damit verbundenen Bedingungen.

In unserem Beispiel für das Muster AUSKUNFT erklärt die Expertin, nachdem das Problem auf den Bereich »Arbeitsamt« eingeengt wurde, sehr genau, wo eine Problemlösung für den Ratsuchenden zu finden ist – und wie er dorthin kommt.

(8: AUSKUNFT)

RG *[...] in die Maxim-Gorki-Straße dreizehn.*

RS *Hm.*

RG *Das ist die Abteilung Arbeitsvermittlung Arbeitsberatung und da gibt es unten einen Hostessbereich. Da schildern Sie kurz ihr Problem und da wird man Ihnen dann wei-*

terhelfen. Da werden Sie sicher zu ihrem zuständigen Arbeitsberater dann weitergeleitet.

Diesen Lösungsversuch hat der Ratsuchende aber schon selbst – vergeblich – unternommen und akzeptiert deshalb diesen Vorschlag nicht als Lösung für sein Problem.

(9: AUSKUNFT*)*

RS *Ich war da schon.*
RG *Ja.*
RS *Da sind im Moment die finanziellen Mittel vollkommen erschöpft. Da geht also gar nichts.*

Im Beispielgespräch ergibt sich eine neue Lösungsvariante durch die Nachfrage des Ratsuchenden hinsichtlich einer neuen Ausbildung (im Gegensatz zur Umschulung):

(10: AUSKUNFT)

RS *Und wie wäre das mit einer völlig neuen Ausbildung? Ich habe ja Abitur gemacht.*

Doch auch diese neue Variante bearbeitet die Ratgebende wieder, gemäß ihrer institutionellen Perspektive, nach dem Muster AUSKUNFT.

(11: AUSKUNFT)

RG *Ja dann können Sie auch zu uns kommen. In die Berufsberatung nach Xhausen, in das Hochhaus 7, in die elfte Etage und dort gibt es die Anmeldung. Sie können es auch telefonisch machen* EINS ZWEI DREI VIER, *das ist die Zentrale und dort können Sie sich einen Termin geben lassen bei einem Berufsberater für Abiturienten und Hochschüler. Der kann das Problem mit Ihnen auch mal besprechen. Sie sagen in der Anmeldung, dass Sie gern einen Termin hätten bei der Berufsberatung für Abiturienten und Hochschüler, Sie können ja sagen, dass Sie mit Frau X gesprochen haben beim Telefonforum.*

Beim Muster AUSKUNFT hat der Lösungsvorschlag des Ratgebenden einen hohen Grad an Verbindlichkeit für den Ratsuchenden. Der Experte gibt auf der Grundlage meist institutionell geprägter Verfahrenswege ganz spezifische Handlungsanweisungen, wie das konkrete Teilproblem des Ratsuchenden zu lösen ist. Handlungsalternativen werden nicht in Erwägung gezogen.

Zusammenfassend lassen sich die Merkmale der beiden Handlungsmuster wie folgt charakterisieren.

	Muster BERATUNG	Muster AUSKUNFT
Problemdefinition	Erweiterung des Problems zu einem komplexeren Zusammenhang	Spezifizierung des Problems auf einen konkreten Teilaspekt
Lösungsentwicklung und Lösungsvorschlag	Vermittlung von Hintergrundinformationen und Darstellung von Vor- und Nachteilen verschiedener Handlungsalternativen, wobei ein Vorschlag als am günstigsten bewertet wird	Handlungsanweisung und detaillierte Schilderung des notwendigen Handlungsablaufs und der dazugehörenden Bedingungen

BERATUNG. Im Osten was Neues?

Beiden Experten hätten bezüglich der Gestaltung des Gesprächs ähnliche Optionen offen gestanden. Dennoch entscheidet sich die Expertin Ost – im Beispiel »Lehrstellen« – für das Muster AUSKUNFT, während der Versicherungsexperte aus dem Westen ein Gespräch nach dem Muster BERATUNG führt. Das ist als Tendenz im gesamten von uns untersuchten Material zu beobachten. Heißt das nun aber, dass den DDR-Bürgern eine sprachliche Handlung nach dem Muster BERATUNG unbekannt oder unvertraut gewesen wäre? Haben sie also auch dieses Handlungsmuster erst nach der Wende neu erlernen müssen?

Mitnichten. Wir sehen die Erklärung für dieses Phänomen in der Überlagerung zweier Ebenen:

Die erste Ebene ist die Ebene der in den »Telefonforen« kurz nach der staatlichen Vereinigung behandelten Probleme. Die

Inhalte von Themenkomplexen wie »Baufinanzierung«, »Versicherungen«, »Rechtsfragen« und auch »Berufsberatung« hatten sich für den DDR-Bürger grundlegend verändert. Zwar gab es das alles auch schon vorher, jedoch waren nun plötzlich die Probleme, die auftreten konnten, ganz andere. In der DDR waren die oben genannten Bereiche einer staatlichen Lenkung unterworfen: Staatliche bzw. institutionelle Vorgaben sahen zur Erreichung eines Handlungsziels in diesen Bereichen genau einen Handlungsweg vor. Handlungsalternativen waren im Offiziellen nicht vorgesehen. Da es nur einen Handlungsweg gab, war im Falle von Wissensdefiziten oder Entscheidungsunsicherheit lediglich eine Information über diesen Handlungsweg notwendig. Diese Strategie entspricht genau dem von uns beschriebenen Muster AUSKUNFT.

Aber ebenso wenig wie es in der DDR nur diese offiziellen alternativlosen Handlungswege gab, war auch das Muster BERATUNG unbekannt. Nur, und das betrifft die zweite Ebene, die Ebene der medialen Kommunikationssituation: Tageszeitungen konnten, wie alle Massenmedien, in der DDR als Bereiche ausgeprägter staatlicher Lenkung und Kontrolle gelten, man denke in diesem Zusammenhang nur an Lenins Wort von der Rolle der Zeitungen als dem »Transmissionsriemen ins Volk«.[6] In solchem öffentlichen Raum war eine Beratung zu diesen Themen nicht nur nicht üblich, sondern auch nicht funktional. Es gab einfach keine Handlungsalternativen (die ja das Muster im Wesentlichen ausmachen), zwischen denen man hätte abwägen können, denn Sprechen im Rahmen der Massenmedien war nicht nur öffentliches, sondern auch offizielles Sprechen. In solch einer Situation aber ist das Handeln nach Mustern des nichtoffiziellen Sprachgebrauchs wie für diese Art telefonischer Beratungsgespräche ausgeschlossen.

Im privaten, nichtoffiziellen Bereich war das Muster BERATUNG jedoch auch für diese Themen geeignet.

Zur Verdeutlichung mag ein fiktives Beispiel gelten: Um ein bestimmtes Handlungsziel zu erreichen, sagen wir, ein Kraftfahrzeug zu erwerben, gab es, auch in der DDR, mehrere Handlungswege. Der offizielle Weg führte zur »zuständigen Stelle« – dem IFA-Handel[7] – wo man sicherlich eine rechtsverbindliche Auskunft (nach dem gleichnamigen Muster) erhielt, nämlich, dass es einen Verfahrensweg gebe, den man einzuhalten habe: eine Anmeldungskarte ausfüllen, diese beim IFA-Handel einreichen und nach einer einzuhaltenden Bearbeitungsfrist von 10–15 Jahren dann sein Fahrzeug bezahlen und abholen. Eine Beratung (nach dem gleichnamigen Muster) war wegen des Mangels an Handlungsalternativen unsinnig. Dafür war die Auskunft in jeder Hinsicht rechtsverbindlich und öffentlich bzw. offiziell. Es gab jedoch eine Reihe nichtjustiziabler Verfahren: Gewiss traf man, wenn man nur an der richtigen Stelle suchte, irgendwann auf einen »Experten«, der einem eine Beratung über verschiedene andere Möglichkeiten, etwa über den Erwerb eines Kraftfahrzeugs auf halb- oder nichtoffiziellem Wege, angedeihen ließ. Diese Beratung fand natürlich im privaten Bereich statt – graue und schwarze Märkte entziehen sich weitgehend der staatlichen Kontrolle –, trug aber sicherlich die Züge einer Beratung nach dem von uns beschriebenen Muster: präferierte und nichtpräferierte Handlungsalternativen, Kombination aus verschiedenen Teillösungen, Hintergrundwissen etc.

Jedoch wäre eine solche Beratung, bei der Tipps und Tricks thematisiert werden, um zur gewünschten Problemlösung zu gelangen, innerhalb des DDR-Mediensystems undenkbar gewesen.

Auf dieses Wissen um die »Verteilung« der Handlungsmuster Auskunft und Beratung greifen die Experten aus der ehemaligen DDR zur Zeit unserer Datenerhebung 1993–1994 (also relativ kurz nach Wende und Vereinigung) noch gelegentlich zurück. Die Folge davon ist, dass es in den »Telefonforen« dieser Zeit zu Irritationen auf Seiten der Experten, aber auch auf jener der Ratsuchenden kam, welche Probleme auf welche Art (oder: nach welchem Muster) in einer solchen medial vermittelten Beratungsform zu lösen wären.

Zur Verdeutlichung haben wir ein Beispiel gewählt, in welchem Experte und Ratsuchende Unterschiedliches vom Gespräch erwarten. Dieses Gespräch mit dem Thema »Versicherung« wird ohne Ergebnis beendet. Das Problem der Ratsuchenden kann nicht gelöst werden.

Die Ratsuchende beginnt das Gespräch mit der Problempräsentation: Sie ist auf der Suche nach einer »Rundumversicherung« für ihren zwanzigjährigen Sohn. Die Problempräsentation mündet in die Frage:

(12)
RS *Ich wollte mich beraten lassen, welche Versicherung ist die günstigste?*

Der Experte erkennt zwar das Problem »als Problem« an, verweigert jedoch, dieses als im Beratungsgespräch behandelbar anzusehen. Damit unterläuft er den Zweck der Handlung »Beratungsgespräch«, nämlich Lösungen für die Probleme des Laien zu finden.

(13)
RG *[...] äh das müssen Sie ganz individuell entscheiden. Da können wir Ihnen auch keinen Rat geben.*

Es mag sein, dass diesem Experten das zur Lösung dieses Problems notwendige Wissen ebenso fehlt wie der Ratsuchenden. Er gibt dieses der Ratsuchenden jedoch an keiner Stelle zu verstehen, zudem spricht er im Namen der Institution »Telefonaktion zum Thema Versicherung«, die ja per definitionem für den Problemkomplex »Versicherung« kompetent ist.

Da der Experte offensichtlich nicht bereit ist, ihr einen Rat zu erteilen, macht die Ratsuchende ihre Erwartungen an das Gespräch und den Experten zum Thema. Interessanterweise hat auch der Experte ähnliche Erwartungen an ein Beratungsgespräch – nur eben nicht an dieses, in dem er sich befindet.

Im weiteren Gesprächsverlauf thematisieren die Gesprächspartner nahezu alle notwendigen Teilhandlungen eines Experten im Beratungsgespräch. Das bisher unbewusste Musterwissen wird Thema des Gesprächs.

Die Ratsuchende beginnt die Erörterung ihres Wissens über Beratungsgespräche mit dem Ende des Gesprächs, dem *Lösungsvorschlag*.

(14)
RS *Ich meine, es muss doch eine Möglichkeit geben. Meinetwegen eine Rundumversicherung Allianz hat einen Schnitt*

von dreißig Mark, Hamburg Mannheimer vierzig Mark [...]

Sie führt mögliche Ratschläge als Beispiele an: So stellt sie sich die Problemlösung vor, die der Experte entwickeln könnte.

Auch der Experte thematisiert notwendiges Handlungswissen (allerdings begründet er damit die Unmöglichkeit, einen Ratschlag erteilen zu können): Er weiß, dass ein Experte, um einen Rat geben zu können, Informationen über den Hintergrund braucht und reflektiert über die Notwendigkeit der *Problemexploration*, ohne einen Versuch zu starten, diese durchzuführen.

(15)
RG *Wir können jetzt nicht sagen, die Versicherung ist besser oder die ist besser, weil wir ja auch den Hintergrund von Ihnen nicht kennen.*

Schließlich thematisiert die Ratsuchende ein Beispiel für ihre Vorstellungen eines Beratungsgesprächs. Sie orientiert sich an einem Prototypen für eine BERATUNG, den sie an den Fernseh-Rechtsberatungen des Journalisten Wolfgang Büser entwickelt hat.

(16)
RS *[...] wenn ich jetzt Herrn Büser früh sehe im Fernsehen, äh das sind Ratgeber. Aber äh wie sie, Sie können mir noch nicht mal eine Zentrale empfehlen. Es gibt doch Verbraucherzentralen.*
RG *Nein, das kann ich auch nicht.*

Der Experte in unserem Beispiel scheint diesem Prototypen eines Ratgebers in den Augen der Ratsuchenden keineswegs zu entsprechen. Die Ratsuchende sagt anschließend nochmals sehr deutlich, was sie von dem Experten erwartet hätte.

(17)
RS *So habe ich mir ein Forum vorgestellt, dass Sie mir einen Rat geben. Das wusste ich vorher auch. Ich kann jetzt nicht von ORT A nach ORT B rennen und mir sämtliche*

Versicherungen aussuchen. Also da hätte ich das Forum nicht anrufen brauchen.

Der Experte in unserem Beispielgespräch ist auch nach dieser deutlichen Verärgerung seiner Klientin nicht in der Lage, seinen Beratungsstil (Muster) den Erwartungen der Ratsuchenden anzupassen. Das Gespräch wird demnach sehr abrupt durch die Ratsuchende beendet.

(18)
RS *Das hätte ich vorher auch gewusst. Danke schön. Wiederhören.*

Dieses Beispiel führt recht deutlich vor Augen, dass es aufgrund unterschiedlicher Erwartungen an ein Gespräch zu massiven Konflikten kommen kann. Ratsuchende und Ratgebender – beide aus Ostdeutschland – verfügen über das gleiche Musterwissen zum Muster BERATUNG – es wird ja von beiden im Verlauf des Gesprächs zum Thema gemacht. Jedoch sind sie nur in sehr unterschiedlichem Maße bereit, dieses Musterwissen auch auf die aktuelle Gesprächssituation anzuwenden.

Es ist also keine ausnahmslose Regel, dass sich Ostdeutsche in Beratungsgesprächen stets am Muster AUSKUNFT orientieren. Beiden Sprechergruppen – Ost und West – sind die Handlungsmuster AUSKUNFT und BERATUNG gleichermaßen bekannt. Unterschiedlich waren aber die Situationen, in denen diese Muster angemessen waren. Die Ursache der unterschiedlichen Verwendung der Muster liegt in der unterschiedlichen Situationseinschätzung. Ostdeutsche Experten schätzen die Situation des »Telefonforums« eher als offiziellen Sprechanlass ein, wogegen Westexperten die Situation als eher »privat« klassifizieren. Im privaten Bereich sind eben andere Dinge sagbar als in der Öffentlichkeit.

Besonders unser drittes Beispiel deutet allerdings auch auf eine beginnende Angleichung in der Musterverwendung hin: Der Konflikt in diesem Gespräch würde nicht entstehen, wenn die ostdeutsche Ratsuchende nicht das Muster BERATUNG in diesem »offiziellen« Kontext einfordern würde: Das Wissen von Sprechern einer Sprache um »sprachliche Großformen«, etwa um Handlungsmuster für Beratungsgespräche, ist ebenso wie deren lexikalisches Wissen nicht statisch, sondern sehr veränderlich. Sprachliches Wissen – und damit auch das Sprechen als solches – ist immer auch ein Spiegel der Notwendigkeit, in gesellschaftlichen Strukturen handeln zu können. Mit der Veränderung dieser gesellschaftlichen Strukturen verändert sich – allmählich – auch das sprachliche Wissen.

---

1 Für eine ausführliche Projektbeschreibung vgl. ANTOS/SCHUBERT (1997, 313–317).
2 Das gilt vor allem für den Erhebungszeitraum von 1993–1995. Mittlerweile greifen auch die Tageszeitungen in den neuen Bundesländern fast ausschließlich auf Experten aus dem Verbreitungsgebiet der Zeitung zurück.
3 Zu den Handlungsschritten im Beratungsgespräch vgl. KALLMEYER (1985).
4 Zum Konzept der *sprachlichen Handlungsmuster* vgl. EHLICH/REHBEIN (1979, bes. S. 250 f.)
5 Die Transkriptionen wurden für diesen Beitrag der Standardorthographie angenähert. ›RS‹ bezeichnet die Ratsuchenden, ›RG‹ steht für die Ratgebenden.
6 Vgl. zu Rolle und Status der Presse der DDR auch GOOD (1989).
7 IFA = Industrieverwaltung Fahrzeugbau

Literatur

ANTOS, G./SCHUBERT, T. (1997): Unterschiede in kommunikativen Mustern zwischen Ost und West. In: ZGL 25. S. 308–330.
EHLICH, K./REHBEIN, J. (1979): Sprachliche Handlungsmuster. In: SOEFFNER, H. G. (Hrsg.): Interpretative Verfahren in den Sozial- und Textwissenschaften. Stuttgart. S. 243–274.
GOOD, C. (1989): Zeitungssprache im geteilten Deutschland. Exemplarische Textanalysen. München.
HELLMANN, M. W. (1997): Sprach- und Kommunikationsprobleme in Deutschland Ost und West. In: SCHMIRBER, G. (Hrsg.): Sprache im Gespräch. Zu Normen, Gebrauch und Wandel der deutschen Sprache. (Berichte und Studien der Hanns-Seidel-Stiftung. Reihe Kulturpolitik. 72). München. Akademie für Politik und Zeitgeschehen. S. 53–87.
KALLMEYER, W. (1985): Handlungskonstitution im Gespräch. Dupont und sein Experte führen ein Beratungsgespräch. In: GÜLICH, E./KOTSCHI, T. (Hrsg.): Grammatik, Konversation, Interaktion. Beiträge zum Romanistentag 1983. (LA. 153). Tübingen. S. 81–122.

Horst Dieter Schlosser

Von der »niveauvollen Unterhaltung« zur Smalltalk-Kultur

Neue Beobachtungen zu Talkshows in Ost und West

Vorbemerkung: »Mauer in den Köpfen« oder »Fremdheiten«?

Der Topos von der »Mauer in den Köpfen« (die angeblich immer höher wächst) hat vor kurzem eine bedenkenswerte Kritik erfahren. Nach einer Meldung der Katholischen Nachrichtenagentur (kna) hat Wolfgang Thierse am 15. Oktober 1999 bei einer Veranstaltung des Zentralkomitees[1] der deutschen Katholiken in Berlin erklärt, dass es sich dabei um ein falsches Klischee handele. Vielmehr würden »Fremdheiten« erst jetzt sichtbar, wo das Zusammenleben allmählich alltäglich wird.[2]

Thierse steht nicht gerade im Verdacht, eine problematische Situation opportunistisch schönzureden (bei gleicher Gelegenheit hat er durchaus das »fundamentale Ungleichgewicht« zwischen östlichen und westlichen Bundesländern beklagt). Darum steht es auch Sprachwissenschaftlern gut an zu bedenken, dass sich ein Gegenstand unter verschiedenen Blickwinkeln sehr unterschiedlich darstellt, was für das Thema meines Beitrags bedeutet: Die gegenwärtige Sprachsituation ist objektiv weder durch die Erwartung nachwirkender oder gar noch wachsender Unterschiede (im Sinne jener »Kopfmauer«) angemessen zu erfassen noch durch die pauschale These von einer Eliminierung aller Unterschiede zu Gunsten eines »Gesamtdeutschen«. Die Wahrheit liegt dazwischen, je nach Geschmack könnte man auch sagen: darüber oder darunter.

Insofern war es bereits bei meinem ersten Versuch mit Talkshows als Indikatoren für die Bewertung der deutsch-deutschen Sprachsituation[3] sehr heilsam, dass ich – zumindest in dieser Kommunikationsform – die lange Zeit ohnehin überschätzten rein lexikalischen Ost-West-Unterschiede bis auf geringe Reste so gut wie gar nicht bestätigt fand, so dass es mich heute kaum noch überrascht, wenn eine aktuellere Stichprobe bei Talkshows in dieser Hinsicht noch weniger erbringt. Zugleich aber habe ich mich 1996 davor hüten wollen, aus diesem negativen Ergebnis pauschale Schlüsse von der Art zu ziehen, dass nun die über vierzig Jahre geteilten Kommunikationserfahrungen inzwischen spurlos eingeebnet seien. »Irgendwie« müssen sich doch die »Fremdheiten«, von denen Thierse sprach, nicht nur in diametral entgegengesetzten Wahlergebnissen wie dem jüngsten in Berlin-Ost und Berlin-West, sondern auch im Sprachverhalten von alten und neuen Bundesbürgern niederschlagen. Ob sie sich auch in Talkshows bemerkbar machen, war und ist meine Frage.

1 Kurzer Rückblick auf den »Talkshowtest« von 1996

Anhand von mehr oder weniger zufällig ausgewählten Talkshows glaubte ich, drei verschiedene Modelle der sprachlichen Interaktion von Ost- und Westbürgern in einer speziellen öffentlichen Situation feststellen zu können:

»Boulevard Bio« (WDR), eine westdeutsche Talkshow mit westdeutschem Moderator, ließ einen ostdeutschen Gast in konservativer Kleidung, zurückhaltender Argumentation und langsamerem Sprechtempo deutlich von einem westdeutschen Gast unterscheiden, der bei gleichem Diskussionsthema in das Gespräch mit Alfred Biolek eingebunden war.

Das Gegenmodell fand sich in »Babelsberg live« (ORB), einer Talkrunde mit ostdeutschen Moderatoren vor ostdeutschem Publikum, in der sich ein westdeutsch sozialisierter, nun aber in Brandenburg tätiger Gast vor allem durch seine aufdringlichere Argumentation von einem ostdeutschen Gesprächspartner abhob.

Und schließlich ein zwischen diesen Polen vermittelndes »Mischmodell«: die »Riverboat-Talkshow« des MDR-Clubs in und aus Dresden mit gleichzeitig agierenden west- und ostdeutschen Moderatoren vor einem ostdeutschem Publikum, das aber – in den Hintergrund des schmalen Schiffraums der MS »Florentina« gedrängt – nur eine passive Rolle spielt. Hier hatte ich das Glück, nicht nur zwei gleichzeitig amtierende Schönheitsköniginnen aus West und Ost, sondern in der westdeutschen »Verona F.« als »Miss Germany« – damals von mir sträflich unerkannt – auch die inzwischen allseits beliebte Verona Feldbusch in den Anfängen ihrer Karriere[4] beobachten zu können. Dass ich ihr schon damals ein unbedarftes Plappern nachweisen konnte, erscheint mir mittlerweile als Beweis für die Befähigung linguistischer Analysen, auch in die Zukunft zu schauen.

Wie gesagt: die Wortwahlunterschiede in den ausgewerteten Talkshows waren sehr gering. Auch das Sprechtempo erwies sich nur vereinzelt, und dann gelegentlich individuell bedingt, als brauchbarer Indikator von Ost-West-Differenzen. Interessanter waren da schon Beobachtungen zur kommunikativen Kompetenz von Talkshowgästen, die sich vor allem in der Fähigkeit – überwiegend der Westdeutschen – äußerte, Unterbrechungsversuche eines Moderators abzuwehren und auch ungefragt Themen zu artikulieren.

In der früheren Studie war ich mir durchaus bewusst, dass kollektive Unterschiede zwischen Ost und West nur mit Hilfe einer Vielzahl von sprachlichen, parasprachlichen und nonverbalen Parametern zu ermitteln wären, die überdies an einem wesentlich größeren Corpus überprüft werden müssten. Und ich füge ausdrücklich hinzu: Mehr als zum kommunikativen Verhalten in einer massenmedial geprägten öffentlichen Gesprächssituation wäre auch durch eine breiter angelegte Untersuchung nicht zu sagen gewesen, auch wenn die untersuchten Talkshows, die ausschließlich aus dem öffentlich-rechtlichen Fernsehen stammten, noch einen gewissen Spielraum für spontanes alltagssprachliches Reden boten.

2 Veränderte Medienbedingungen und die Folgen

Trotzdem wäre es reizvoll gewesen, der älteren eine neue Stichprobe mit aktuellen Talkshows folgen zu lassen, die unter annähernd gleichen Bedingungen entstanden wären, um daraus wenigstens die eine oder andere Hypothese für eine umfassendere Studie abzuleiten. Dem stehen jedoch – wie so oft beim Versuch, den Sprachgebrauch aus verschiedenen Zeiten zu vergleichen – leider einige Umstände entgegen, die einen aussagekräftigen Vergleich zwischen der ersten und der zweiten Hälfte der 90er Jahre sehr stark einschränken.

In »Boulevard Bio« noch einmal wie 1994 eine für den Vergleich so günstige Paarung von Gästen aus Ost und West zu finden, die wie der Stahlarbeiter/West und der ehemalige Bergmann/Ost einem ähnlichen Arbeitsmilieu entstammen und zu sehr ähnlichen Themen interviewt werden, wäre reine Glückssache.[5] Wenn Alfred Biolek Gäste aus Ost und West zusammenbringt, dann folgt er einem allgemein gewordenen Trend von Talkshows, entweder unzweifelhafte Medienstars wie in diesem Jahr Gisela May[6] und Helen Vita oder mehr oder weniger »schrille« Typen (wie Nina Hagen oder Jürgen Drews) einzuladen, die bestenfalls für sich selbst und nicht mehr für eine der beiden Kommunikationsgemeinschaften stehen. Auf eine scheinbare Ausnahme komme ich später zu sprechen.

»Babelsberg live« – das ist das stärkste Hindernis für eine aussagekräftige Wiederholung des »Talkshowtests« – ist inzwischen eingestellt worden. Wie sich Ostdeutsche untereinander und gegenüber einem westdeutschen Gast verhalten, ist nun leider gar nicht mehr zu überprüfen. Die SFB-Talkrunde »Alex« oder die traditionell ins ostdeutsche Sendegebiet »ausstrahlende« NDR 3-Talkshow können nicht als »Ersatz« herhalten, weil sie inzwischen ganz den »gesamtdeutsch« einheitlichen Talkshowkonzepten folgen, also im Wesentlichen die Präsentation interessanter Medienstars betreiben.

Auch das Dresdner »Mischmodell« (»Riverboat«[7]) hat starke Veränderungen erfahren, die einem Vergleich nicht eben günstig sind. Inzwischen agieren dort neben dem westdeutschen Moderator Jan Hofer eine aus Westberlin stammende Moderatorin, die sich einen anglisierten Künstlernamen zugelegt hat: Kim Fisher (mit »sh«!). Und es tritt auch ein Schweizer Moderator auf: Jörg Kachelmann, der in der Sendung vom 19. März 1999 mit dem Schweizer Kabarettisten und Autor Emil Steinberger (alias »Emil«) anfänglich sogar in Schwyzerdütsch plauderte, bis er »zur Ordnung gerufen« wurde, nämlich Hochdeutsch zu sprechen.

Was in der früheren Stichprobe auch unberücksichtigt blieb, heute aber nicht mehr übergangen werden darf, ist die Prägung von Talkshows insgesamt durch die besonderen, nicht selten rüden Bedingungen, unter denen kommerzielle Sender ihre Talkshows laufen lassen. Jürgen Flieges Auftritte etwa, immer noch öffentlich-rechtlich, haben davon eine Menge gelernt. Wenn hierbei der »kleine Mann«, die »kleine Frau«, die man so gerne stellvertretend für den Durchschnittsbürger beobachten möchte, ihren Auftritt haben, dann geschieht dies nicht selten, in einigen kommerziellen Sendern sogar grundsätzlich, mit der Absicht, jemanden »vorzuführen«, also zum Unterhaltungs- und Spaßfaktor zu instrumentalisieren. Und selbst das Publikum kann instrumentalisiert werden, indem man es – für die Zuschauer unsichtbar – zu Beifall, Entrüstung, ja sogar zu Aggression gegen einzelne Gäste animiert. Hier wird längst auch das Niveau des unverbindlichen Smalltalks, das manchem Ostdeutschen ab 1990 als nicht eben begrüßenswerte westdeutsche Gesprächskultur erschien, deutlich unterschritten.

Wie gesagt: Die Konzentration der (noch) seriöseren Sendungen auf Medienstars und schrille Typen lässt kaum noch Rückschlüsse auf ein durchschnittliches Kommunikations- und Sprachverhalten, schon gar nicht auf Ost-West-Unterschiede zu. Hier diktieren die Macher, was »gesamtdeutsch« gelten soll, wobei sie sich natürlich auf Einschaltquoten in West wie Ost stützen können. Da wird dann etwa eine anspruchsvollere Talkshow mit besinnlicheren Tönen wie »Willemsens Woche« notfalls ganz aus dem Programm genommen. Eine solche Sendung hätte – natürlich eher formal als inhaltlich – dem Ideal einer »niveauvollen Unterhaltung« im DDR-Fernsehen entsprochen.

3 Medienbedingtes »Gesamtdeutsch«

Die »Quote« als Indikator dafür, was inzwischen West- wie Ostbürger gleichermaßen gern sehen und hören möchten, ist aber nicht zu unterschätzen, auch wenn die dabei präsentierten kommunikativen und sprachlichen Phänomene zunächst nur als Ergebnis einer Medienkonstruktion zu werten sind. Die Medien aber wirken auch sonst – positiv wie negativ – auf den allgemeinen Sprachgebrauch ein. So lässt sich zur Frage, was denn in ihnen als »gesamtdeutsch« präsentiert wird und was auf Dauer nicht ohne Einfluss auf einen »gesamtdeutschen« Sprach- und Sprechstil bleiben wird, die These wagen: Die westdeutsch dominierten Normen für Sprachsendungen mit Unterhaltungscharakter haben sich bereits völlig durchgesetzt und werden nicht nur von den moderierend Tätigen, sondern auch von den in die jeweilige Sendung Eingeladenen weitgehend akzeptiert. Was hier an Unterschieden zwischen Einzelnen festzustellen ist, bewegt sich im Rahmen der üblichen idiolektalen Besonderheiten.

Als ersten Beleg für diese These will ich ein Sendeformat erwähnen, das noch nicht zu den Talkshows zählt: die musikalisch umrahmte Vorstellung einer Landschaft, die beim Saarländischen Rundfunk »Kein schöner Land« und beim MDR »Zauberhafte Heimat« heißt. Ich kann zwischen den Moderatoren Günther Wewel (West) und Gunther Emmerlich (Ost; zu DDR-Zeiten Moderator von »Ein Kessel Buntes«) absolut keinen linguistisch relevanten Unterschied entdecken – außer dass Emmerlich, also der Ostler und nicht der Westler, schneller spricht. Wenn sie singen, tun sie das auch noch in derselben Tonlage – als Bass!

Schauen wir uns endlich Talkshowbeispiele an, so liegen allergrößte Unterschiede in Auftreten und Sprachgebrauch oft zwischen Vertretern und Vertreterinnen ein und desselben Fachs aus ein und demselben Sozialisationsraum. Dabei denke ich etwa an zwei westdeutsche Schauspielerinnen, die in den »Riverboat«-Sendungen des MDR vom 5. und 19. März 1999 auftraten: Uschi Glas, nach der Rolle in ihrem ersten Film immer noch vielfach »Schätzchen« genannt, und Elisabeth Volkmann, den Westdeutschen aus der »Klimbim«-Serie der 70er Jahre bereits als exzentrische Figur bekannt. Die überdrehte Selbstdarstellung der Volkmann und die sehr nachdenkliche Selbstcharakterisierung der Glas in diesen beiden Sendungen können nicht weiter voneinander entfernt gedacht werden und übertreffen selbst extreme Differenzen zwischen zwei Vertretern der beiden Kommunikationsgemeinschaften in der Blütezeit ihrer gegenseitigen Abgrenzung.

3.1 Dialektales und Allgemeinmenschliches

Steigen wir einmal in die Niederungen einer RTL-Sendung wie »Birte Karalus«[8], die allerdings noch von der RTL-Talkrunde »Bärbel Schäfer« unterboten wird, so begegnen wir darin durchaus Zeitgenossen, die noch keinerlei Medienerfahrungen haben – »Menschen wie du und ich« – und die wahrscheinlich auch erst nachher wissen, wozu sie tatsächlich eingeladen wurden. Denn hier geht es um teilweise höchst peinliche Partnerkonflikte, die im Studio wie an den Bildschirmen *coram publico* ausgetragen werden. Dabei treten einzelne Konfliktpartner mehr oder weniger als Überraschungsgäste auf. Etwa – und dies ist einer der angenehmeren Fälle – wenn sich Tochter und Mutter wie in einer diesjährigen Sendung nach langer Trennung glücklich in die Arme fallen.

Woran kann man hier feststellen, woher die Gäste stammen? Am ehesten noch an dialektalen oder regiolektalen Eigenheiten, die allerdings keineswegs nur eine ostdeutsche Herkunft verraten (die ja häufig für einen stärkeren Dialektgebrauch als eine westdeutsche Herkunft in Anspruch genommen wird[9]). So sehr etwa die Dreierkonstellation in einer aktuelleren Sendung[10], eine junge Frau zwischen zwei konkurrierenden Liebhabern, übereinstimmend, wenn auch in Abstufungen »sächselt«, so sehr gibt in derselben Sendung ein Schlosser aus Landau, der seine Frau – gelinde gesagt – vergrault hat und seine Schuld an dieser Trennung absolut nicht einsehen will, seine Pfälzer Herkunft dialektal zu erkennen.

Argumentative Unsicherheiten einschließlich großer Bereitschaft, sich von der Moderatorin immer wieder unterbrechen zu lassen, und Verzögerungen wie Beschleunigungen im Sprechtempo sind keineswegs so verteilt, dass darin Ost-West-Unterschiede erkennbar würden, sondern erwachsen »gesamtdeutsch« aus der peinlichen Situation, vor zahlreichen Dritten über intimste Dinge Auskunft geben zu müssen.

Hier machen sich also bestenfalls allgemeinmenschliche Sprech- und Argumentationsgepflogenheiten bemerkbar, die keinerlei Bezug zu politisch oder gar ideologisch geprägten Kommunikationsbedingungen oder Sozialisationserfahrungen zu erkennen geben. In lexikalischer Hinsicht fällt in den beiden näher analysierten Beiträgen der RTL-Sendung allenfalls auf, dass der eine der beiden Sachsen seine Bekannten und Freunde »Kumpels« nennt, was als nachwirkendes Frequenzspezifikum gewertet werden kann, während der Pfälzer ohne zu zögern das einstmalige DDR-Lexemspezifikum »Fakt« – wie inzwischen viele andere Westdeutsche auch – neben dem Lexem »Tatsache« verwendet.

Die linguistische Ausbeute ist also denkbar gering. Die Tatsache, dass sich Ostbürger inzwischen genauso wie Westbürger peinlichsten Seelenmassagen zur Hebung der »Quote« wie der Werbeeinnahmen aussetzen, spricht auch nicht gerade dafür, dass viel von der einstigen Orientierung auf »niveauvolle Unterhaltung« übrig geblieben wäre. Grundsätzlich ist aber auch zu bedenken, dass Menschen, die wie die drei sächsischen Talkshowgäste bei RTL heute zwischen 21 und 25 Jahre alt sind, am Ende der DDR noch Kinder oder höchstens junge Jugendliche waren.

3.2 Wertehaltungen und Geschmacksunterschiede

Dasselbe gilt für eine 26 Jahre alte Frau aus dem Erzgebirge, die am 20. Oktober 1999 neben dem Fernsehjournalisten Günther Jauch und dem BDI-Präsidenten Hans-Olaf Henkel in die WDR-Sendung »Boulevard Bio« eingeladen war. Sie kann auch sonst nur bedingt als Paradebeispiel für »gelernte Ostdeutsche« gelten, da sie nach der »Wende« obendrein sieben Jahre lang in Baden-Württemberg lebte und arbeitete. Nach dem Tod ihrer Eltern ist sie als »Ersatzmutter« ihrer vier noch minderjährigen Geschwister in die alte Heimat zurückgekehrt und konnte dort – bei gering nachwirkenden schwäbischen Reminiszenzen – ihren ursprünglichen Dialekt offenbar wieder auffrischen. Gleichsam eingekeilt zwischen Mediengrößen wie Jauch und Henkel präsentiert sie sprachlich wie argumentativ im Wesentlichen nur ihr persönliches (im Übrigen höchst anrührendes) Schicksal als alleinerziehende Mutter eines eigenen Kindes mit Down-Syndrom und als Erzieherin ihrer Geschwister.

Man kann nun darüber streiten, ob nicht wenigstens zwei ihrer Äußerungen für unsere Frage nach Ost-West-Unterschieden relevant, also noch von kollektiven Wahrnehmungen in Ost und West motiviert sind oder ob sie als Ausdruck ganz persönlicher Erfahrungen gewertet werden müssen, da diese Frau zwischenzeitlich im Westen erwerbstätig war und nun im Osten als aufopferungswillige Hausmutter lebt.

Sie betont nämlich an einer Stelle des Gesprächs, dass ihr die Pflege und Förderung ihres behinderten Kindes und ihrer Geschwister »den Lebenssinn zurückgegeben« habe. Und sie kontrastiert damit die Erfahrung, dass »im Westen das Geldverdienen im Vordergrund steht«. Und eine spätere Bemerkung des Moderators Biolek, sie müsse nun wohl auf vieles verzichten, während sie in Baden-Württemberg ja schon gut verdient habe, kommentiert sie spontan: »Das [gemeint ist der gute Verdienst] ist aber nicht alles!« – Da hier nicht nostalgisch (oder »ostalgisch«) das bescheidenere Leben in der früheren DDR beschworen wird, neige ich eher dazu, diese Bemerkungen als Folgerung aus zwei verschiedenen sehr persönlichen Lebenserfahrungen mit nur zufälligem Ost-West-Hintergrund zu werten. Es sei denn, man rechnet die Bereitschaft, das familiäre Engagement über eine berufliche Karriere zu stellen, einem erst kürzlich ermittelten grundsätzlichen Unterschied der Wertvorstellungen in Ost und West[11] zu.

Gäste wie der ost-west-erfahrene Schauspieler Peter Herden aus Dresden, der in der »Riverboat«-Talkshow vom 19. Februar 1999 zu Wort kam, oder der Bundestagspräsident Thierse in der MDR-Sendung vom 5. März 1999 sind wenig geeignete Zeugen für einen aussagekräftigen Ost-West-Vergleich. Thierses deutlich artikulierte Reserven gegen das Niveau von Darbietungen des in derselben Runde auftretenden westdeutschen Entertainers[12] Ingo Apelt (»... ich hab' immer dann das Gefühl, dass ich mich nicht amüsiere, wenn ein bestimmtes Niveau unterschritten wird«) mögen vielleicht noch von DDR-Erfahrungen geprägt sein, in der das Postulat »niveauvoller Unterhaltung« solche Produkte des neudeutschen »Neogrobianismus« von vornherein verhindert hätten.

Bei Geschmacksurteilen spielen aber sicher auch Altersunterschiede mit, die auch westdeutsch sozialisierte Menschen über vierzig, erst recht über fünfzig, nicht unbedingt mehr zu Fans von Harald Schmidt & Co. werden lassen. Dass in jüngeren Jahrgängen der neo-grobianische Stil mittlerweile in Ost und West, also »gesamtdeutsch«, fest verankert ist, beweist der Erfolg der Popgruppe »Die Prinzen«, deren Texte durch Welten von dem getrennt sind, was die Mitglieder dieser Gruppe einst im Leipziger Thomanerchor gesungen haben.

3.3 Der ferne Klang der »Puhdys«

»Ostalgisch« ging es indes in dem Teil der »Riverboat«-Sendung vom 19. März 1999 zu, in dem die DDR-Traditionsgruppe »Puhdys« auftreten konnte. Diese in der DDR gefeierte und hochdekorierte Gruppe[13] hat nach einem vorläufigen Verstummen 1989/90 ab 1992/93 eine neue Karriere gestartet, wobei die Resonanz im Westen freilich immer noch deutlich geringer ist als im Osten. Bezeichnenderweise finden sich in der eingeblendeten Liste von Tourneeterminen zum 30-jährigen Bestehen der Gruppe ausschließlich Namen ostdeutscher Städte, und die ARD feierte das dreißigjährige Jubiläum dieser Gruppe am 28. Oktober 1999 in einer Sendung erst nach Mitternacht, also nicht gerade »zur besten Sendezeit«!

Die »Puhdys«, von denen zwei Mitglieder, Dieter Hertrampf und Peter Meyer, in der Talkrunde interviewt werden, während die beiden anderen Mitglieder im Hintergrund schon auf einen musikalischen Auftritt warten, werden denn auch vor allem in Erinnerung an ihre frühere Glanzzeit eingeführt und müssen zum Schluss der Sendung einen ihrer DDR-Erfolgstitel, »Alt wie ein Baum«, vortragen – eine Reverenz ans ostdeutsche MDR-Publikum. Die Moderatorin Kim Fisher kommentiert den Auftritt ausdrücklich: ». . . ich bin mir sicher, dass die eine oder andere Erinnerung bei Ihnen hochkommen (!) wird.«[14]

Die beiden interviewten »Puhdys« entsprechen noch am ehesten dem Bild, das sich ein Westler so gern von Ostdeutschen machen möchte, das aber sonst in Talkshows so gut wie keine Bestätigung mehr findet: zurückhaltend, besinnlich, für die zahlreichen Einwürfe bzw. Unterbrechungen der Moderatoren jederzeit offen. Hier lassen sich auch noch einmal die Unterschiede zwischen Ost und West zumindest in der Verteilung der Gesprächsanteile messen. Von den 7 Minuten und 40 Sekunden, die man in dieser Sendung dem Gespräch mit den »Puhdys« widmet, nehmen die »Puhdys« ganze 4 Minuten, 15 Sekunden in Anspruch, also nur etwas mehr als die Hälfte der Zeit, während der mitanwesende Moderator von Schlagersendungen Dieter Thomas Heck (der längst seinen eigenen Auftritt mit rund 13 Minuten hatte) 80 Sekunden, das heißt fast 20 Prozent der Gesamtlänge des »Puhdys«-Beitrags, für einen persönlichen Exkurs verbraucht: Er habe schon früh – im Gegensatz zu anderen westdeutschen Kollegen – Kontakte zu DDR-Stars gepflegt, er habe ihre Namen gekannt, er sei für seine Kenntnis der DDR-Unterhaltungsszene bewundert worden. Eine für diesen Entertainer mit seiner dröhnenden Stimme typische Selbstdarstellung, in der auch nicht der in Dresden überflüssige Hinweis fehlen darf, dass die Bewohner dieser Stadt und ihrer Umgebung einst im »Tal der Ahnungslosen« lebten. – Das erinnert fatal an jenen Präsidenten des brandenburgischen Rechnungshofs aus Westfalen, den ich im »Talkshowtest« von 1996 analysiert habe. Auch der – ein echter »Besserwessi« – fühlte sich bemüßigt, in einer ORB-Talkshow sein ostdeutsches Publikum politisch zu belehren, indem er ihnen die westdeutschen Leistungen für eine ordentliche Finanzverwaltung im Osten vor Augen führte und ihnen einen staatsbürgerlichen Schnellkurs angedeihen ließ.

Dennoch sind diese Beobachtungen nicht mehr zu verallgemeinern. Die »Puhdys« vertreten im Showgeschäft inzwischen schon eine absterbende Generation. Junge Menschen, die sie nicht von früher her kennen, könnten die »Puhdys« ob ihres Alters respektlos durchaus als »Rentnerband« bezeichnen. Ihre (mir persönlich im übrigen sympathische) Zurückhaltung im Gespräch ist eine Seltenheit geworden. – Und Dieter Thomas Heck ist insofern auch ein Ausnahmefall, als er selbst einmal seine »vorlaute« Art als Folge einer Überkompensation charakterisiert hat: Heck (eigentlich Heckscher) war als Kind nach einem Bombenangriff längere Zeit verschüttet gewesen, hatte dabei die Sprache verloren und musste sich die Sprechfähigkeit mühsam wieder antrainieren. Gleichwohl kann als sicher gelten, dass ein Moderatorentyp wie Heck vor der »Wende« nur in einem westdeutschen Sender groß werden konnte.

4 Fazit

Man könnte das insgesamt negative Ergebnis dieses neuen Stichprobenversuchs in dieselben Worte fassen, die der Kabarettist Wolfgang Gruner in der »Riverboat«-Sendung am 5. März 1999 fand, als er – gefragt, was sich mit der deutschen Einheit im Kabarett geändert habe – schlicht antwortete: »Das Fernsehen!« – Das heißt für unsere Frage nach sprachlicher Einheit und sprachlicher Differenz: Die Kommunikationsprobleme – oder um mit Thierse zu sprechen: »die Fremdheiten« – sind wohl geblieben und werden sicherlich »irgendwo« auch sprachlich artikuliert; aber gerade in offenbar beliebten Sparten des Fernsehens wie den Talkshows kommen sie nicht mehr vor, weil sich der Unterhaltungsstil des Fernsehens »gesamtdeutsch«, also auch bei den im Nordosten Deutschlands tätigen Sendern, einer Smalltalk-Kultur verpflichtet weiß, an deren Rezeption sich die Ostdeutschen mittlerweile so sehr gewöhnt haben, dass davon möglicherweise noch abweichende Erwartungen und Ansprüche zumindest die »Quote« nicht mehr gefährden.[15]

---

1 Eine selten bedachte lexikalische Konvergenz zwischen SED und (zunächst nur westdeutschen) Katholiken!

2 nach »Frankfurter Rundschau« 16. 10. 1999, S. 4.

3 SCHLOSSER, H. D. (1996): Ost und West im Talkshowtest. Kommunikatives Verhalten von alten und neuen Bundesbürgern. In: Muttersprache 106. S. 308–318.

4 Die analysierte Aufnahme stammte bereits aus dem Jahre 1993.

5 Eine Alternative, die auch etwas systematischere Beobachtungen erlauben würde, könnten im Übrigen die von der ARD jeweils ausgestrahlten Gespräche zwischen Bundespräsident Roman Herzog und ganz bewusst aus Ost und West eingeladenen Gästen (»Bei Roman Herzog im Bellevue«; zuletzt 4. 11. 1998) darstellen, weil es hier ausdrücklich um die Artikulation unterschiedlicher wie gemeinsamer Lebenserfahrungen und -perspektiven ging.

6 Gisela May hatte übrigens selbst schon einmal eine Talkshow im DDR-Fernsehen moderiert und es dabei – nach eigenem Bekunden in jener »Boulevard Bio«-Sendung vom 23. 3. 1999 – abgelehnt, sich an ein ihr von der Redaktion vorgelegtes komplett ausgearbeitetes (!) Manuskript zu halten.

7 Dem MDR, insbesondere der Programmdirektorin, Frau Barbara

Molsen, danke ich sehr herzlich, dass mir Aufzeichnungen von aktuellen »Riverboat«-Sendungen zur Verfügung gestellt wurden.

8 Der Titel dieser Sendung ist identisch mit dem Namen der Moderatorin, übrigens einer Frankfurter Germanistik-Absolventin.

9 Nachdem sich die Behauptung der DDR-Linguistik, in der DDR stürben die Dialekte als Folge eines höheren Bildungsniveaus schneller ab als in der BRD, als ideologisch bedingtes Wunschdenken herausgestellt hat, sollte man auch nicht pauschal das Gegenteil behaupten.

10 Die Aufzeichnung ist mir von Privat leider undatiert überlassen worden, stammt aber ganz sicher aus dem Frühjahr 1999.

11 Im Juli 1999 berichteten die Medien über ein entsprechendes Verbundprojekt von Psychologen und Soziologen aus Leipzig und Frankfurt a. M., in dem teilweise diametral entgegengesetzte Lebensperspektiven der Menschen in Ost und West ermittelt werden konnten.
Am 21. 1. 2000 wurde dagegen in einer ausführlichen Presseinformation des beteiligten Sigmund-Freud-Instituts, Frankfurt a. M. (veröffentlicht auch im Internet: http://www.uni-leipzig.de/~medpsy/presse3.htm), ein sehr anderes Bild vermittelt. Danach war gerade bei Westdeutschen eine erstaunliche Trendwende, hin zur Betonung sozialer Werte, festzustellen.

12 In Einblendungen wird Apelt mal als »Kabarettist und Parodist«, mal als »Comedian« (von »Comedy« abgeleitet) bezeichnet.

13 Die »Puhdys« waren DDR-Nationalpreisträger und Inhaber des »Vaterländischen Verdienstordens«.

14 Allerdings fällt auf, dass das Dresdner »Riverboat«-Publikum den »Puhdys« den lautstärksten Beifall in dieser Sendung spendet.

15 Zu einem ähnlichen Ergebnis ist meine Untersuchung gelangt: »Gerichtsreportagen in der ›Wochenpost‹. Die Kommentierung von Kriminalfällen vor und nach dem Umbruch 1989/90«. In: BARZ, J./FIX, U. (Hrsg.) (1997): Deutsch-deutsche Kommunikationserfahrungen im arbeitsweltlichen Alltag. Heidelberg. 263–277.

Ingwer Paul

Verständigung ohne Verstehen.

Subjektive Thesen eines Gesprächsanalytikers

Der Titel meines Beitrages lässt sich mühelos einordnen in eine ganze Reihe von ost-westdeutschen Vorträgen, Talkshows und Artikeln, z. B. »Wie hat die Einheit die Deutschen entzweit?«[1] oder »Die Deutschen sind getrennt durch eine Sprache«[2] oder »Sprich, damit ich dich sehe. Ein anderes Deutsch, doch keine andere Sprache in der Vergangenheit der DDR«[3] oder »Man spricht zwar eine Sprache, aber ...«[4] oder »Gemeinsame Sprache, geteiltes Verstehen«[5] oder »Warum wir nicht zusammen passen«[6] oder »Differenz in der Einheit«[7]. Quer durch alle beteiligten Perspektiven (West, Ost, Wissenschaftler, Nicht-Wissenschaftler ...) scheint man sich darin einig zu sein, dass ein wesentlicher Teil der ost-westdeutschen Kommunikationswirklichkeit im Kern durch einen rätselhaften oder paradoxen Satz beschreibbar ist.

Gesprächsanalytiker dürfen sich in ihrem Bemühen, Verständigungsprozesse zu interpretieren und zu rekonstruieren, weder auf Alltagstheoreme oder auf ihre eigene Intuition verlassen, noch dürfen sie so tun, als wären sie objektive Beobachter des Geschehens. Es kommt vielmehr darauf an, die Perspektive der Teilnehmer – einschließlich der eigenen – möglichst behutsam und methodisch kontrolliert in die Analyse mit einzubeziehen. In diesem Sinne bieten die zitierten Formeln neben spontanen Kommentaren aus laufenden Kommunikationsereignissen einen interessanten Ansatzpunkt für die Analyse der Ost-Westkommunikation aus der Binnenperspektive, vorausgesetzt, man darf unterstellen, dass in ihnen eine authentische Kommunikationserfahrung verarbeitet wird. Aber welche und vor allem wessen Kommunikationserfahrung verbirgt sich hinter Formeln vom Typ »Einheit = Differenz« oder »Einheit bewirkt Differenz«?

Die spektakulären und öffentlichkeitswirksamen Zuspitzungen des – fraglos vorhandenen – Kommunikationsproblems müssen aus sprachwissenschaftlicher Sicht zum einen nüchterner gesehen und damit relativiert werden, zum anderen müssen sie aber auch in einem wesentlichen Punkt richtig gestellt werden. Während in den zitierten, durchweg negativen Konzeptualisierungen der Ost-Westkommunikation von den Alltagstheoretikern unterschwellig eine hohe Erwartung an gelingende Kommunikation zum Ausdruck gebracht wird, stellt die Ost-Westkommunikation aus gesprächsanalytischer Sicht insofern nichts Besonderes dar, als die Teilnehmer auch sonst in ihren Alltagsgesprächen mehr oder weniger gut ohne den Anspruch auskommen (müssen), den anderen völlig verstehen zu wollen oder völlig verstanden zu haben. In der Ost-Westkommunikation werden zwar höhere Ansprüche an das Verstehen des anderen gestellt, weil die Schere zwischen Verständigung und Verstehen weiter auseinander geht als gewohnt (s. u. die Hypothesen zur Ost-Westkommunikation). Die Lösung des Problems kann aber realistischerweise nicht darin bestehen, dass ein restloses Verstehen zum Maßstab funktionierender Alltagskommunikation gemacht wird. Hier setzen die folgenden Überlegungen an, nicht zuletzt mit dem Ziel einer Entlastung aller Beteiligten von sachlich unbegründeten Vorwürfen.

Für jede Form der Kommunikation von Angesicht zu Angesicht sind zwei Aktivitätstypen grundlegend, die sich begrifflich und analytisch klar unterscheiden lassen. Bekannt sind diese Aktivitätstypen alltagssprachlich als »Verständigung« und »Verstehen« bzw. »sich verständigen« und »jemand verstehen«. Von den möglichen Verwendungsweisen der Ausdrücke stelle ich nur zwei gegenüber: »sich verständigen« im Sinne von »sich mit jemand über etwas einigen, mit jemand zu einer Übereinkunft kommen« und »verstehen« im Sinne von »jemand oder etwas begreifen, den Sinn von etwas erfassen«.[8] »Sich verständigen« betont die Dynamik und Prozesshaftigkeit des Kommunikationsereignisses, ohne das Produkt dieses Prozesses – die Verständigung oder den so genannten »Arbeitskonsensus«[9] auszublenden. Das Alltagskonzept »sich verständigen« ist nahe verwandt mit dem Konzept des »Aushandelns« in der Konversationsanalyse. Es kommt Kommunikationsforschern deshalb entgegen, weil es in seiner Dreiwertigkeit (sich mit jemand über etwas verständigen) die wichtigsten Konstituenten des Kommunikationsereignisses abbildet. Das zweiwertige »jmd. verstehen« beschränkt sich dagegen auf die Vorstellung einer mentalen Leistung von Ego, d. h. es wird vor allem die Wissenskomponente oder der Sinn einer punktuell zu denkenden Handlung hervorgehoben. – Nach dieser skizzenhaften Gegenstandsbestimmung lässt sich die Verständigung den beobachtbaren Kommunikationsverfahren der Teilnehmer zuordnen, während das Verstehen sich eher auf nichtbeobachtbare Aktivitäten und auf das Wissen der Teilnehmer bezieht.

Meine Hypothesen zum ost-westdeutschen Kommunikationsproblem setzen bei der Unterscheidung von Verständigung und Verstehen an:

1. Die Kommunikation zwischen Mitgliedern der ostdeutschen und der westdeutschen Kommunikationsgemeinschaft weist ein über das in der Alltagskommunikation erwartbare Maß hinausgehendes Missverhältnis von Verständigung und Verstehen auf.

2. Laufende Verständigungsprozesse sind in ost-westdeutscher Kommunikation stärker als sonst nicht durch entsprechende Verstehensleistungen gedeckt.

3. Die Abkoppelung der Verständigung vom Verstehen ist vor allem deshalb kritisch, weil sie von den Teilnehmern häufig unbemerkt bleibt.

4. Die üblichen Reparaturverfahren (z. B. Formen der expliziten Perspektivenübernahme, der zusätzlichen Verstehensarbeit und der Verstehenskontrolle) werden nicht eingesetzt oder sie können im laufenden Gespräch nicht eingesetzt werden.

Für gewöhnlich heißt die handlungsleitende Maxime der Teilnehmer nicht, »Verständigung ist prinzipiell bedroht« – so wie es die Alltagstheoreme zur Ost-Westkommunikation erwarten lassen könnten –, sondern sie heißt »Verständigung ist möglich«. Die Teilnehmer »wissen« nämlich aus ihrer vielfach bestätigten praktischen Erfahrung heraus, dass sie sich auf ihr sprachliches Wissen und ihr Wissen von der Welt verlassen können. Und sie setzen diese Erfahrung auch bei ihren Gesprächspartnern voraus, d. h. sie gehen in »natürlicher Einstellung«[10] davon aus, dass die Standorte der beteiligten Individuen prinzipiell austauschbar und ihre Relevanzsysteme annähernd kongruent sind.[11] Aus sprachwissenschaftlicher Sicht stellen diese Grundüberzeugungen der Teilnehmer notwendige Idealisierungen dar, d. h., sie bilden zwar die Grundlage für eine routiniert funktionierende Verständigung, aber sie können aus naheliegenden Gründen – auch in einer sehr homogenen Sprechergruppe – nie vollständig der Wirklichkeit entsprechen.

Da die Mitglieder einer Kommunikationsgemeinschaft annähernd das gleiche Alltagswissen haben, tauschen sie im Gespräch nicht nur Informationen aus, sondern sie garantieren einander zugleich durch das Funktionieren der Verständigung den Fortbestand ihrer subjektiven Wirklichkeit. Die Teilnehmer sind – wie BERGER und LUCKMANN sagen – »wirklichkeitswahrende Andere«[12] füreinander. Anders gesagt: Ein Stottern oder Abwürgen der »Konversationsmaschine« kann im Einzelfall Zweifel am Fortbestand der subjektiven Wirklichkeit nähren. Untersuchungen konnten zeigen, dass Gesprächsteilnehmer bis zum unausweichlichen Beweis des Gegenteils an ihren Routineerwartungen festhalten. Selbst wenn es einen ernsten Grund gibt, an der Übereinstimmung des Hintergrundwissens zu zweifeln, gibt es z. T. massive Widerstände gegen eine reflexive Bearbeitung der Kommunikationsbarriere im laufenden Kommunikationsereignis.[13]

Wie wirken Verständigung und Verstehen in der Kommunikationspraxis zusammen und was bedeutet »Verständigung ohne Verstehen« konkret? – Vor ca. 35 Jahren machte Harvey SACKS, Soziologe und Mitbegründer der Konversationsanalyse, eine Beobachtung, die beispielhaft für das Zusammenwirken von sequenzieller Ordnung und kulturspezifischen Interpretationsressourcen ist.[14] SACKS stellte fest, dass in Erstbegegnungen systematisch Fragen auftreten, die auf sogenannte »›which‹-type sets« zielen. Umgangssprachlich formuliert interessieren sich Fremde besonders dafür, mit wem sie es zu tun haben. Während sich die Frage nach bestimmten Kategoriensets (Alter, Geschlecht, Rasse usw.) erübrigt, müssen andere Zuordnungsmöglichkeiten aktiv erkundet werden. Selbst wenn die Frage »Wer sind Sie?« aus Höflichkeit nicht gestellt wird, bleibt ihre Beantwortung interaktiv relevant, und es finden sich vor allem am Gesprächsanfang Spuren der wechselseitigen Deutung und Zuordnung.

Unter bestimmten Kontextbedingungen kann die Kategorisierungsfrage aber auch in relativ kruder Form gestellt werden. Als Beispiel[15] zitiere ich die Fragestrategie einer Rundfunkjournalistin, wie sie in dieser Weise typisch ist für die Nachwendezeit (in Klammern notiere ich den entsprechenden Schritt zur Identifizierung und Kategorisierung des Gesprächspartners, die Auslassungen stehen für die Reaktionen des Anrufers): »Jan, hallo (Name), was hältst Du von Ostwerbung?« (thematisch relevante Evaluierungsfrage) ... »Wo kommst Du her?« (regionale Kategorisierung) ... »Ahja, das ist also quasi Werbung für Dich?« (Versuch, eine kategoriengebundene Eigenschaft bestätigen zu lassen) »Kommt Westwerbung bei Dir an?« (Umkehr der Evaluierungsfrage im Rahmen des bipolaren Sets) ... »Bist Du son traditionsbewusster Ostler?« (Konfrontation mit dem Stereotyp).

Was läuft hier ab? Wir können von einer Person, die wir kennen, nennen wir sie »Harald«, sagen: »Das war typisch Harald.« Bei einer Person, die wir nicht kennen, hilft uns diese typisierende Feststellung nicht, denn es gibt keine Merkmale, die für Personen mit dem Namen Harald typisch sind. Was uns dagegen helfen kann, ist die Information: »Harald ist ein Lehrer.« Dadurch wissen wir zwar immer noch herzlich wenig über die konkrete Person Harald, aber die Kategorisierung setzt ein Bündel von Assoziationen frei, das uns hilft, uns mit Harald zu verständigen. Je mehr wir von einer Person wissen, desto differenzierter und flexibler wird die Auswahl typischer Aspekte, die wir an ihr wahrnehmen können.

Das systematische Auftreten von Kategorisierungsfragen am Gesprächsanfang wird von SACKS nicht psychologisch, sondern gesprächstechnisch mit ihren Leistungen für die Gesprächsorganisation erklärt. Kategorisierungsfragen sind z. B. geeignet, Gespräche mit Unbekannten zu eröffnen, da man, um sie zu stellen, nichts über den anderen wissen muss. Weil außerdem ein großer Teil des geteilten Hintergrundwissens in vergleichbaren Kategoriensets gespeichert ist, bietet praktisch jede Antwort des Gesprächspartners ein breites Spektrum von thematischen Anknüpfungsmöglichkeiten. Der andere kann also als Ergebnis eines ständigen Aushandlungs-

und Interpretationsprozesses bis auf weiteres als ein repräsentatives Mitglied der genannten Kategorie behandelt werden.

Das Beunruhigende an der Ost-West-Kommunikation ist vor diesem theoretischen Hintergrund weniger, dass die Kategorien »Ossi« und »Wessi« kurz nach der Wende scheinbar wie aus dem Nichts auftauchten. Da man nur relativ wenig voneinander wusste, gab es zum Zeitpunkt des sprunghaften Anstiegs der interkulturellen Kommunikation einen immensen praktischen Kategorisierungsbedarf. Beunruhigend war und ist vielmehr, dass die Kategorien zunächst leer waren. Der typische Ossi oder der typische Wessi existierten vor der Wende nicht, jedenfalls nicht in dem Sinne, wie z. B. ein typischer Lehrer in Ost und West existiert oder wie ein typischer Bayer für einen Norddeutschen existiert. Insofern die Kommunikation über das Kategorienset Ost-West organisiert wurde, setzte die Verständigung daher von Anfang an ein Minimum an Verstehen voraus. Da die Kategorien andererseits gerade als bipolares Set[16] enorme gesprächstechnische Vorteile boten, wurde in der Folgezeit viel Energie und Phantasie aufgeboten, um den typischen Ossi und den typischen Wessi zu konstruieren, wobei es auch zur Behauptung z. T. absurder kategoriengebundener Eigenschaften und Aktivitäten kam. Die Tatsache, wie beherrschend das undifferenzierte bipolare Kategorienset z. T. bis heute ist, zeigt im Grunde, wie wenig man immer noch voneinander weiß bzw. wie wenig man sich auf andere Kategorisierungsmöglichkeiten verlassen will oder kann.

Kategorien, die relativ ungefüllt sind, laufen vermutlich stärker als andere Gefahr, durch stereotype Zuschreibungen gefüllt zu werden. Am bekanntesten sind die Stereotype »Jammerossi« und »Besserwessi«, die in den Jahren nach der Wende zu Synonymen für das Kommunikationsproblem zwischen Wessis und Ossis wurden. Aus konversationsanalytischer Sicht könnten diese Zuschreibungen einschließlich ihrer problematischen Rekonstruktionsversuche das Ergebnis fehlgeschlagener Verstehensbemühungen sein, die bei nüchterner Betrachtung nichts oder wenig mit der Einstellung der Teilnehmer zu tun haben, dafür umso mehr mit laufenden Verständigungsprozessen, die ohne ein hinreichend kongruentes Verstehen abgelaufen sind. Eine sozialpsychologische Etikettierung als »Vorurteil« dürfte der Sache vor dem geschilderten Hintergrund nicht völlig gerecht werden.

Im Folgenden möchte ich das Verhältnis von Verständigen und Verstehen an einigen Beispielen aus meinem eigenen Erfahrungsbereich erläutern. Ich fange mit den unkomplizierten Beispielen an und arbeite mich zu den schwierigeren vor, wobei ich den Grad der Komplexität an der Frage messen will, ob eine Thematisierung des Kommunikationsproblems im laufenden Kommunikationsereignis möglich gewesen wäre und zu welchem Preis. Die Auswahl ist natürlich subjektiv.

Ich beginne mit einem Reflexionsanlass, der sich ohne weiteres durch einige Zusatzinformationen überwinden lässt: Seit einiger Zeit arbeite ich als westsozialisierter Lehrer an einer Ostberliner Schule. Eines Tages vor Unterrichtsbeginn überreicht mir die Schulleiterin gut gelaunt einen »Muttizettel«, was umständlich ausgedrückt ungefähr soviel bedeutet wie »aktualisierter Tagesplan«. Natürlich kann ich aus dem Kontext mühelos ableiten, was meine Gesprächspartnerin meint. Das Besondere ist nur, dass mir für einen Moment bewusst wird, dass der »Muttizettel«, indem er auf ein kulturspezifisches Hintergrundwissen verweist, mehr als eine neue Vokabel unter anderen sein könnte.

Das zweite Beispiel ist komplizierter, weil es nicht nur um ein Wort und das entsprechende Hintergrundwissen geht, sondern um Möglichkeiten und Grenzen der Perspektivenübernahme im laufenden Gespräch. Schauplatz ist das frisch renovierte Lehrerzimmer. Die neuen Regale und Einbauschränke veranlassen mich zu einem anerkennenden Kommentar. Die Reaktion einer Ostberliner Kollegin fällt eher ironisch aus: »Aufbau Ost!« Das Beispiel ist deshalb komplizierter, weil »Aufbau Ost« für meine Kollegin offensichtlich etwas anderes bedeutet als für mich. Eine Übersetzung würde hier nicht weiterhelfen, eher schon eine ausführliche Erzählung. So kommt es dazu, dass wir zusammen lachen können, obwohl wir bis auf weiteres an einigen Punkten nicht über dasselbe lachen. Die Verständigung gelingt, weil die Ironiesignale eine eindeutige Sprache sprechen, das Verstehen muss unvollständig bleiben, bis genügend gemeinsame Erfahrungen da sind.

Das dritte Beispiel zeigt, dass gemeinsames Wissen keineswegs neutral ist, wenn es darum geht, in der öffentlichen Diskussion eine Position zu behaupten. Der Wissenstransfer von Ost nach West und umgekehrt wird nicht frei von real existierenden Machtverhältnissen geregelt: In einer Talkshow zum »Aufbau Ost« attackiert ein ostdeutscher Gewerkschaftsfunktionär durch sein Diskussionsverhalten und durch den Inhalt seiner Beiträge den Grundkonsens der im Übrigen westdeutsch besetzten Expertenrunde. Nach einer turbulenten Szene legt ihm der Moderator die Frage vor: »Marktwirtschaft ist nicht Ihre Sache oder doch?«, wodurch der Gefragte quasi mit Ausschluss bedroht wird. Der Versuch, einen vergleichbaren Hochwertbegriff mit ostdeutscher Geschichte in der Diskussion durchzusetzen, scheitert am mangelnden Wissen der westdeutschen Gesprächsteilnehmer und letztlich an der strukturellen Unterlegenheit der ostdeutschen Perspektive[17].

Anspielungen und jede Form des Modalitätswechsels wie Scherz und Ironie setzen grundsätzlich ein Mindestmaß an gemeinsamen Erfahrungen voraus. Wenn der »ostdeutsche Diskursstil« von einigen Gesprächsanalytikern charakterisiert wird mit: »indirekte Ausdrucksweise; manches ist für Westdeutsche nicht ausreichend erklärt, zusätzliche Aufklärung nötig«,[18] beschreibt dies vielleicht ganz allgemein die Erfahrung eines Außenstehenden, der nicht wissen kann, ob und wie viel er verstanden hat. Häufig signalisiert der Kontext und die Art des geführten Gesprächs zwar, dass man zwischen den Zeilen lesen muss. Wie verhält man sich aber, wenn man die Anspielungen nicht »lesen« kann oder wenn man sich nicht sicher ist, ob der andere überhaupt in Anspielungen geredet hat. Man hat die Wahl zwischen Verständigung und Verstehen, weil man sich durch Nachfragen in besonderer Weise positioniert und den Verständigungsprozess unterbricht.

Welche Konsequenzen ergeben sich aus der Inkongruenz von Verständigung und Verstehen? Wie kann die Kommunikation aus Teilnehmersicht verbessert werden? An dieser Stelle fallen uns die Stimmen ein, die seit dem Fall der Mauer dazu raten, sich möglichst viel voneinander zu erzählen und sich gegenseitig geduldig zuzuhören. Dieser vernünftige Ansatz, den hoffentlich viele Menschen ernst genommen haben, konnte leider bisher die realen Missverständnisse, Zuspitzungen und Enttäuschungen im deutsch-deutschen Dialog nicht verhindern.

So wie sich mir das Problem der Ost-West-Kommunikation darstellt, ergeben sich für die Teilnehmer grundsätzlich zwei komplementäre Perspektiven:

1. Wie der Ratschlag vom Erzählen der eigenen Geschichte richtig unterstellt, hätte die Ausgangssituation nach der deutschen Einheit eigentlich verlangt, dass sich die Teilnehmer aus Ost und West möglichst viele kommunikative Kontexte schaffen, in denen sie in handlungsentlasteter Form ihre jeweiligen Erfahrungen aufarbeiten. Diese Vorstellung war und ist vor allem deshalb unrealistisch, weil sie an den Handlungszwängen laufender Kommunikationsereignisse vorbeisieht, aber auch deshalb, weil ohne entsprechende Kommunikationserfahrungen das Problembewusstsein davon fehlt, was an einer bestimmten Biografie für den anderen erzählenswert sein könnte. Weil eine Wurzel des Übels paradoxerweise darin liegt, dass die Teilnehmer beider Kommunikationskulturen die Aufgabe des Fremdverstehens quasi »natürlich« – sozusagen bei laufender Konversationsmaschine – gelöst haben, müsste man sich zur Verbesserung des Verstehens die Freiheit nehmen können, die Verständigungsroutine, d. h. auch und gerade die funktionierende Verständigung, zu hinterfragen und ggf. zu unterbrechen.

2. Da das Ausbremsen oder Anhalten der Konversationsmaschine andererseits erhebliche Risiken für die Alltagskommunikation beinhaltet – ein »unmotiviertes« Nachfragen kann z. B. durchaus als Krisenexperiment missverstanden werden –, führt der einfachere Weg der Angleichung von Verständigung und Verstehen über eine erhöhte Bereitschaft, die Differenz der beteiligten Perspektiven zu akzeptieren und bis auf weiteres wechselseitig in Rechnung zu stellen. Dies beinhaltet zugleich eine Normalisierung übertriebener Erwartungen an eine möglichst große Übereinstimmung, die speziell durch Metaphern wie die von den Brüdern und Schwestern in Ost und West geschürt wurden. Es ist – um im Bild zu bleiben – vermutlich leichter zu akzeptieren, dass ein Bekannter oder ein Kollege mich nicht versteht, als dass ein Mitglied der Familie mich nicht versteht.

Dass Verständigung ohne restloses Verstehen auch positive Seiten haben kann, darauf hat schon der Dialogautor und Sprachskeptiker Heinrich von KLEIST in seiner kleinen Schrift »Über die allmähliche Verfertigung der Gedanken beim Reden« aufmerksam gemacht. KLEIST weist darauf hin, dass der Gedankengang eines Sprechers durch einen aktiven Zuhörer beflügelt werden kann, wobei er betont, dass es »nicht eben ein scharf denkender Kopf zu sein« braucht, der da zuhört. Wichtig ist für den Sprecher zuerst die sichtbare Höreraktivität und nicht, ob er tatsächlich verstanden wird. Daraus lernen wir nicht nur, dass ein engagierter Zuhörer den Erzähler antreibt, sondern auch, dass der fertige Gedanke aus einer Eigendynamik des Formulierungsprozesses entstehen kann: Die Kommunikation von Angesicht zu Angesicht wird gewissermaßen zum Schwungrad des Gedankens. Erwähnenswert scheint mir der Gedanke von KLEIST nicht nur deshalb, weil er zeigt, dass der Einsatz von Verständigungstechniken einerseits und die Kontrolle von Verstehensarbeit andererseits völlig verschiedene Dinge sind oder sein können, sondern weil er die Produktivität eines aktiven Zuhörers preist, der nicht von vornherein alles verstehen muss. Immerhin dürfte mit der Klarheit in den Gedanken des einen Teilnehmers schon der erste Schritt zu einem gegenseitigen Verstehen getan sein.

Fazit

Während das gegenseitige Verstehen im Kommunikationsalltag eine notwendige und bisweilen etwas riskante Idealisierung der Teilnehmer ist und bleibt, war das restlose gegenseitige Verstehen schon immer ein romantisches Ideal, das mit der Kommunikationswirklichkeit schon deswegen nicht vereinbar ist, weil ein vollständiges Verstehen das Kommunizieren als solches überflüssig machen würde. Das bestätigt im Übrigen auch ein Bonmot des Journalisten Christoph Dieckmann, der auf die Standardfrage, wie lange es noch dauern wird, bis die Deutschen in Ost und West sich verstehen, antwortete (3.7.1999 in der Talkshow »Alex« auf 3 Sat): »ganz verstehen werden wir uns nie, dann gäbe es ja nichts mehr zu reden«.

1 Thema einer Talkshow von 1993.
2 Beitrag auf einer Akademietagung von 1993 (vgl. PAUL 1999, 18).
3 THIERSE 1992.
4 HAUSENDORF 1995.
5 PÄTZOLD/PÄTZOLD 1995.
6 Kolumne des *Tagesspiegel*, beginnend am 2. September 1999.
7 Ankündigung einer Buchpremiere der Heinrich-Böll-Stiftung, Der Tagesspiegel. 3. Oktober 1999.
8 Nach KLAPPENBACH/STEINITZ 1980, 4120 ff.
9 Vgl. GOFFMAN 1971, 16 f.
10 SCHÜTZ I, 263.
11 SCHÜTZ (I, 14) fasst diese Idealisierungen in der »Generalthese der reziproken Perspektiven« zusammen.
12 BERGER/LUCKMANN 1969, 163: »Das notwendigste Vehikel der Wirklichkeitserhaltung ist die Unterhaltung.« Zum Konzept der »Konversationsmaschine« vgl. ebd. Der Forschungsansatz der Konversationsanalyse wird im Hinblick auf die Untersuchung nationaler Selbst- und Fremdbilder in CZYZEWSKI u. a. (Hrsg.) 1995, 11–81 ausführlich erläutert.
13 Die drei wichtigsten Widerstände gegen eine Bearbeitung möglicher Verstehensprobleme bei laufendem Motor sind: 1. Wahrnehmungs- und sprachpsychologische Widerstände: Große Teile des sprachlichen Wissens sind nur mit größter Mühe überhaupt der Introspektion zugänglich. Wenn jeder Aspekt des Kommunikationsereignisses von den Teilnehmern mit gleicher Intensität und mit gleichem Differenzierungsgrad bewusst verarbeitet werden müsste, wäre eine routinierte Verständigung kaum mehr möglich. 2. Wissenssoziologische bzw. epistemologische Widerstände: Die Hintergrundannahmen können von den Teilnehmern nicht angesprochen oder problematisiert werden, ohne dass sich der Charakter und/oder die Qualität des Gespräches ändert. Weil die Hintergrundannahmen unterschwellig arbeiten, hat ihre Offenlegung einen Signalwert für das laufende Kommunikationsereignis. 3. Interaktionsdynamische Widerstände: Das laufende Kommunikationsereignis kann von den Teilnehmern zu keinem Zeitpunkt angehalten oder eingefroren werden. Die Teilnehmer bleiben auch dann praktisch involviert, wenn sie versuchen, eine Kommunikationsbarriere aus dem Weg zu räumen. Die Teilnehmer können also als Teilnehmer keine handlungsentlastete Perspektive auf ihr Problem einnehmen. Zu den Restriktionen praktischer Sprachreflexion vgl. PAUL 1999, 102 ff.
14 SACKS I, 40 ff.
15 Vgl. PAUL 1995.
16 Zur Spezifik und zu den Gefahren bipolarer Kategorisierungen (schwarz-weiß; Mann-Frau ...) vgl. SACKS I, 48.
17 Vgl. PAUL 2000.

18 SHETHAR und HARTUNG nach AUER, in REIHER/KRAMER 1998.

Literatur

BERGER, P. L./LUCKMANN, T. (1969): Die gesellschaftliche Konstruktion der Wirklichkeit. Eine Theorie der Wissenssoziologie. Frankfurt/M.

CZYZEWSKI, M./GÜLICH, E./HAUSENDORF, H./KASTNER, M. (Hrsg.) (1995): Nationale Selbst- und Fremdbilder im Gespräch. Opladen.

GOFFMAN, E. (1971): Interaktionsrituale. Über Verhalten in direkter Kommunikation. Frankfurt/M.

HAUSENDORF, H. (1995): *Man spricht zwar eine Sprache aber …* Die Wiedervereinigung als Kommunikationsproblem. In: CZYZEWSKI u. a. (Hrsg.). S. 120–144.

KLAPPENBACH, R./STEINITZ, W. (Hrsg.): Wörterbuch der deutschen Gegenwartssprache. Berlin. 10. Aufl. 1980.

KLEIST, H. von: Über die allmähliche Verfertigung der Gedanken beim Reden, In: KLEIST: Sämtliche Werke und Briefe. hrsg. von H. SEMBDNER. Bd. 2. München 51970. S. 319–324.

PÄTZOLD, J./PÄTZOLD, M.: Gemeinsame Sprache, geteiltes Verstehen. Anmerkungen zur Systematik von Verständigungsschwierigkeiten zwischen Deutschen Ost und Deutschen West. In: REIHER (Hrsg.) (1995). S. 244–262.

PAUL, I.: Schismogene Tendenzen des Mediendiskurses nach der deutschen Einheit. In: CZYZEWSKI u. a. (Hrsg.) (1995). S. 297–327.

PAUL, I. (1999). Praktische Sprachreflexion. Tübingen.

PAUL, I.: Gerahmte Kommunikation. Die Inszenierung ost-westdeutscher Kommunikationserfahrungen im Mediendiskurs. Erscheint in: AUER, P./HAUSENDORF, H. (Hrsg.): Kommunikation in gesellschaftlichen Umbruchsituationen. Mikroanalytische Untersuchungen zum Sprach- und Gesellschaftswandel in den Neuen Bundesländern. Tübingen. S. 113–150 [i.Dr.].

REIHER, R. (Hrsg.) (1995): Sprache im Konflikt. Zur Rolle der Sprache in sozialen, politischen und militärischen Auseinandersetzungen. Berlin, New York.

REIHER, R./KRAMER, U. (Hrsg.) (1998): Sprache als Mittel von Identifikation und Distanzierung. Frankfurt/M.

SACKS, H. (1992): Lectures on conversation. hrsg. von G. JEFFERSON, Cambridge (SACKS I).

SCHÜTZ, A. (1971): Gesammelte Aufsätze Bd. 1–3. Den Haag (SCHÜTZ I).

SHETHAR, A./HARTUNG, W. (1998): Was ist »Ostjammer« wirklich? Diskurs-Ideologie und die Konstruktion deutsch-deutscher Interkulturalität, In: REIHER/KRAMER (Hrsg.). S. 39–66.

THIERSE, W.: »Sprich, damit ich dich sehe«. Ein anderes Deutsch, doch keine andere Sprache in der Vergangenheit der DDR. In: Praxis Deutsch 114 (1992). S. 4–7.

Antje Baumann

OstWind aus NeuLand

Zur Debatte um doch nicht ganz einfache Geschichten

I. Zur Geschichte eines Buches

Das erste Mal hörte ich davon, als ich mit Freunden im »Terra nova«, einem Restaurant im Prenzlauer Berg, saß: Eine Frau, die aus dem Westen in den Osten gezogen war, hatte ihre Erlebnisse aufgeschrieben, die vor ein paar Wochen als Buch erschienen waren. Jetzt sei die Aufregung groß, weil die Ostdeutschen sich darin falsch porträtiert fanden und die Autorin Luise Endlich in Talkshows und Interviews weiter Öl ins Feuer gieße, indem sie darauf bestehe, sie habe lediglich Erlebtes aufgeschrieben und damit öffentlich gemacht, was mancher ihrer westlichen Zeitgenossen nicht auszusprechen wage. Am Tisch konnte man sich durchaus vorstellen, dass sie all das tatsächlich erlebt hatte: Episoden von Blümchentapeten, von süßem Wein, vom Vergolden der DDR-Vergangenheit, von Unfreundlichkeit gegenüber Westdeutschen und andere mehr wurden nacherzählt. Aber es blieb unvorstellbar, dass Frau Endlich das alles nicht vorher schon kannte oder erwartet oder wenigstens davon gehört hatte, wo sie doch wusste, dass sie in die Provinz zog, in die östliche dazu.

Beim Verlassen des Lokals bat ich darum – obwohl ich vor dem Stil des Buches gewarnt wurde –, es demnächst einmal ausleihen zu dürfen, und fragte noch einmal nach seinem Titel. »Neuland«, sagte der Buchbesitzer und zeigte auf den Schriftzug über der Ausgangstür. Wir mussten lachen, denn ich wusste zwar auch vorher, was »Terra nova« heißt, war mir dessen aber nicht bewusst, während wir uns im »Neuland« befanden. Diese Wahrnehmungs- oder Bewusstseinslücke kam mir wieder in den Sinn, als ich mehr und mehr in die Debatte um das Buch von Luise Endlich eintauchte.

»NeuLand. Ganz einfache Geschichten« erschien 1999 im Berliner Transit Verlag. Die Auflage betrug 1500 Exemplare.

Laut Klappentext geht es im Buch um Folgendes:

»Ein scheinbar völlig normaler Vorgang: eine dreiköpfige Familie zieht von den Ufern des Rheins in die Nähe der Oder, von West nach Ost. Doch das Leben dort wächst sich zu einer Kette höchst verblüffender Erfahrungen und kurioser Begegnungen aus, die den Eindruck aufkommen lassen, sie seien in ein Land mit eigenen Riten und anderen Gebräuchen geraten. Soviel gepfefferter Eigensinn hat schon manche zarte Natur überwältigt. Nicht so unsere Autorin: Sie hat ihre Augen offengehalten und ihre ›ganz einfachen‹ Geschichten mit dem notwendigen satirischen Witz zu einem abwechslungsreichen Panorama des Alltags in einem Neuen Land geformt. Ein gesamtdeutsches Abenteuer, ein intensiver Blick in unsere Gegenwart.«

Bald schon nach der Veröffentlichung war das Buch Gesprächsthema in diversen Zeitungen und Zeitschriften, in Rundfunk- und Fernsehsendungen, Stadtgespräch gar in »Oststadt«, dem Handlungsort des Buches, aber dann auch andernorts und also – wie man heutzutage gern in Deutschland sagt – in Ost und West.

Schnell hatte man in »Oststadt« Frankfurt/Oder erkannt, fast ebenso schnell hinter dem Pseudonym Luise Endlich die Arztgattin Gabriela Mendling, die mit ihrem Mann von Wuppertal (»Weststadt«) an die Oder gezogen war, da dieser dort als Chefarzt die gynäkologische Abteilung des Städtischen Klinikums leiten sollte. Das Buch entstand, weil Gabriela Mendling, als sie sechs Jahre nach dem Beitritt der DDR zur alten BRD von West nach Ost zog, ihrem damals kleinen Sohn eine Dokumentation dieser Zeit hinterlassen wollte. Sie verarbeitete dazu eigene Tagebuchaufzeichnungen und den Briefwechsel mit einer Freundin im Westen.

Mittlerweile sind mehr als 60 000 Exemplare verkauft, das Buch erscheint in Bestsellerlisten und ist jetzt auch als Taschenbuch (eines großen Verlages, der das Manuskript zuerst abgelehnt hatte) zu haben.

II. Reaktionen auf das Erscheinen von »NeuLand«

Nach dem Erscheinen des Buches gab es eine Vielfalt an Reaktionen, die ich an dieser Stelle zusammenfasse. Ich beziehe meine Kenntnisse hierbei aus den Medien[1].

a) Reaktionen, die sich an die Autorin bzw. ihre Familie richten
Gabriela Mendling erreichten bislang weit über 300 Leserbriefe. »Bis heute erhält sie pro Woche ein bis zwei Briefe zu ›NeuLand‹ ... die anonymen öffnet sie nicht mehr« (Berliner[2], 21.3.2000). In der größten Buchhandlung von Frankfurt/Oder »wird Kunden vom Kauf des 34 Mark teuren Buches abgeraten, damit die ›Wessi-Frau‹ nicht auch noch dran verdient. Die Exemplare in der Stadtbibliothek sind für zehn Monate vorbestellt« (MoPo, 10.7. 1999). Sie wurde »ausgegrenzt und als ›Chefarzttussi aus dem Westen‹ in die Ecke gestellt. Flugblätter[3] gegen die Autorin wurden in der Klinik ihres Mannes verteilt, die Autos der Familie wurden beschädigt, Drohbriefe[4] und anonyme Anrufe häuften sich. ›Luise go home‹, hieß es unter anderem in einem der Briefe, den die Autorin in ihrem neuen Buch ›OstWind‹ zitiert« (SZ, 22.3. 2000). Der Sohn wurde in der Schule als »Wessi-Arsch« beschimpft, im Oder-Anzeiger, einem lokalen Anzeigenblatt, reimte ein »Frankfurter Journalist als Antwort auf das Buch ein ›Neuland-Lied‹: ›I'm a strange hard eastman/Ich trage eine Bärenhaut/Und spiele Balalaika bis daß der Morgen graut/ Dann geh ich Wessis jagen/Und kommst du mir zu nah/I'm a strange hard eastman/Stirbst du in der Taiga‹« (MoPo, 22.11. 1999). »Von den Westdeutschen, die zum Teil seit Jahren in der Stadt leben, will sich keiner mehr offen zu der Autorin und ihrem Mann bekennen« (ebd.). »Gute Bekannte grüßen nicht einmal mehr ... Die Kehrseite: Leser kommen bis auf ihr idyllisches Grundstück im Frankfurter Ortsteil Pagram, um sich das Buch signieren zu lassen und sie zum Weitermachen zu motivieren« (MoPo, 10.7. 1999). »Hobby-Autoren bitten sie um Rat, ob auch sie ihre Erlebnisse veröffentlichen sollen. Menschen, die weggezogen sind aus der Gegend, schicken Briefe, manche legen Kopien aus Stasiakten bei« (Berliner, 25.8. 1999). Mit ihrem »bissigen Ost-West-Erlebnisbericht ›NeuLand‹ ... brachte [sie] auch ihren Mann als Chefarzt

der Frauenklinik im Klinikum Frankfurt in Bedrängnis. Der Verwaltungsdirektor forderte öffentlich, dass ›beleidigende und verletzende Äußerungen der Ehefrau unterbleiben sollten, da dies direkte Auswirkungen auf die Patientennachfrage hat‹« (Kurier, 17. 11. 1999).

b) öffentliche Reaktionen

Hierunter fallen natürlich alle Beiträge in den Medien, die seit dem Erscheinen des Buches der – meist stark polarisierten – Darstellung von ablehnenden und zustimmenden Meinungen und Haltungen viel Raum gaben und damit weiter polarisierend in die Rezeptionsgeschichte hineinwirkten. Auf Rezensionen, Buch- und Lesungsankündigungen folgten Leserbriefe, Berichte und Kommentare in regionalen und überregionalen Blättern. Neben Lesungen in Greifswald, Potsdam, Berlin, Baden-Württemberg, Rundfunksendungen und Talkshows seien hier vor allem drei Fernsehbeiträge genannt, da sie sich ausführlich mit dem Buch, der Autorin, der Stadt Frankfurt/Oder und den Reaktionen auf das Buch beschäftigen: eine »Klartext«-Reportage (ORB, 29. 6. 1999), eine »Kontraste«-Sendung (ARD, 8. 7. 1999) und eine »Frontal«-Reportage (ZDF, 9. 11. 1999). Dabei spielt die letztgenannte Reportage[5] eine besondere Rolle, da sie zum zehnjährigen Jubiläum des Mauerfalls gezeigt wurde, damit extrem hohe Einschaltquoten erwarten konnte und in einen Kontext gerückt wurde, der das Bild der Deutschen in Ost und West (von sich selbst und den jeweils anderen) wesentlich und unmittelbar betrifft. Vor allem dieser »Frontal«-Bericht wurde fortan im Zusammenhang mit »NeuLand« diskutiert. Er war in seiner wenig ausgewogenen Darstellung auch der Hauptauslöser für eine Bürgerversammlung, die der Oberbürgermeister Pohl im Namen von vielen empörten Frankfurtern in einem Offenen Brief[6] von den ZDF-Redakteuren gefordert hatte, um die ihres Erachtens »manipulative« Berichterstattung zu korrigieren und die unterschiedlichen Sichtweisen auf die Stadt und deren Probleme gemeinsam zu diskutieren.[7]

Außerdem gehören zu den öffentlichen Reaktionen auch die Entwicklungen im Frankfurter Klinikum, in dem Werner Mendling in verantwortlicher Position arbeitet und nun mit den im Buch seiner Frau veröffentlichten Meinungen in Zusammenhang gebracht wurde. In einer Presseerklärung des Klinikums heißt es, dass Pressebeiträge zum Buch »Neuland« sich »geschäftsschädigend« auswirken; als Beleg wird ein Rückgang der Entbindungen um 17 % genannt.[8] In diesen Auseinandersetzungen ging es auch immer wieder um die (tatsächliche oder vermutete) Stasi-Vergangenheit einiger Ärzte, die wiederum vom »Frontal«-Beitrag aufgegriffen wurde.[9] Gabriela Mendling galt dabei vielen als Auslöserin für das gewaltige Medieninteresse an Frankfurt/Oder, das jetzt sogar in den Fokus der internationalen Presse geriet. So wurde in einer Sonderausgabe des New Yorker »Time«-Magazins mit dem Titel »Visions of Europe« Frankfurt – neben Magdeburg – als »ein Zentrum des deutschen Rechtsradikalismus dargestellt und die Frage aufgeworfen, ob dort NATO-Friedenstruppen für Ordnung sorgen sollten« (Welt, 18. 11. 1999).[10]

c) Reaktionen der Autorin bzw. ihrer Familie

Die oben aufgeführten Reaktionen auf das Buch führten wiederum dazu, dass Gabriela Mendling sich zu weiteren Aktionen veranlasst bzw. außerstande sah. So zeigten Drohungen, Hass und Verachtung ihre Wirkung: »In den letzten Monaten vermied sie es, in Frankfurt (Oder) einkaufen zu gehen, lebte auf ihrem Grundstück ›wie in einem Ghetto‹« (MoPo, 29. 3. 2000). Der Berliner Kurier hatte am 27. 11. 1999 unter der Überschrift »Arztfrau mit Mord bedroht«[11] berichtet: »Einschüchtern lässt sich die [...] Autorin davon nicht. Sie sitzt schon am Fortsetzungsbuch ›OstWind‹, das im März erscheint.«

Ja, »Gabriela Mendling ist Kummer gewöhnt«, meint die Berliner Morgenpost schon am 10. Juli 1999, wirke jedoch »erstaunlich gelassen« und will »sich an ein zweites Buch setzen. Einerseits, um die zwiespältige Resonanz aufzuarbeiten, andererseits, um festzuhalten, was sich inzwischen in der Oderregion verändert hat.« Im Juli berichtet auch die Süddeutsche Zeitung noch: »Und die Mendlings wollen bleiben. Beide engagieren sich in verschiedenen Vereinen und Organisationen, sie wirbt für den Wiederaufbau der Elisabethkirche [...] Auf dem von ihr gestifteten Stein soll der Name Luise Endlich stehen. Und ihre Geschichten will sie fortsetzen, will anschreiben gegen Kommunikationsschwäche, Verstocktheit und eingefleischte Gewohnheiten«. (27.7. 1999) »Ihr erstes Buch, findet sie rückblickend, sei ein ›Angebot zum Dialog‹ gewesen« (Spiegel, 18.3. 2000/Nr. 1), aber wegen der diversen Anfeindungen in Frankfurt (Oder) »hat die 39jährige ihre erste Lesung ... lieber in Potsdam veranstaltet, anstatt sich in Frankfurt (Oder) einer ›Schlammschlacht‹ auszusetzen ... In Frankfurt ist eine sachliche Diskussion nicht möglich – da haben mir selbst Einheimische abgeraten.‹ ... Trotzdem steht Frau Mendling zu dem, was sie in ihrem Erstlingswerk beschrieb ... ›Natürlich sind das nur die Extreme, mein Manuskript wurde vom Verlag ja auch um die Hälfte gekürzt‹, klingt es fast entschuldigend. Nicht ihr Buch sei schlecht, sondern die gemachten Erfahrungen. ... Positiv hat [sie] ... bemerkt, dass sich ihre Freunde im Westen nach dem Lesen des Buches endlich einmal Gedanken über das Leben in den neuen Ländern machen.« (MoPo, 10.7.1999).

Trotz der teilweise irrationalen und heftigen Reaktionen habe sie »es nie bereut, das Buch geschrieben zu haben«. Noch im August schildert sie ihre Ausgangsposition für die gemachten Erfahrungen so: »... ›wir glaubten, das sei sechs Jahre nach der Wende ein völlig normaler Umzug innerhalb Deutschlands‹«. Und ihr Mann meinte damals erklärend, dass die »politische Grundstimmung vieler Leute« sie beide so sehr irritiere, sei ein »soziales Problem: ›Das kultivierte Bürgertum, das in westdeutschen Städten über Jahrzehnte gewachsen ist, gibt es hier nicht ... das konnte entweder in der DDR nicht wachsen oder ist ausgestorben, weggeekelt oder wurde herauserzogen.‹« (Berliner, 25.8.1999)

Doch die Situation spitzt sich im November zu, und zwar nach der Sendung eines Beitrages über Frankfurt (Oder) im ZDF-Magazin »Frontal« zum 10. Jahrestag des Mauerfalls, der »jedes noch so abgedroschene Klischee von Deutschlands dumpfem Osten in die Wohnstuben der Fernsehnation brachte« (MoPo, 21.11.1999).[12] Als Bildunterschrift zu ihrem Foto schreibt die Berliner Morgenpost am 17.11.1999: »Brachte den Stein der negativen Image-Lawine ins Rollen ...« und führt im Artikel selbst weiter aus: »›Stein des Anstoßes‹ ist für viele Frankfurter die Mitte der 90er Jahre nach Frankfurt gezogene Familie Mendling. Gabriela Mendling hatte in ihrem Buch ›NeuLand‹ ihre negativen Erlebnisse in Frankfurt beschrieben. Das polarisierende und Klischees verstärkende Buch schlug ein wie eine Bombe: Während sich viele Ostdeutsche beleidigt fühlten, sahen sich Westdeutsche in ihrer Meinung über die ›Ossis‹ bestätigt.« Man unterstellte ihr, sie hätte mit »NeuLand« die Medienleute angelockt und für den ZDF-Beitrag gar das Drehbuch verfasst.[13]

Jetzt schlagen die Wogen richtig hoch. Die Wellen der Reaktionen (aus Ost und West) auf ihr Buch und auf den »Frontal«-Beitrag überlagern sich mit den für sie im Alltag erfahrbaren: Ost-West-Vorurteile, Arbeitslosigkeit und Fremdenfeindlichkeit, Stasi-Verwicklungen im Klinikum ihres Mannes – alles wird jetzt auf einmal mit ihr in Verbindung gebracht. Sie hat eine Debatte ausgelöst. Auflösen kann sie die verschiedenen Themenbereiche darin nicht mehr. »Eine Lesung in Berlin sagte [sie] ab – Nervenzusammenbruch« (Kurier 17.11. 1999, vgl. auch OstWind, S. 158).

Unter derart zunehmendem Druck nimmt die »Dauerüberlegung« (MoPo, 21.3.2000), doch wieder aus Frankfurt (Oder) wegzuziehen, nach Phasen des Trotzes, in denen Frau und Mann bleiben wollen[14], genau zum Erscheinen von »OstWind« im März 2000 konkrete Formen an. »Mit ›OstWind‹ zurück in den Westen«, titelt die Morgenpost am 22. März 2000 und fragt Gabriela Mendling, ob der Wechsel nach Berlin eine Kapitulation sei. »›Nein, nicht wirklich ... Ich will einfach nicht mehr mit all den Problemen konfrontiert werden. Ich will endlich wieder ins Kino gehen, bummeln, Theater besuchen, bei dem Türken in Kreuzberg, der sein Geschäft in Frankfurt geschlossen hat, einkaufen. ... Man lebt nur einmal‹, sagt die zierliche Frau, deren Mann in Frankfurt bleiben will.«

Genau eine Woche später berichtet dieselbe Zeitung unter der Überschrift »Frauenarzt Mendling folgt seiner Frau nach Berlin«. Er wird Chef der Frauenklinik am Berliner Urban-Krankenhaus und erhält »als Privatdozent eine außerplanmäßige Professur an der Humboldt-Universität, um am Virchow-Klinikum zu lehren« (Berliner, 30.3.2000). »›OstWind‹ soll sie westwärts tragen. Nach Berlin. ›Aber nur in einen West-Bezirk‹« (Kurier, 30.3.2000).

III. Was ist an der Debatte eine Untersuchung wert?

Zunächst drei Vorbemerkungen:

* Selbstverständlich gehört zur Untersuchung der Debatte um »NeuLand« die Lektüre von »NeuLand« und von »OstWind« selbst, obwohl viele Teilnehmer an diesem »Diskurs« mehr oder weniger deutlich ausdrücken, dass sie das Buch nicht gelesen haben. Dennoch geht es hier nicht darum, literarische Qualitäten zu begutachten.

* Ebenso selbstverständlich sollte es in einer Debatte, die um ost-west-deutsche Themen kreist, sein, die eigene Identität zu offenbaren: als Voraussetzung für Wissenschaftlichkeit – um dem Leser wenigstens die Möglichkeit zu geben, Information von Interpretation zu trennen. Wie Flavius Josephus vor etwa 2000 Jahren in »seiner« Geschichte des Jüdischen Krieges schrieb, er könne als Jude nicht objektiv vom Jüdischen Krieg berichten – so möchte ich meine ostdeutsche Sozialisation betonen, vor deren Hintergrund und mit deren Hilfe ich auch diesen Diskurs (re)konstruiere.

* Mir standen zur Auswertung folgende Materialien zur Verfügung:

- 34 Artikel aus deutschen Zeitungen und Zeitschriften innerhalb des Zeitraumes vom 23. 6. 1999 bis zum 30. 3. 2000,
- 33 Leserbriefe aus deutschen Zeitungen desselben Zeitraums,
- 6 Pressemitteilungen,
- 24 Leserrezensionen aus dem Internet[15] vom 8. Juli 1999 bis 28. März 2000,
- die Bücher »NeuLand« und »OstWind« von Luise Endlich,
- die Fernsehbeiträge der Magazine »Klartext« (ORB 29. 6.), »Kontraste« (ARD 8. 7.) und »Frontal« (ZDF 9. 11. 1999),
- eine Video-Aufzeichnung der Öffentlichen Bürgerversammlung in Frankfurt (Oder) am 22. November 1999.

Dass die Diskussion um ost-west-deutsche Befindlichkeiten, Vorurteile und inzwischen auch Schuldzuschreibungen für das mangelhafte »Zusammenwachsen« ein Dauerthema in der deutschen Öffentlichkeit ist, lässt sich schon durch das Ausmaß der Veröffentlichungen dazu sowohl in Presse, Rundfunk, Fernsehen und auf dem Buchmarkt belegen, das auf einen außerordentlich hohen Gesprächsbedarf verweist.[16] Allein dieses quantitative Merkmal macht die alltägliche Erscheinung von Ost-West-Kommunikation zu einer, die der Rede wert ist. Sie bedrängt einen jeden (Kommunikations-)Teilnehmer oder Beobachter mit Fragen wie: Was muss hier so dringend besprochen werden? Welche Werte oder Normen oder Behauptungen über die Welt überhaupt (also Aussagen mit Gültigkeits- und Wahrhaftigkeitsanspruch) werden hier verhandelt?

Wer weiter denkt, muss versuchen, auch daraus folgende Fragen zu beantworten: Warum werden diese Aussagen, Werte und Normen so umkämpft? Auf welche sozialen (und also auch Macht-)Verhältnisse verweisen diese sprachlichen Handlungen?

Die Antwort auf die ersten Fragen – um welche Aussagen über die Welt geht es, also: was wird behauptet – findet sich noch recht schnell. Die Debatte um »NeuLand« ist ein Teil der großen Ost-West-Debatte, in der es immer um das Bild der Ost- und Westdeutschen von sich selbst bzw. von den anderen geht. Dazu gehören die Fragen: Wer sind wir/sie? Wer waren wir/sie? Wie leben wir/sie? Was ist unsere/ihre Lebensweise wert? usw. usf. Schon immer – nicht nur im Kalten Krieg und nicht erst seit der so genannten Wiedervereinigung – wurden diese Fragen immer mit Bezug auf den jeweils anderen Teil Deutschlands gestellt. Ein Dauerwettbewerb zwischen Teilen eines getrennten Ganzen. Wenn diese Fragen zur Bildung ihrer Identität, ihres Bewusstseins von sich selbst führen, liegt es da nicht auf der Hand, dass Menschen aus Ost und West eine Antwort darauf finden müssen?

Eine Auswahl aus den Überschriften der vorliegenden Artikel soll an dieser Stelle die behandelten Themen benennen, innerhalb deren für Behauptungen über die Welt Gültigkeit beansprucht wird:

»Einfache Geschichten.
Eine Westdeutsche provoziert mit ihren Erfahrungen im Osten« (Berliner, 23. 6. 1999)

»Von einer, die auszog und das Fürchten lernte
Gabriela Mendling hat private Aufzeichnungen veröffentlicht – und eine Lawine losgetreten« (MoPo, 10. 7. 1999)

»Jagdszenen in Frankfurt an der Oder
Gegen Fremde und saure Weine
Mit ihrem Geschichten-Büchlein »NeuLand« hat sich Gabriela Mendling den Ruf einer Nestbeschmutzerin zugezogen«
(SZ, 27.7.1999)

»**Selbstbewusster!**
Frankfurt (Oder) und das Frust-Buch einer Zugereisten«
(MoPo, 21.11.1999)

»Abreise
Wer zuletzt lacht, lacht im Westen«
(Berliner, 21.3.2000)

»**Nach Skandal-Buch Abschied von Frankfurt**«
(Kurier, 30.3.2000)

Auf den zweiten Fragenkomplex nach den Gründen für die ständigen Aushandlungskämpfe und nach den sozialen Verhältnissen der Kommunikationsteilnehmer (also: Warum und mit welchen Mitteln wird die Gültigkeit der verhandelten Aussagen, Werte und Normen behauptet?) lassen sich die Antworten sehr viel schwerer finden. Denn die sprachlichen Handlungen, die in diesem Zusammenhang vollzogen werden, können nie mehr als Hinweise sein auf Strukturen im Denken und auf Strukturen im Zusammenleben der Kommunikationspartner.

Sowohl beim Verfolgen der Debatte um »NeuLand« als auch beim Auswerten der vorliegenden Materialien ist mir dreierlei aufgefallen:

a) die außerordentliche Heftigkeit, mit der die Debatte geführt wird,
b) das Schneeball-Prinzip, d. h. die rasant zunehmende Komplexität der Debatte und
c) die Überforderung der Kommunikationspartner.

Ich werde daher diesen Auffälligkeiten folgen, sie mit Beispielen sprachlicher Handlungen aus dem Korpus und mit meinem »Wissen von der Welt« belegen und dadurch Strukturen der Debatte um »NeuLand« – und damit vielleicht auch solche der Debatte um ost-west-deutsche Identitäten überhaupt – ein Stück weit freilegen.

IV. Zur Heftigkeit der Debatte

Die Heftigkeit ist erkennbar an o.g. (verbalen und nonverbalen) Reaktionen auf das Buch. Sie deutet auf Empfindlichkeiten und Tabus. Ist es so, wie es die Autorin ihre westdeutsche Freundin in »OstWind« sagen lässt? »Du siehst daran ..., daß Du in ein Wespennest gestoßen hast. Du hast den Mut gehabt, Dinge, die jeder weiß, aber nicht auszusprechen wagt, zu veröffentlichen.« (S. 68)

Hat sie mit der Beschreibung ihrer (meist frustrierenden) Erfahrungen das »östliche Monopol auf Depression« (SZ, 27.7. 1999) aufgebrochen?

Ich möchte – nachdem ich die verschiedensten Reaktionen auf »NeuLand« bereits unter II zusammengefasst habe – als Beleg für die Heftigkeit der Debatte hier kurz auf direkte Reaktionen verbaler Art Bezug nehmen: auf Leserrezensionen bzw. Kundenkommentare zu »NeuLand« im Internet.

Das geschieht aus mehreren Gründen.[17] Der Hauptgrund ist der Tatsache geschuldet, dass Leserbriefe als Textsorte hinlänglich bekannt sind: Sie beziehen sich auf einen kurz vorher in derselben Zeitung erschienenen Artikel und haben ergänzenden Charakter insofern, als sie Dargestelltes aus subjektiver Sicht kommentieren, indem sie die Meinung des Leserbriefautors mit Beispielen, Zitaten u. a. ausdrücken. Innerhalb des Mediums »Zeitung« dient der Leserbrief also dazu, der freien Meinungsäußerung und -bildung Raum zu geben, den Kontakt zur Leserschaft zu pflegen und das Massenmedium mit individuellen Zügen zu versehen.

Dabei sind zwei Einschränkungen zu machen: Leserbriefe werden nur in begrenztem Umfang (»Leserbriefecke«) und erst, nachdem sie redigiert worden sind, abgedruckt. Das heißt, die Freiheit der Meinungsäußerung und -bildung ist eine beschränkte, da jede Zeitung es sich vorbehält, eingegangene Leserbriefe nur teilweise oder gar nicht zu veröffentlichen. Dieser Modus beschränkt auch den Kontakt zur Leserschaft, der außerdem durch die – aus Daten- und Personenschutzgründen – nur vage umrissene Identität der Leserbriefautoren (z. B. »Heinz Schmidt, Berlin-Friedrichshain«) beeinträchtigt wird.

Die mir zur Verfügung stehenden Leserrezensionen im Internet unterscheiden sich von den Leserbriefen in vielerlei

Hinsicht, da das Medium »Internet« andere Möglichkeiten bietet und weil der Anbieter, der Leserrezensionen ins Netz stellt, andere Ziele verfolgt als eine Zeitung.[18] Ich möchte an dieser Stelle einige wesentliche Merkmale von Internet-Leserrezensionen bzw. Kundenkommentaren[19] (im folgenden Text IR genannt) erwähnen und zum Teil mit Beispielen belegen.[20]

Leserrezensionen im Internet sind im Vergleich zu Leserbriefen in einer Zeitung freier bzw. weniger eingeschränkt in Umfang, Aufbau, graphischer und stilistischer Gestaltung des Textes. Dadurch wird der Sprachgebrauch deutlich individueller, was v. a. am Stil und an der Themenentfaltung sichtbar wird.

So weisen IR Merkmale auf, die man in privaten Briefen findet (»... oder???? ... Weshalb sehen wir nur alles soooooo verbissen?«) oder in der gesprochenen Sprache (»... Zurecht? Ich meine ja!« oder »Sind doch unsere Brüder und Schwestern ... Nein. Nein. Nein.« oder »Für alle Wessis, die in den Osten ziehen wollen, eine Pflichtlektüre. Und dann: drüben bleiben!«[21] u. v. a. m.). Außerdem weist der Stil eine beachtliche Variationsbreite auf: von offiziell über umgangssprachlich bis leicht vulgär (»Der Autorin gelingt es, die typischen Eigen- und Fremdheiten des Ostens zu beschreiben.«/»Es tut mir leid, aber so viel Dummheit und Borniertheit in konzentrierter Form ist mir in meinem 50-jährigen Leben noch nicht untergekommen.«/»Auch ich bin ein Wessi, der nach 7 Jahren im Osten die Schnauze voll hat«[22]).

IR sind für eine andere Öffentlichkeit bestimmt, nämlich für Internet-Nutzer, die sich für dasselbe Buch interessieren. Auf dieser Grundlage – dem gemeinsamen Interesse an derselben Sache – können die Internet-Rezensenten andere Wege der Themenentfaltung gehen. Sie müssen nicht Aufmerksamkeit gewinnen, sondern können es sich leisten, z. B. vom ursprünglichen Thema relativ schnell abzugehen, wie an der IR eines Lesers aus Niedersachsen [vollständige E-Mail-Adresse vorhanden] vom 17. August 1999 zu erkennen ist: »Als hätte ich es selbst geschrieben [Überschrift] Ich kann das Buch wärmstens empfehlen und kann die Authentizität nur unterstreichen, denn die von der Autorin geschilderten Erfahrungen sind meinen verblüffend ähnlich; hier mein ähnlicher

Reisebericht: ...« Dieser »Reisebericht« macht nach der kurzen Einleitung den Rest der Rezension aus – ca. zwei A4-Seiten.

Die Identität der im Internet tätigen Rezensenten wird in unterschiedlichem Maße offenbar, wobei der Rezensent selbst das Ausmaß bestimmt. So gibt es vage Angaben neben vollständigen E-Mail-Adressen.[23]

Da die E-Mail-Adresse oft nicht die regionale Herkunft erkennen lässt, der Umfang der IR aber nicht beschränkt ist, nutzen auffällig viele Internet-Rezensenten die Gelegenheit, um ihre Identität zu erklären. Von den 21 IR erklären nur vier ihre regionale Herkunft nicht eindeutig, 11 (und damit die Mehrheit) sind aus Westdeutschland, fünf aus Ostdeutschland, einer aus Österreich. Sogar der Wechsel des Wohnorts – wie bei dieser Thematik von Bedeutung – wird aus den Texten ersichtlich. Von den 11 Westdeutschen leben fünf jetzt im Osten, drei sind nach Jahren im Osten wieder in den Westen zurückgekehrt[24], eine hat einen Freund, der im Osten gelebt hat[25]. Zwei Ostdeutsche berichten über ihre Erfahrungen nach dem Wechsel in den Westen.

Hervorzuheben ist außerdem, dass durch geringere Kosten und minderen Aufwand zwar auch eine gewisse Nachlässigkeit beim Schreiben der Texte zu verzeichnen ist, aber gleichzeitig damit die Schwelle, sich öffentlich zu äußern, merklich gesenkt wurde und somit mehr Menschen an der Diskussion um ein Buch teilnehmen. Weiterhin ist grundsätzlich eine weit größere Möglichkeit zum Austausch von Meinungen dadurch gegeben, dass das Medium neben schnellem Zugriff auch eine weit zurückreichende Recherche erlaubt.

Auffällig und für die Einschätzung der gesamten Debatte von Bedeutung ist vor allem, dass sich im Internet viele zu Wort meldeten, die eine ähnliche Lebensphase wie Luise Endlich durchlaufen haben oder gerade durchlaufen. Das sind dementsprechend in erster Linie Westdeutsche, die nach ihrem Umzug in den Osten die eigentlich gewöhnliche Erfahrung einer Minderheit machten. Da sie aber nicht nur fremd und in der Minderheit waren, sondern außerdem Vertreter der neuen Arbeits-, Lebens- und Sprachverhältnisse, kamen sie in eine individuell sicher schwierig zu reflektierende (und zu lebende) Situation: Sie erfuhren somit, wie es sich als Minderheit lebt, und gleichzeitig, wie man als Vertreter neuer – oft unerwünschter – Normen betrachtet, angesprochen und behandelt wird. Dabei spielt es eben oft auch keine Rolle, ob man sich selbst als Vertreter der betreffenden (und im Sinne der unter III gestellten Fragen) identitätsstiftenden und also »umkämpften« Normen sieht. Die Zuweisung zu Gruppen wie »Ossi«/»Wessi« (vgl. PAUL in diesem Band) erfolgt unabhängig von individuellen Absichten.[26] Auf diese Weise befanden und befinden sich Westdeutsche im Osten in einer schwer aufzulösenden Situation: Als Vertreter einer Minderheit sind sie (meist) zu Anpassung an die Mehrheit, was regionale Besonderheiten – auch in der Sprache – betrifft, fähig und bereit. Das zu erwarten bzw. zu leisten ist lediglich Grundlage von jeglichem Miteinander und sollte sich daher von selbst verstehen.[27] Wenn jemand gleichzeitig aber auch als Vertreter einer anderen Gruppe gesehen wird, die nicht regional, sondern sozial bzw. sozio-ökonomisch bestimmt ist, liegt der Fall komplizierter. Dieser Mensch sieht sich einem Normenkonflikt auf verschiedenen Ebenen ausgesetzt. Die Fremde wächst sozusagen von zwei Seiten auf ihn zu. Daher ist es keineswegs verwunderlich, dass Menschen in solch einer bedrängenden Lebenslage mit ihren Erfahrungen nicht allein bleiben wollen. Da die Öffentlichkeit der herkömmlichen (v. a. der öffentlich-rechtlichen) Medien sich aber politisch korrekt verhält und sich also der Idee von der Einheit des Landes verpflichtet fühlt, bleibt als Forum für derartige Themen – neben den privaten Fernsehsendern und den regionalen Zeitungen – eben so ein bisher relativ unreglementiertes Medium wie das Internet. Es bietet direkten Zugang zur Öffentlichkeit und verbindet damit Individualität und potenzielle Massenwirksamkeit auf neue Weise. Demzufolge kann man die frustrierten IR auch als den fast verschwiegenen Teil der Debatte begreifen, denn hier werden z. T. die gleichen Meinungen wie in anderen Medien geäußert, aber mit sehr persönlichen (und daher nicht zurückweisbaren) Argumenten, Beispielen und Erfahrungen belegt.[28]

Gerade weil den Rezensionen im Internet diese Eigenschaften zukommen, lassen sie die Heftigkeit, mit der die »NeuLand«-Debatte geführt wird, noch deutlicher erkennen als das die redigierten Leserbriefe in Zeitungen vermögen.

V. Zur zunehmenden Komplexität der Debatte

Es versteht sich von selbst, dass eine Debatte erst eine solche ist, wenn sie neben dem auslösenden Ereignis (und den dazugehörigen kontroversen Meinungen) weitere Themenbereiche einschließt, die der Debatte dann möglicherweise eine andere Ausrichtung, eine andere Intensität, eine andere Öffentlichkeit und somit neue Kommunikationspartner und -situationen verschaffen.

Im Falle von »NeuLand« wurde zuerst eine Verallgemeinerung vollzogen (in dem Sinne, dass daran zu sehen sei, wie »die Wessis« über »die Ossis« denken). Eine Wirkung, die u. a. dadurch erreicht wurde, dass »NeuLand« zwischen Dokumentation und Literatur schwankt, indem es Merkmale von Tagebuchaufzeichnungen (die Authentizität und also Subjektivität des Dargestellten signalisieren), daneben aber auch fiktionale Züge aufweist.[29] So fehlen reflektierende Elemente völlig, wird Frankfurt/Oder aber zu »Oststadt« generalisiert. Darin liegt m. E. ein wesentlicher Grund für die zwiespältige Resonanz: Als Literatur ist das Buch wohl weniger als ein Dreigroschenroman und also nicht ernst zu nehmen; es lediglich als persönliche Aufzeichnungen zu begreifen, gelingt jedoch aufgrund der Kommunikationssituation nicht – dann hätte Gabriela Mendling es nur ihrem Sohn und evtl. noch ein paar Freunden zu lesen geben sollen. Die Veröffentlichung durch einen Verlag setzt dahingegen schon einen Wert voraus, den die Lektüre auch für Nicht-Bekannte der Autorin (zumindest potenziell) hat. Sucht man diesen Wert, kann er nur in der Verallgemeinerung der subjektiven Erlebnisse liegen, denn anderes enthält das Buch nicht. Somit war die Störung der Kommunikation vorauszusehen: Was als Wein verkauft wurde, hatte wohl irgendwo gegärt, war aber immer noch unausgegoren und für einige gar ungenießbar. Die Berliner Zeitung meint rückblickend: »Die Autorin sah ihr Buch als Gesprächsangebot an die Frankfurter. Doch bei diesen kam es als Provokation an.« (24. 3. 2000). Dieses erste Missverständnis oder Nicht-Verstehen bereitete den Weg für weitere. Die Debatte wird angeführt von Lokalzeitungen, die Briefe empörter Leser abdrucken, nachdem in einigen Zeitungen Rezensionen erschienen waren, die zum Kauf anregten.

Die regionalen Zeitungen haben im direkten Wettbewerb mit den überregionalen die Aufgabe, für ihre Region einzutreten – was im Übrigen zugleich ihre einzige Chance im Überlebenskampf auf diesem Markt ist. Vermengen sich hier bereits verschiedene Interessen? (Geht es darum, den Bürgern der Region ein Forum zu bieten, oder darum, die eigenen Verkaufszahlen in die Höhe zu treiben? Oder tritt das eine in den Dienst des anderen?) Dann kommen die Lesungen – keine fand in Frankfurt/Oder statt – das Buch dringt in die Klinik des Mannes, der sich weigert, einen Zusammenhang zwischen dem Buch und den Entwicklungen am Arbeitsort zu sehen. Die Klinikleitung sieht derartige Zusammenhänge, kann sie intern nicht mehr auflösen, gibt Presseerklärungen ab, die Zeitungen drucken sie oder zitieren sie kurz, Dr. Mendling wird interviewt. Die Angelegenheit wird komplexer, Frau Mendling ist Gast in Talkshows, um aus erster Hand zur Klärung beizutragen. Aber klarer wird nichts, denn da gibt es auf der einen Seite die Lektüre des Buches bzw. Halbinformationen und Gerüchte darüber und auf der anderen Seite Drohungen, Flugblätter und ein (nicht als Satire verstandenes) »Neuland-Lied« für die Autorin. Statt zu einem Gespräch kam es zu Verstimmungen, weil wohl viele wunde Punkte berührt wurden (wenn vielleicht auch ohne Absicht), und zwar – weitaus folgenschwerer – ohne dass dieses (von den Verletzenden) bemerkt oder gar in der weiteren Kommunikation berücksichtigt wurde. Beide Seiten sind überreizt. Ursache und Folge sind kaum noch auseinander zu halten. So gerät der Konflikt zu einem öffentlichen. (Da Überreizung die Öffentlichkeit anzieht oder weil durch Öffentlichkeit Überreizung entsteht?) Zu der Verknotung der Probleme (Resonanz auf das Buch, auf die Stasi-Verwicklungen im Klinikum, auf die Behauptungen des »Frontal«-Beitrages, auf die Reflexion des Images von Frankfurt/Oder) kamen die Wirkungsweisen der Medienwelt.

Das Thema ist quotentauglich, es lässt sich verkaufen. Damit einher geht, dass das Buch als Auslöser der Debatte nahezu in den Hintergrund gedrängt wird. Schon am besagten »Frontal«-Bericht ist diese Entwicklung auch quantitativ nachzuvollziehen: Der Verweis auf das Buch nimmt weniger als eine Minute der ca. zehnminütigen Reportage in Anspruch.

Das Thema ist nicht mehr das Buch: Durch Abstraktion (bzw. Verallgemeinerung z. B. von Frankfurt/Oder zu »Oststadt«) auf der einen Seite und dem gleichzeitigen Beharren auf Konkretem (indem immer wieder auf die Eigenschaft von persönlichen Erfahrungen, worin jeder ein Experte ist, und die Freiwilligkeit der Lektüre verwiesen wird[30]) auf der anderen Seite drängen jetzt andere Themen in den Vordergrund. Sichtbar ist das an den Reaktionen (z. B. an den Leserbriefen in der MOZ) auf das Buch oder auch auf den besagten »Frontal«-Beitrag – sie beziehen sich fast nur noch auf das Thema »Verhältnis zwischen Ost- und Westdeutschen« bzw. (noch weiter abgeleitet) auf die »Verantwortung der Medien bei der Darstellung dieses Themas«. Ein weiterer Hinweis für dieses Phänomen ist auch die Entwicklung der Artikel in den verschiedenen Zeitungen: Die recht einfach strukturierten Textsorten wie Nachricht, Meldung, Ankündigung, Rezension weichen mit der Zeit Textsorten mit komplizierter Struktur wie Bericht, Interview oder Kommentar bzw. werden Berichte, die vermischte Merkmale tragen. Manchmal schien es gar, dass die Möglichkeiten des Printmediums für den erreichten Grad an Komplexität nicht mehr ausreichend seien. Allerdings konnte das Medium Fernsehen – zumindest in diesem Fall – mit seinen Möglichkeiten ebenso wenig überzeugen.

Durch die zunehmende Komplexität gerät die Debatte – da sie sich in aller Öffentlichkeit entwickelt – in den emotional hochbesetzten und dennoch politische Korrektheit fordernden Kontext der Ost-West-Thematik, damit gleichzeitig aber auch in einen Bereich, der – den Gesetzen der (Medien-) Marktwirtschaft folgend – diese Debatte für eigene Interessen instrumentalisiert. Auf diese Weise erfährt die Debatte eine Themenentfaltung (in Bezug auf Breite und Tiefe), die durch die Einfachheit und Subjektivität (und oft auch Banalität) des Ausgangsstoffes kaum noch getragen werden kann.

VI. Zur Überforderung der Kommunikationspartner

Wenn man in der Debatte um »NeuLand« als Kommunikationspartner auf der einen Seite Gabriela Mendling und auf der anderen die Öffentlichkeit annimmt, so reagieren diese

Partner auf die Anforderungen einer immer komplexer werdenden, immer neue Teilnehmer anziehenden öffentlichen Diskussion zwar äußerst unterschiedlich, dennoch sind Gemeinsamkeiten zu erkennen.

Wie die Autorin das Thema (ihre eigenen Erfahrungen in Oststadt) nicht allein bearbeiten konnte und sie deshalb an die Öffentlichkeit trug, so konnte diese Öffentlichkeit das daraus entstandene Buch nicht als das nehmen, was es ursprünglich war (eben ein persönlicher Erfahrungsbericht), und so musste sie es mit weiteren Problemen aufladen, die ihm eine Wendung ins Allgemeingültige gaben, das mittlerweile sogar das Interesse ausländischer Medien auf sich zog.

Beide Seiten verfolgten damit sehr unterschiedliche Ziele: Gabriela Mendling sah das Buch als ein Gesprächsangebot an die Frankfurter, da sie bisher mit ihren Problemen bei diesen kein Gehör gefunden hatte; die Medien sahen das Buch als einen Anlass, aus anderer, recht neuer, auf jeden Fall aber durch Authentizität autorisierter Perspektive einmal auf die Probleme in Ostdeutschland und auf das Verhältnis zwischen West- und Ostdeutschen zu sehen. Da beide Partner seit dem Erscheinen des Buches in der Öffentlichkeit wirkten, unterlagen beide (aber nicht beide gleich) den Mechanismen des Medien-Marktes. Von außen lassen sich folgende Ergebnisse (als Gewinn oder Verlust) erkennen: Gabriela Mendlings Buch hat Verkaufszahlen unerwarteter Höhe erreicht, das Folgebuch soll von Beginn an ein Bestseller werden. Die unmittelbar erlebbaren Auswirkungen haben sie aber bewegt, doch aus Frankfurt (nach Westberlin) wegzuziehen. Diese Defacto-Kapitulation beschreibt sie nicht als solche, sondern als Verlust und Schmach für die Stadt, zumal die Familie äußerlich nicht verliert, da ihr Mann einen anderen angesehenen Posten in Berlin antritt. Die Medien haben deutlich profitiert, was sich mit Einschaltquoten, Verkaufszahlen von Tageszeitungen und den betreffenden Büchern belegen lässt. Für sie scheint das Thema allerdings erschöpft, zumindest solange es keine weiteren Skandalmeldungen mehr hergibt. Tiefergehende Auseinandersetzungen um das Thema bleiben weitgehend unbeachtet oder werden nur von ausgewählten Medien aufgenommen, da sie nicht so quotenwirksam bzw. verkaufsträchtig sind.

Dass die Autorin in dieser Kommunikationssituation der schwächere Partner ist, leuchtet wohl auch ohne weitere Darlegungen ein. So erstaunt es umso mehr, dass gerade sie – die doch immerhin westlich sozialisiert ist – gar keine Ahnung gehabt haben will, worauf sie sich da einlässt.[31] Sie zeigt sich mehrmals überrascht von den heftigen Reaktionen auf ihr Buch und dem Interesse der Medien an diesem Thema. Andererseits lässt sie die Leser von »OstWind« wissen, wie sie sich darauf vorbereitete, mehreren Verlagen ihr Manuskript anzubieten. Immerhin hatte sie das »Buch über den richtigen Umgang mit Verlagen ... wie ein Kochbuch durchgearbeitet« – wie auch immer das sein mag, es klingt gründlich (OstWind, S. 11). Wie die Verhandlungen mit dem Verlag liefen, erfahren wir in den ersten beiden Kapiteln. Und nachdem andere Medien sich interessiert zeigen, scheint die Autorin immer deutlicher selbst den Gesetzen des entsprechenden Marktes ausgeliefert zu sein – allerdings schildert sie die vielen Episoden im Umgang mit Presse-, Rundfunk- und Fernsehjournalisten, Maskenbildnern usw. in der gleichen Art wie ihre Erlebnisse in Oststadt im Buch zuvor: ohne einen deutlichen Hinweis auf Reflexion dessen, was sie da macht und was mit ihr gemacht wird. Diese Episoden verbreiten daher nur den Eindruck, dass all ihr Bestreben unter das Motto »Alles für den Verkauf!« gestellt werden könnte.[32] Sie, die doch immer wieder betont, dass sie nur aufschreiben wollte, was bisher keiner hören mochte, erkennt zwar ansatzweise, dass die heftigen Reaktionen mit dem Sack-statt-Esel-Schlagen-Phänomen vergleichbar sind – sich selbst schützen oder der gewachsenen Debatte etwas hinzusetzen kann sie jedoch nicht. Nach dem Rückzug ins Private folgt der Wegzug aus der Stadt.

Was die Seite der Medien betrifft, so lässt sich – aus der Debatte abgeleitet – der alten Weisheit »Nur eine schlechte Nachricht ist eine gute Nachricht« eine andere hinzufügen: »Nur eine einfache Nachricht ist eine gute Nachricht.« So wurden die »ganz einfachen Geschichten«, wie »NeuLand« im Untertitel hieß, auf möglichst einfache Art und Weise von den Medien aufgearbeitet und benutzt, obwohl die Einfachheit sich wohl von Anfang an mehr auf Wahrnehmungsstruktur und Absichten ihrer Autorin als auf die Reaktionen der Leser oder gar auf den Kontext beziehen ließ, in dem das

Buch gesehen wurde. Und: Einem »Gegenbuch« (von Ostdeutschen über ihre Erfahrungen in Westdeutschland) steht – was die Marktmechanismen betrifft – nichts im Wege. Es könnte allerdings ebenso gut ein weiteres Buch von Gabriela Mendling sein, vielleicht aber auch eine Talkshow, in der sie die Basis-Erfahrungen von Westdeutschen im Osten moderiert.

Fazit

a) Dass ein einfach strukturierter und motivierter Ausgangsstoff (der auch triviale und banale Züge aufweist) eine große Debatte (komplex und intensiv) hervorrufen kann, deutet auf Tabus, zumindest aber auf Unausgesprochenes in der Gesellschaft. Vielleicht hat die Autorin mit ihrem Buch nicht in »ein Wespennest« gestoßen, sondern den Finger auf etwas gelegt, was nach der Operation immer noch wund ist. Obwohl diese Operation zusammengefügt habe, was doch zusammengehöre. Längst sollte alles zusammengewachsen sein. Statt dessen ist es wund und offenbart damit einen Fehler im Denken, im Sprechen, im Leben. »NeuLand« hat nicht nur das »östliche Monopol auf Depression« (SZ, 27.7. 1999), nicht das Jammer-Monopol des Ostens aufgebrochen, sondern vielmehr auch den Jammer-Bedarf des Westens gezeigt. Was vor zehn Jahren geschah, war weder eine Vereinigung noch eine Wiedervereinigung, sondern ein Beitritt. Würde das benannt werden, dürfte niemand an gleichberechtigtes Zusammenwachsen denken oder an eine Einheit, die sich durch Gleichheit oder Gleichwertigkeit welcher Art auch immer auszeichnete. Der Mythos von der deutschen Vereinigung würde nicht existieren und könnte somit auch nicht der subjektiven Wahrnehmung vieler Deutscher in Ost und West so stark zuwiderlaufen.

b) Innerhalb der Debatte sind Rezensionen von Lesern im Internet erstellt und damit für andere Internet-Nutzer zugänglich gemacht worden. Sie haben zwar – wie die herkömmlichen Leserbriefe an Zeitungen – letztlich auch einen Einfluss auf den Verkauf des entsprechenden Buches, sind aber unter den verschiedenen Möglichkeiten, seine Meinung frei zu äußern, ein Element, das weniger vermittelt funktioniert als die Leserbriefe. Damit stellen sie eine sinnvolle, nützliche und in gewisser Weise urdemokratische Ergänzung zu den bisherigen Möglichkeiten der öffentlichen Meinungsäußerung dar. Innerhalb der von »NeuLand« ausgelösten Debatte zeigen sie beispielhaft auch den offiziell nicht erwünschten Teil der vorhandenen Meinungen: vor allem die das Buch bestätigenden und es an Einseitigkeit oder Extremität oft übertreffenden Meinungen von westdeutschen Lesern, die nach Jahren eigener Erfahrung im Osten (von ihnen oft »Aufbauhilfe« genannt) endlich einen Weg sehen, subjektive Wahrnehmungen durch die Öffentlichkeit autorisiert zu bekommen.

c) Mit Blick auf die sich entwickelnde Welt der Medien können die Rezensionen im Internet eine gewisse Rückkehr zur Individualität des Nutzers von Massenmedien anzeigen. Dass mit dem Internet auch in politisch normbildenden Debatten ein neues Medium öffentlich wirksam wird, ist deshalb hervorzuheben, weil die herkömmlichen Medien nur begrenzt geeignet sind, eine komplexe Debatte in all ihren Facetten zu zeigen, weil das Entstehen und Nutzen neuer Medien als Ausgleich zu neu gewachsenen Kommunikationsbedürfnissen gesehen werden kann und weil diese neuen Formen öffentlicher Meinungsäußerung und -bildung zukünftig stärker in die wissenschaftliche Betrachtung und Untersuchung von Sprache einbezogen werden müssen.

d) Sieht man die öffentliche Diskussion um Gabriela Mendlings verarbeitete Erfahrungen im Osten als Teil eines größeren Ost-West-Diskurses, so zeigt sich auch: Dieses Volk (wenn diese Abstraktion für ein Bild erlaubt ist) redet nicht »mit gespaltener Zunge« – viel treffender wäre wohl das Bild, das jeden Einzelnen von uns mit Scheuklappen zeigt. »Vergebens, daß ihr ringsum wissenschaftlich schweift, Ein jeder lernt nur, was er lernen kann« (Goethe, Faust). Und jeder »versteht« nur, was er gerade verstehen kann: »Es hat keinen Sinn, Leute zu belehren, die wirklich Belehrung brauchen.« (Aleister Crowley) Für viele Menschen aus der DDR bedeutet das auch, in jeder Art von Gesellschaft – wie anders sie sonst auch sein mag – das Absprechen von eigener Geschichte, das Denunzieren von subjektiver Wahrnehmung und andere Formen von Manipulation und Bevormundung so sicher zu erkennen wie einen Geruch aus der Kindheit.

Die Bewusstseinslücke – ob bei Gabriela Mendling, bei west- und ostdeutschen Journalisten oder bei jedem Einzelnen von uns – ist größer als vor einem Jahrzehnt angenommen und wird wohl auch wesentlich schwerer zu schließen sein als die Wohlstandslücke.

---

1 Das heißt, die Kenntnisse stammen aus Artikeln in deutschen Zeitungen und Zeitschriften, aus Rundfunk- und Fernsehbeiträgen, aus Veröffentlichungen im Internet, aus Pressemitteilungen sowie aus dem Folgebuch von »NeuLand«, in dem Gabriela Mendling (wieder unter dem längst nicht mehr wirksamen Pseudonym Luise Endlich) die Dokumentation für ihren Sohn fortgesetzt und von ihren Erfahrungen mit dem ersten Buch geschrieben hat. »Ost-Wind. Nicht ganz einfache Geschichten« wurde im März 2000 – nur ein Jahr nach »NeuLand« – mit 30 000 Exemplaren vom selben kleinen Berliner Verlag herausgebracht. Vgl. auch die Angaben zur Materialgrundlage der Untersuchung unter III.

2 Als Abkürzungen für die Zeitungen und Zeitschriften verwende ich im folgenden Text:

Berliner	für Berliner Zeitung (Berlin)
Kurier	für Berliner Kurier (Berlin)
MoPo	für Berliner Morgenpost (Berlin)
MOZ	für Märkische Oder-Zeitung (Frankfurt/Oder)
Tsp	für Der Tagesspiegel (Berlin)
Spiegel	für Der Spiegel (Hamburg)
SZ	für Süddeutsche Zeitung (München)
Welt	für Die Welt (Berlin).

3 Eines der Flugblätter in der Klinik: »Grundkurs im Umgang mit Messer und Gabel (für Anfänger) mit der wunderschönen Frau Privatdozentin Mendling (wurde extra aus dem Westen geholt!) Nähere Informationen in der Frauenklinik. Bitte saubere Trainingsanzüge mitbringen. 1. Aufbaukurs: Schönheit durch Vollkommenheit. Die wunderschöne Frau Privatdozentin Mendling wird uns Ostdeutschen anhand ihrer eigenen Bilder zeigen, wie man aus Nichts gar nichts machen kann. Im Anschluss an ihren Vortrag übt Frau Privatdozentin mit den Teilnehmern des Grundkurses das Essen von Lasagne mit zwei Händen ohne Besteck. (Während der Veranstaltung sollten Ossis das Rülpsen und Furzen einschränken)« (Ost-Wind, S. 56).

4 Vgl. die Meldung im Berliner Kurier vom 27. 11. 1999 unter der Überschrift »Arztfrau mit Mord bedroht«: »Die Kritik an Gabriela Mendlings Ost-West-Buch ›Neuland‹ ... nimmt rabiate Formen

an: Die Staatsanwaltschaft Frankfurt (Oder) ermittelt, weil Morddrohungen gegen die Familie der Neu-Frankfurterin geäußert wurden...«

5 »Die Mauer in den Köpfen« Eine Reportage in Frankfurt/Oder von Udo Frank (ZDF, Frontal, 9.11.1999).

6 Vgl. die Pressemitteilung der Stadt Frankfurt (Oder) vom 10.11. 1999, die von der MOZ am 12.11.1999 unter der Überschrift »Zehn Jahre nach dem Mauerfall war am Beispiel Frankfurt Abrechnung geplant« vollständig veröffentlicht wurde.

7 Vgl. die Pressemitteilung der Stadt Frankfurt (Oder) Nr. 191/99 vom 12.11. 1999: »OB Pohl empört über ›Frontal‹-Manipulation: ›Ich fordere ein reales Bild!‹«, in der es u. a. heißt: »Stellvertretend für das gelebte Leben der Bürger in den neuen Bundesländern sei hier auch die Aufbauleistung von 75 000 Frankfurter Bürgern aus Ost und West bewusst negiert worden. Nicht zuletzt durch Unterlassung, nichtgesendete Interviews und unzählige Schnitte der gesendeten Aussagen entlarve sich das Machwerk als manipulative Konstruktion. Daher fordert Pohl eine sofortige Korrektur des verzerrenden Frontal-Bildes in der aktuellen Berichterstattung des ZDF.«
Der Chefredakteur des ZDF, Klaus Bresser, verteidigte in seiner Antwort an Pohl vom 15.11. 1999 (die auch der MOZ übersandt wurde) »diese gewiss kritische Reportage« als »Ergebnis einer ausführlichen Recherche«, die »meiner Meinung nach keine Vorurteile geschürt« hat ... »Aber ich greife nach den zahlreichen Protestbriefen aus Ihrer Stadt Ihren Vorschlag zu einer Diskussion gerne auf. Vorausgesetzt, es lassen sich faire Bedingungen für eine sachliche Aussprache herstellen, sind Moderator Kienzle und Autor Udo Frank bereit, an einer Debatte in Ihrer Stadt teilzunehmen.«
In der Pressemitteilung der Stadt Frankfurt (Oder) Nr. 199/99 vom 17.11.1999 wird diese Bürgerversammlung für den 22.11.1999 angekündigt: »Öffentliche Diskussion zu ›Frontal‹-Beitrag in Frankfurt (Oder). Pohl: ›Jetzt alle an einen Tisch, lassen Sie uns reden!‹« Als Teilnehmer für das Podium werden neben OB Pohl Brandenburgs Innenminister J. Schönbohm, Bildungsminister S. Reiche, ZDF-Chefredakteur K. Bresser und »Frontal«-Macher U. Kienzle sowie der MOZ-Chefredakteur F. Kadell und als Moderator Generalsuperintendent R. Wischnath genannt. Der Redakteur Udo Frank war – wie »Frontal«-Interviewpartner aus Frankfurt – als Teilnehmer in einer »Ersten Reihe« im Publikum vorgesehen.

8 Vgl. die Presseerklärung des Klinikums vom 11.11. 1999, die auf Pressebeiträge zum Buch »NeuLand« reagiert und in der es u. a. heißt, Mitarbeiter des Klinikums hätten in Gesprächen mit Dr. Mendling vergeblich versucht, »darauf Einfluss zu nehmen, dass beleidigende und verletzende Äußerungen seiner Ehefrau unterbleiben

sollten, da dies direkte Auswirkungen auf die Patientennachfrage ... habe ... Leider haben wir in vielen Beiträgen [zum Buch ›Neu-Land‹ in der Presse] feststellen müssen, dass sie nur dazu verwandt wurden, das von Frau Mendling ins Leben gerufene Klischee zu bedienen. Leider ergeben sich aus den kritikwürdigen Darstellungen des Buches tendenziöse Berichterstattungen, die den gesamten Alltag der Stadt Frankfurt (Oder) und seiner Bürger in einem völlig falschen Licht erscheinen lassen ... Wir bedauern nach wie vor die Aktivitäten der Familie Mendling, die einerseits der Stadt Frankfurt (Oder) und andererseits im zunehmenden Maße dem Klinikum Schaden zufügen. ... Wir sind betroffen, dass wir aus den Medien von angeblichem Mobbing gegen Herrn Dr. Mendling erfahren müssen. Die Situation stellt sich für Mitarbeiter, den Personalrat und die Krankenhausleitung genau entgegengesetzt dar. Wir bedauern außerordentlich, dass die Erfahrungen der Verfasserin des Buches an scheinbaren Einzelbeispielen und die daraus resultierende ungerechtfertigte Schlechtdarstellung der Stadt Frankfurt (Oder) medienmäßig so verarbeitet wird.« (Identisch als Artikel zu lesen in der MOZ vom 16. 11. 1999 unter der Überschrift »›Aktivitäten der Familie Mendling schaden Stadt und Klinikum‹ Der Verwaltungsdirektor im Klinikum Frankfurt (Oder), Andreas Grahlemann, gibt brisante Presseerklärung ab« – Direkt unter diesem Artikel findet sich ein Interview mit Werner Mendling unter dem Titel »›Wir wollen die Dinge wieder ins Lot bringen‹ Chefarzt Dr. Werner Mendling nimmt Stellung zu den Vorhaltungen/Kritik an ›Frontal‹-Sendung«.)

9 Auf die Behauptungen zur Stasi-Belastung leitender Ärzte (als Brief von Verwaltungs- und Ärztlichem Direktor ebenfalls in der MOZ vom 16. 11. 1999 zu lesen) reagierte das Klinikum mit einer weiteren Pressemitteilung vom 11. 11. 1999, in der die Vorwürfe zurückgewiesen werden.
Vgl. dazu auch das Buch von Dr. Eberhard Scholz »OV Maxim oder die Stadt der kranken Hirne«, auf das in »OstWind« verwiesen wird.

10 Vgl. auch die Beiträge in der Welt vom 21. 3. 2000 und in der SZ vom 22. 3. 2000.

11 Siehe auch Anmerkung 4.

12 Vgl. dazu die Eingangssequenz des Beitrages, unter der die vom Chor der Volkssolidarität gesungene DDR-Hymne liegt: »Frankfurt/Oder – eine Stadt ganz tief im Osten. Heute noch stimmt hier der Chor der Volkssolidarität begeistert die DDR-Hymne an. Hier ist von Aufbruch, Zukunft und Sonnenschein nur noch in alten Politliedern die Rede. Zehn Jahre nach dem Mauerfall bestimmen Arbeitslosigkeit, Depression und Ablehnung gegen alles Fremde die Atmosphäre in der Stadt ...« Die Minute, die sich Gabriela Mendling und den Ereignissen um ihr Buch widmet, schließt so: »Die re-

gionale Tageszeitung bietet vor allem Kritikern aus dem Osten ein Forum. Dass Freiheit auch immer die Freiheit des Andersdenkenden ist, das ist so weit im Osten immer noch Neuland.« – Das Ende des ca. zehnminütigen Beitrages gestaltet der Autor mit folgenden Worten: »Doch zehn Jahre nach dem Mauerfall – so der Eindruck von Frankfurt/Oder – wird immer noch DDR gespielt. Und das nicht nur im Keller-Theater.«

13 Vgl. Berliner Zeitung vom 21. 3. 2000 und die Berliner Morgenpost vom 22. 3. 2000.

14 Vgl. OstWind, S. 165: Für die Weihnachtskarten an Kollegen hat der Chefarzt »den Satz von Katharina von Siena [genommen]: ›Nicht das Beginnen wird belohnt, sondern einzig und alleine das Durchhalten.‹«

15 Ich habe die Seiten von drei bekannten Firmen ausgewertet, die hauptsächlich Bücher, aber auch andere Artikel per Internet vertreiben: www.amazon.de, www.bol.de und www.libri.de.

16 Hier seien nur einige Buchveröffentlichungen der letzten Monate genannt:
Wolfgang Engler: Die Ostdeutschen. Berlin 1999.
Thomas Roethe: Arbeiten wie bei Honecker, leben wie bei Kohl. Ein Plädoyer für das Ende der Schonfrist. Frankfurt 1999.
Klaus Bitterman: It's a Zoni. Berlin 1999.
Wolf Wagner: Kulturschock Deutschland. Der zweite Blick. Hamburg 1999.
Das Buch der Unterschiede. Warum die Einheit keine ist. (herausgegeben von Jana Simon, Frank Rothe, Wiete Andrasch) Berlin 2000.

17 Zum einen liegen mir zwar mehr Leserbriefe als Leserrezensionen aus dem Internet vor, jedoch bezieht sich von den 33 Leserbriefen die Mehrzahl auf die gesamte Debatte, nur 4 beschäftigen sich ausschließlich mit »NeuLand«. Von den 24 Leserrezensionen im Internet hingegen beziehen sich 21 auf »NeuLand«, drei auf »OstWind«. Zum anderen stammen die Leserbriefe aus nur zwei Tageszeitungen, die zudem regional ausgerichtet sind (MOZ und Berliner), was zwangsläufig den größeren Teil der vorhandenen Leserzuschriften vernachlässigen und somit zu verzerrten Analyseergebnissen führen würde.

18 So sind die Anbieter in erster Linie Verkäufer von Waren, wohingegen Zeitungen zwar auch das Ziel von hohen Auflagen und damit Verkaufszahlen verfolgen, daneben (oder ursprünglich) aber doch auch jenes, die Kunden zu informieren. Das Internet bietet zudem die Möglichkeit, sowohl aktuell als auch langfristig zu wirken – indem man Beiträge ins Netz stellen kann, wo sie dann verweilen –, womit es die Zeitung übertrifft.

19 Bei den verschiedenen Anbietern finden sich beide Bezeichnungen, wobei die eine sich mehr an die aus den Printmedien bekannte Re-

zension anlehnt und in den Autoren v. a. die Leser betont, die andere ein zwischen den Kommunikationspartnern bestehendes soziales Verhältnis (Verkäufer und Kunde) betont bzw. nicht verschleiert.

20 Diese Merkmale sind Auszüge aus einer ausführlicheren Untersuchung von Internet-Rezensionen, die einem Vortrag von mir im Oktober 2000 entnommen ist.

21 IR vom 1. 12. 1999, vom 28. 10. 1999, vom 10. 9. 1999 und vom 3. 10. 1999.

22 IR vom 30. 8. 1999, vom 23. 8. 1999 und vom 3. 10. 1999.

23 Ein direkter Kontakt zum Rezensenten ist – mit dessen Zustimmung – allen Rezipienten der Rezension möglich, während der Weg bei einer Zeitung stets über die Redaktion führt. – In Zeitungen finden sich eindeutige Hinweise auf die Herkunft nur, wenn sie ausdrücklich im Text mitgeteilt werden, was wiederum durch den geringeren Umfang oft nicht möglich ist. Aus Angaben wie »Jürgen Becker, Erlangen« geht die Identität nicht hervor.

24 Vgl. IR vom 3. Oktober 1999: »Eine Leserin oder ein Leser aus Schwerin, Deutschland: Leider alles wahr [Überschrift] ... Auch ich bin ein Wessi, der nach 7 Jahren im Osten die Schnauze voll hat.« Oder eine IR vom 13. August 1999: »Volltreffer! [Überschrift] Ich bin damals sehr aufgeschlossen und neugierig nach Dresden gegangen, bin jetzt aber froh, diese Zeit hinter mir zu haben und wieder im Westen zu sein ...«

25 IR vom 28. Oktober 1999: »Eine Leserin oder ein Leser aus Frankfurt/Main: Schade! Gutes Thema – falscher Autor [Überschrift] ... Anmerkungen einer Mittzwanzigerin aus Hessen, deren Freund 4 Jahre in Sachsen gelebt hat.«

26 Diese Erfahrung, die die meisten mit täglicher Ost-West-Kommunikationserfahrung ausgestatteten Deutschen mit mir teilen werden – dass die Kenntnis der Gruppenzugehörigkeit in der heutigen Ost-West-Kommunikation so notwendig ist, dass man sie notfalls direkt erfragt –, ist für mich daher auch Beleg für zweierlei: Zum einen dafür, dass es diese Gruppen im Sinne von Normgemeinschaften noch gibt und noch keine gemeinsame Normbasis entstanden ist, und zum anderen dafür, dass der Verzicht, diese Gruppen sprachlich zu benennen – also etwa nicht mehr »Ossi«/»Wessi« oder »Ostler«/»Westler« zu sagen – nicht ausreicht, eine gemeinsame Gruppe mit gemeinsamen Normen zu schaffen. Durch Verschweigen schwinden keine Unterschiede. Sie zu akzeptieren, sie zu nutzen, im besten Fall mit ihnen zu spielen – das macht eine Gemeinschaft aus, die wandlungsfähig und damit stark ist.

27 Vgl. dazu die IR vom 8. 1. 2000: »... Frau Mendling hätte Ähnliches, vielleicht nicht ganz so kraß, auch in einer bayerischen Kleinstadt wie der meinigen erlebt. Ihre mangelnde Anpassungsfähig-

keit, ihr fehlendes Feingefühl, ihre Selbstüberschätzung und ihr herablassendes Verhalten werden ihr in jeder deutschen Kleinstadt – ganz egal in welchem Bundesland – Probleme bereiten.«

28 So die vollständig wiedergegebene IR vom 10. 9. 1999 [mit E-Mail-Adresse]: »Zurück im Westen. Danke. [Überschrift] Nach 5 Jahren Aufbauhilfe Ost eine Frau die mir aus der Seele schreibt. All die selbsterlebten Episoden aus dem ›Guten Morgen‹- und ›Auf Wiedersehen‹-losem [sic] Land. Mein eigenes ›Neuland‹ war bisher nur für Kneipenwitze geeignet. Aber so richtig geglaubt hat es keiner. Sind doch unsere Brüder und Schwestern ... Nein. Nein. Nein. ›Neuland‹: Das ist ganz Brandenburg. Ich bin weg. Dafür haben ›die‹ sich jetzt zur PDS noch die DVU geholt. Wie gesagt: ›Neuland‹ ist überall. Und absolut lesenswert.« – Siehe auch Anmerkung 24.

29 Vgl. einen Artikel in der Berliner Morgenpost vom 22. 3. 2000 (»Mit ›OstWind‹ zurück in den Westen«), in dem es u. a. heißt: »... die Autorin selbst fühlt sich regelrecht ausgebürgert. So ist auch der Schluss von ›OstWind‹ zu verstehen. Da skizziert sie, in fiktiver Überhöhung und breitestem Sächsisch, eine Szene im Rathaus, bei der sie die Ausbürgerungsurkunde überreicht bekommt. ›Diese Szenerie hatte ich schon lange im Kopf, hab mich richtig gefreut, das Buch damit zu beschließen.‹«

30 Mehrfach verweist Gabriela Mendling darauf, dass das Buch ja »keine Pflichtlektüre« sei, so z. B. in »OstWind« (S. 40) auf die Frage eines Buchhändlers in Oststadt, ob sie denn wirklich alles selbst erlebt habe: »... ›Und wenn wir hier nicht nur wohnen, sondern richtig leben wollen, dann muß man eine Form der Mitteilung finden, die auch beachtet wird. Bisher ist man mir immer ausgewichen, wenn ich über meine Erlebnisse gesprochen habe. Alle sahen betreten weg. Nun habe ich es aufgeschrieben. Das muß ja nicht jedermann gefallen, es ist auch keine Pflichtlektüre. Man kann das Buch freiwillig lesen. Und eines steht fest: Es ist nichts erfunden, wir haben alles so erlebt.‹« – Andererseits zitiert sie auf Seite 156 »Ausdrucke aus dem Internet ... wo auch mein Buch kontrovers diskutiert wurde. ... Darin forderte eine Leserin, daß mein Buch im Deutschunterricht an allen Schulen gelesen werden sollte.« – Eitelkeit oder eine weitere Bewusstseinslücke?

31 Ihre Ahnungslosigkeit bezieht sich nicht nur auf die Gesetze der Medien, sondern schon weit vorher auf das, was sie erwartet hat, als sie von Wuppertal nach Frankfurt/Oder zog: »›Es gab damals Freunde im Westen, die fragten: Wollt ihr euch das wirklich antun?‹ erzählt Gabriela Mendling. ›Aber wir glaubten, das sei sechs Jahre nach der Wende ein völlig normaler Umzug innerhalb Deutschlands.‹« (Berliner, 25. 8. 1999) Und dafür genügt dann ja auch das einfache Maß an Anpassung: »Wir haben versucht, mit den Nachbarn Pilze zu suchen. Wir wollten nicht in ein West-Ghetto. Ich bin

so rumgelaufen wie die, ich habe mich wirklich angepaßt«, antwortet sie auf die Frage, mit welchen Leuten sie denn verkehrt habe (MoPo, 26. 6. 1999). Dabei sieht sie sich selbst als offen, aber vorsichtig an die neue Situation und die neuen Menschen herangehend: »Meine sechsundzwanzig Jahre in Berlin, die damit verbundenen Fahrten über die Transitstrecken der DDR, Erziehung und Erlebnisse, schließlich aber die beeindruckende Zeit der Auflehnung ›im Osten‹, die Bilder aus den Botschaften und der Fall der Mauer hatten Bewunderung für die Menschen dieser DDR in mir hervorgerufen, die so lange ausgehalten und Demütigungen erfahren hatten. Ich gönnte ihnen von Herzen all das, was wir schon lange selbstverständlich und angenehm fanden. So leuchtete mein Gesicht schamentbrannt, weil ich mich scheute, das Grundstück oder das Haus kritisch zu kommentieren. Schließlich wußte jeder, daß hier alles schwer zu bekommen war, was für die Erhaltung und Einrichtung eines Hauses benötigt wurde.« (NeuLand, S. 10) Als einer der (östlichen) Umzugshelfer ihr nicht glauben will, dass sie sich auf den Osten freut, antwortet sie: »›Warum nicht? Bis jetzt habe ich noch nicht viel von Oststadt kennengelernt, aber die Umgebung ist traumhaft schön. Das sind vielleicht Landschaften!‹ steigerte ich möglichst glaubwürdig meine Begeisterung. Fritz hatte mir eingeschärft, daß die Menschen im Osten leicht verletzlich seien. Ich wollte keine Fehler machen.« (S. 18)

32 Vgl. OstWind, S. 34 f.: »Nach der Sendung erhielt ich ein Videoband und rief Fritz an, der mir ein Handy geschenkt hatte. Bisher hatte ich diese Geräte immer abgelehnt. ›Für meinen ersten Auftritt war's okay, fand ich.‹ ... › Seht Euch das Video alleine an, ja?‹ – ›Nein Luise, Es ist wichtig, daß Du Deine Schwachpunkte erkennst, damit Du es beim nächsten Auftritt besser machst.‹ ... ›Eine andere Frisur brauche ich auch‹, murmelte ich, während die Stimmung meines Sohnes stieg. ›Du hast Dich wirklich sehr natürlich gehalten, Mami. Man merkt gar nicht, daß Du aufgeregt gewesen bist.‹«
Als das Buch erscheint, organisiert sie eine Gartenfeier: »Oskar und Mändi hatten sich den kleinen Gartentisch bereitgestellt und mit einem großen Fotoalbum versehen, in dem ich ab sofort alles, was mein Buch betraf, sammeln wollte.« (OstWind, S. 41) Nachdem wir inzwischen diverse Einzelheiten aus dem journalistischen Alltag erfahren haben, lesen wir auf Seite 89 beinahe erlöst: »›Und dann gibt es noch eine Neuigkeit. Du ahnst es nicht! Ich habe schon eine Flasche Sekt kalt gestellt, denn ich stehe auf der Bestsellerliste.‹«

Kirsten Sobotta

»Ich lebte auf der anderen Seite der Mauer«

Perspektiven in autobiographischen Erzählungen von Frauen über ihr Leben vor und nach der Wende

1. Einleitende Bemerkungen

Autobiographische Erzählungen können als konstruktive Geschichten von Personen über bestimmte Abschnitte ihres Lebens angesehen werden. Solche Texte spiegeln immer auch die Bedeutung der erinnerten Lebensereignisse für die jeweilige Person, die erzählt. Insofern sollte es interessant erscheinen, autobiographische Erzählungen verschiedener Individuen, die jeweils Bezug auf einen Lebensabschnitt nehmen, der durch ein und dasselbe Gesellschaftsereignis entscheidend geprägt wurde, miteinander zu vergleichen. Die individuellen Reflexionen auf das gleiche gesellschaftliche Ereignis sowie auf dessen unmittelbare Folgen für die Biographie der einzelnen Subjekte bedingen zum einen eine spezifische Gegenstandsselektion und zum anderen eine unterschiedliche sprachliche Verarbeitung der ausgewählten Gegenstandsaspekte durch die Erzählenden. Individuen erleben dieselben Ereignisse verschieden, sie erinnern sich an diese Ereignisse jeweils neu und kommunizieren aus diesem Grunde auch immer wieder anders darüber. Das heißt, ihre Perspektivität auf die erinnerten bzw. erzählten Ereignisse ist jeweils eine andere. Im Folgenden soll überprüft werden, inwieweit derartige Unterschiede in autobiographischen Erzählungen von Frauen mit ost- bzw. westdeutscher Sozialisation nachzuweisen sind.

Das ausgewählte Untersuchungsmaterial stammt aus der Dokumentation »Frauenleben – Frauenalltag – gestern und heute« des »COURAGE e. V.« (Halle), veröffentlicht 1997/1998. Eine Projektgruppe dieses Vereins hatte von August 1997 bis März 1998 Interviews mit Frauen, die zu dieser Zeit im Bundesland Sachsen-Anhalt lebten und arbeiteten, geführt. Ziel der Interviews war es, die Subjektivität der Erfahrungen und die individuellen Erinnerungen der Frauen hinsichtlich der Veränderungen in ihrem Leben und ihrem Denken – ausgelöst durch die politische Wende 1989/90 – zu erfassen. Diese Interviews sind in leicht modifizierter Form als verschriftete Erzähltexte für eine linguistische Untersuchung verfügbar. Ziel der Analysen war es zu demonstrieren, welche Perspektiven von den ost- bzw. westdeutschen Autorinnen in den Erzählungen objektiviert wurden und inwieweit sich die Texte hinsichtlich ihrer Perspektivgestaltung voneinander unterschieden.

Das linguistische Konzept der Perspektivität besagt, dass Textproduzenten im Rahmen eines konkreten Kommunikationsereignisses ihre Redegegenstände immer unter Bezugnahme auf eigene oder fremde Positionen bzw. Standpunkte (im direkten und übertragenen Sinne) »konstruieren«. Perspektiven ergeben sich demnach sowohl aus der raum-zeitlichen wie aus der kognitiven, sozialen und sprachlichen Verortung, die die sprachlich Handelnden jeweils – bewusst oder unbewusst – vornehmen. In Anlehnung an SANDIG (1996, 37) verstehe ich unter Perspektive »die ›Repräsentation [Vorstellung, Darstellung, Konstruktion – K. S.] von etwas für jemanden von einer gegebenen Position aus‹. Dabei wird dieses etwas, ein Objekt, eine Person, ein Sachverhalt, ein Ereignis, eine Handlung ... nur in einem oder mehreren seiner Aspekte für ein Individuum relevant, nicht als Ganzes, und es wird so für (einen) Adressaten zu einem bestimmten Zweck verbalisiert.«

Demnach veräußert eine verbalisierte Perspektive das Resultat eines umfangreichen Auswahlprozesses, durch den jede sprachlich-kommunikative Handlung gekennzeichnet ist. Prinzipiell ist davon auszugehen, dass Textproduzenten mindestens eine Perspektive setzen, die von Rezipienten in der Regel ohne Mühe erfasst werden kann. Typisch sind allerdings Perspektivwechsel, die von ein und demselben Individuum während des Sprachhandelns vollzogen werden.

Für die vorliegenden autobiographischen Erzählungen von ost- und westdeutschen Frauen galt es nun, dieses Perspektivieren explizit zu machen. Zu erwarten war, dass sich die unterschiedliche Sozialisation der Autorinnen, ihre mehr oder weniger deutliche Nähe zum »Wende«-Geschehen, ihre traditionellen sprachlichen »Vernetzungen« etc. beim Erzählen in jeweils spezifischen Perspektiven niederschlagen. Darüber hinaus war anzunehmen, dass bedingt durch die gesetzte Thematik der Interviews (Veränderungen im Leben und Denken der Frauen ausgelöst durch die Wende) spezifische Perspektiven als obligatorisch zu gelten hatten. In diesem Sinne war die Verbalisierung aus der Eigenperspektive der Autorinnen im temporalen Wechsel von damals (vor der Wende) und heute (nach der Wende) zu erwarten. Inwieweit sich die Perspektivgestaltung der einzelnen autobiographischen Erzählungen dennoch voneinander abhob, soll im Folgenden exemplarisch beschrieben werden.

2. Exemplarische Demonstration der Erzählperspektiven im Interview einer Ostdeutschen und einer Westdeutschen

2.1 Zum Interview der Ostdeutschen

Frau E. wurde 1955 geboren. Nach dem Abschluss der zehnten Klasse absolvierte sie eine Lehre als Köchin. Sie übte diesen Beruf zwei Jahre aus. Danach arbeitete sie als Ungelernte in einer Bibliothek. Im Rahmen der Erwachsenenqualifizierung machte sie ihren Bibliotheksfacharbeiter und ist bis heute in diesem Beruf in Sachsen-Anhalt tätig.

(1) *Was heute mit mir wäre, ohne die Wende? Ich würde in dem gleichen Beruf arbeiten. Denn die Bibliothek war schon immer mein Traum. Dieses Ziel habe ich erreicht, auf Umwegen zwar, aber ich habe es schließlich geschafft. Allerdings, ohne die Wende müßte ich nicht diese Angst um meinen Arbeitsplatz haben. Denn bis zur Rente habe ich noch 22 Jahre zu arbeiten. Diese Sorgen sind neu. Die muß man sich jetzt machen. Die Arbeit wird plötzlich viel wichtiger, als sie es zu DDR-Zeiten war. Früher hatte man seine Arbeit fürs ganze Leben. Heute muß oder kann man nur kurzfristig planen (max. für ein Jahr oder so).*

(2) *Gleich mit der Wende stand ja der Arbeitsplatz auf der*

Kippe und nur durch das persönliche Engagement meiner Kollegen und mir konnten wir die Schließung der Bibliothek verhindern. Denn an der Kultur wird gespart noch und noch.

(3) *Neue Möglichkeiten gibt es auch, z. B. für meinen Sohn. Der hatte in der Grundschule eine Lese-Rechtschreibschwäche. In der normalen Schule ist keiner so richtig auf ihn eingegangen. Doch der Wechsel in eine LRS-Klasse hat es dann korrigiert. Nach der Wende gab es bald die Möglichkeit – statt Realschule – ihn in eine Waldorfschule zu geben. Dort wird er noch individueller betreut, als es in der Realschule möglich ist. Seine handwerklichen Fähigkeiten werden auch entwickelt. Die Persönlichkeit wird einfach mehr geachtet. Es gibt zwar immer noch (nach fünf Jahren!) »Anfangsschwierigkeiten«, aber er fühlt sich dort viel, viel wohler. Mehr Kriminalität herrscht jetzt. Man muß vorsichtiger sein. Meine Tür habe ich z. B. viel mehr und besser gesichert. Heute gehe ich nicht mehr alleine aus, und wenn ich unterwegs bin, versuche ich, nicht so spät zu Hause zu sein. Als Frau ohne Begleitung allein wegzugehen, ist jetzt sowieso auch schwieriger geworden. Man kommt sich irgendwie blöd vor. Auch vor Taschendieben muß man sich vorsehen, viel mehr als zu DDR-Zeiten. Natürlich wurde auch früher schon geklaut. Aber eben nicht so oft und nicht so dreist – am hellichten Tag wird man überfallen!*

(4) *Ganz schlimm finde ich die »Verlockungen«, die es heute so gibt, z. B. zum Geldausgeben, zum Schuldenmachen. Da muß man sich sehr vorsehen. Und was sie uns sonst noch einreden wollen, was man angeblich alles braucht. Die Gefahr, Schulden zu machen, ist einfach größer, obwohl ich jetzt eigentlich mehr Geld habe als zu DDR-Zeiten. Es hat aber auch sein Gutes. Ich habe jetzt ein Auto. Das ist ein Luxus, den ich mir in der DDR nie hätte leisten können. Allerdings ist es auch nur durch das Abzahlsystem erschwinglich. Heute stört mich vor allem diese »Konsumorientierung«, diese »Wegwerfgesellschaft«: Ständig muß neues Zeug sein. Das ist nichts für mich und meine Brieftasche. Früher mußte man zum Beispiel länger sparen, bevor man sich eine Couch kaufen konnte. Dafür hielt sie aber auch 30 Jahre. Heute bekommst du sie schneller, aber erstens ist sie teurer, und zweitens hält sie mal gerade zwei Jahre.*

(5) *Reisen! Finde ich schön, daß man das jetzt kann. Es hat*

mich in der DDR zwar nicht so sehr gestört. Es war eben so, war auch ein finanzielles Problem. Jetzt spar ich mir's zusammen. Dieses Jahr waren wir, mein Sohn und ich, in Bulgarien. Herrlich! Auch in Spanien war ich schon. Das war auch Klasse! Übrigens bin ich auch schon früher im Ausland gewesen. 1976, als Köchin damals noch, für ein halbes Jahr in Ungarn. Das war im Rahmen eines Mitarbeiteraustausches. Die Arbeit war die gleiche, in einer Gaststättenküche. Die Sprache war auch nicht soo schwer. Zuerst konnte man natürlich nichts verstehen, aber dann ging es ganz gut. Zuletzt war auch das Sprechen keine Hürde mehr. Aber das Leben dort! Da haben wir nicht schlecht gestaunt: viel Reklame, Autos, alles wie im Westen eben. Und Westmarken gab es auch. Ich erinnere mich z. B. an Nescafé – löslich! So was gab's bei uns nur im Intershop. Aber da konnte ich sowieso nicht hin. Nach einem halben Jahr bin ich wieder nach Hause. Klar hätte ich meinen Aufenthalt noch für ein halbes Jahr verlängern können, aber ich war froh, wieder nach Hause zu fahren. Ich war ja auch einmal krank da unten. Da mußte man schon damals – wie heute bei uns – seine Medikamente selbst bezahlen. Aber zu Hause bekamen wir es zurückerstattet. Das wußten wir, und deshalb habe ich auch nicht weiter darüber nachgegrübelt. Es war eben so. Genauso gern wie ich verreise, komme ich auch wieder gern nach Hause zurück. Wenn ich mehr Geld hätte, würde ich sicher mal ganz gerne so für eine Woche mal hierhin und mal dorthin reisen. Oder mir eine größere Wohnung leisten. Ich habe eine schöne Wohnung, und mit einem guten Buch auf der Couch könnte ich es auch eine ganze Weile aushalten.

(6) *Die Wende begann eigentlich im August 89, als die Menschen zu Tausenden über Ungarn in den Westen abhauten. Das fand ich zwar damals nicht so in Ordnung, aber irgendwie mußte es ja werden. Im Kollegenkreis wurde darüber auch diskutiert. So nach dem Motto: Wer gehen will, soll gehen. Aber ganz o. k. fand ich es nicht. Ich weiß nur, es war eine sehr unsichere Zeit damals! Die Maueröffnung hat mich schon interessiert. Ich saß damals zu Hause im Sessel vorm Fernseher und dachte eigentlich nur: Na, sowas. Jetzt könntest du also, wenn du wolltest, überallhin fahren. Und als ich das erste Mal durch das Brandenburger Tor gegangen bin, war ich ein bißchen enttäuscht. Ich hatte mir nämlich immer gedacht, es müßte krib-*

beln. Aber es kribbelte nicht! Im November 89 die erste Westreise. Das war ein Schock! Das Angebot! Einfach erdrückend! Der Eindruck war unterschiedlich. Einerseits Schuhe, ganz normale, für 300 Mark! Und andererseits lag das Obst, was es bei uns nie gab – verschiedene Südfrüchte –, einfach so rum! Aber es war alles zu viel, zu bunt, zu groß. Mein Sohn, zum Beispiel, der war erst beim zweiten Mal mit, der wollte gar nichts gekauft haben, der wollte nur schnell wieder weg. Das Begrüßungsgeld fand ich damals ganz normal. Wir haben es ja sowieso dortgelassen.

(7) *Einmal war ich auch mit zur Demo in Halle. Vom Markt sind wir den Hansering entlang am Fahnenmonument vorbeimarschiert. Ich war vor allem neugierig, wollte aber auch was mit verändern. Ne bess're DDR ist möglich – hatt' ich gedacht. Und mein Eindruck von dieser Demonstration war überwältigend. Zu dieser Demonstration wurde »Stasi raus!« gerufen. Die Polizei hatte alles abgesperrt. Ein bißchen Bauchkribbeln war schon dabei. Später änderten sich dann die Losungen. Ich bin auch nur dieses eine Mal mit dabeigewesen. Umgeschlagen ist es dann erst. Danach hieß es: »Wir sind das Volk« und »Wir sind ein Volk«. Aber das habe ich dann nur noch im Fernsehen verfolgt. Interessiert hat es mich schon. Ein vereintes Deutschland fand ich beklemmend. Ich war nicht so scharf drauf, daß ich Westen werde. Ich kannte es nicht anders. Wir haben zu Hause eigentlich schon immer Westen geguckt. Und meine Eltern sagten mir, daß man darüber nicht reden darf. Als ich dann meine eigene Wohnung hatte, hab ich immer zweimal Nachrichten gesehen. Halb acht von uns und um acht von drüben. Es war eigentlich nur Neugier, wie jede Seite irgendein Ereignis schildert. Zu Hause sagten wir früher immer: »Wir gucken Hettstedt.«*

(8) *Die Zeit damals, nach der Wende, war schrecklich. Alles war fremd. Obwohl meine Wohnung die gleiche war, fühlte ich mich fremd. Alles war anders. Und dann ständig diese Enthüllungen über unsere Partei- und Staats-Spitzen. Das fand ich schrecklich. Obwohl, heute denke ich, dieses Wandlitz, z. B., war doch ein kleines »Käckrich«. Da haben sie sich eingemauert, damit keiner sehen sollte, wie sie leben. Heute wird viel mehr Geld verschwendet für solche Dinge, und alles öffentlich! Keiner regt sich mehr auf. Alles hatte sich geändert,*

wie gesagt: anderes Geld, andere Gesetze. Es war eine sehr unsichere Zeit damals.

(9) *Politisch bin ich immer noch sehr interessiert. Nicht aktiv. Das war ich nie. Aber interessiert. Ja, das hat mich damals auch aufgeregt, in der DDR, meine ich. Obwohl ich nicht in der Partei war, mußten wir an diesem Parteilehrjahr teilnehmen. Und dabei konnte man dort sowieso nie etwas anderes sagen, als daß man hinter der Partei steht. Es gab da so ein Wort, ein Argument, das paßte für alles bei solchen Gelegenheiten. Leider fällt es mir jetzt nicht ein. Ich sag es mal so: Ich wollte keine großen Auseinandersetzungen.*

(10)...

(11) *In der DDR war ich als Frau mehr geachtet. »Zurück an den Herd« find ich blöd. Die Frau in der DDR war selbständiger, konnte für sich sorgen. Oder wenn sie einen Mann hatte, »mit dazuverdienen«, wenn sie wollte. Beruf und Haushalt, alles haben wir unter einen Hut bekommen. Besonders Frau alleine mit Kind ist heute schwer. Und wenn man schwanger ist und noch ein Kind möchte, verliert man seinen Arbeitsplatz. Nach der Geburt kannst du nicht wieder zurück auf deine alte Stelle. Das finde ich schrecklich. So was wäre zu DDR-Zeiten unmöglich gewesen. Ich hatte mich ja auch aus diesem Grund 91 für eine Unterbrechung entschieden, weil ich glaube, heute kann man als Frau nicht mehr zwei Kinder alleine großziehen.*

(12) *Mein Freundeskreis hat sich durch die Wende eigentlich auch nicht verändert. Tabuthemen gibt es keine mehr. Außer Geld, was man verdient z. B., darüber wird nicht gesprochen.*

Die Autorin perspektiviert dominant vom Ich, Heute und Hier aus, d. h. sie erzählt aus ihrer eigenen Perspektive vom Zeitpunkt sowie vom Ort des Interviews ausgehend (August 1997, Halle/Sachsen-Anhalt) – *was heute mit mir wäre, ohne die Wende* ... Nur selten ändert sie diesen Gegenwartsstandort und schlüpft z. B. mittels einer direkten Rede zu sich selbst in ihre Damals-Perspektive, um aus der Vergangenheit heraus zu erzählen (*Na, so was. Jetzt könntest du also ... überallhin fahren* – Absatz 6). Der Heute-Standort gestattet der Ich-Erzählerin, sich über das Damals in der DDR im Gegenüber zum Damals bzw. Heute im Osten des vereinten Deutschlands zu äußern. Die Autorin spricht also sowohl über

Gegenwärtiges *(heute, jetzt, habe zu arbeiten, kann planen, gehe aus ...)* als auch über Vergangenes vor der Wende *(zu DDR-Zeiten, in der DDR, früher, damals, bei uns, mußten teilnehmen, war geachtet ...)*, über Vergangenes der Wendezeit *(gleich mit der Wende, November '89 ...)* und über Vergangenes nach der Wende *(die Zeit damals nach der Wende, stand auf der Kippe, konnten verhindern ...)* von heute aus. Diese vordergründige Temporalperspektive ist vielfach gekoppelt mit einem Wechsel von der Ich-Perspektive zu einer dieses Ich einbeziehenden Sozialperspektive. Sprachlich realisiert sich diese Veränderung primär über den pronominalen Wechsel vom »ich« zu einem »wir« oder »man«, gelegentlich auch zum »du« (*heute bekommst du sie schneller* – Absatz 4), bzw. über den Wechsel vom »ich« zu einem impliziten Perspektivsubjekt (*diese Sorgen sind neu, mehr Kriminalität herrscht jetzt, es war eine sehr unsichere Zeit damals ...* – Absätze 1, 3, 8). Die Autorin ordnet auf diese Art und Weise ihre eigene der Perspektive ganz verschiedener sozialer Gruppen unter. Beispielsweise referiert die Erzählerin mit dem inklusiven »man« oder »wir« auf die Ostdeutschen generell (*früher hatte man seine Arbeit, heute muß oder kann man nur kurzfristig planen* – Absatz 1, *wir haben es ja sowieso dort gelassen* – Absatz 6), auf die BürgerInnen der neuen BRD (*da muß man sich sehr vorsehen* – Absatz 4), auf die ostdeutschen Frauen oder Mütter (*alles haben wir unter einen Hut bekommen* – Absatz 11), auf alleinstehende Mütter (*man kommt sich irgendwie blöd vor* – Absatz 3), auf Werktätige der DDR, die in Ungarn beruflich tätig waren (*zuerst konnte man natürlich nichts verstehen ..., da haben wir nicht schlecht gestaunt ...* – Absatz 5), auf die Familie (*wir haben zu Hause eigentlich schon immer ...* – Absatz 7), auf TeilnehmerInnen des SED-Parteilehrjahrs (*... mußten wir an diesem Parteilehrjahr teilnehmen, konnte man dort sowieso nie etwas anderes sagen ...* – Absatz 9). Der Wechsel vom »ich« zum »man« ist nicht in jedem Falle sozialperspektivisch motiviert. Zum Teil kann an diese pronominale Änderung eine diskurssteuernde Funktion gebunden sein, da man die Gegenstandsebene des Textes (worüber gesprochen wird) von der Sprechhandlungsebene (was für eine Sprechhandlung vollzogen wird) abzuheben vermag. So wechselt die Autorin z. B. im Absatz 5 vom »ich«

zum »man«, um den referierten Sachverhalt *(daß man das jetzt kann)* vom kommentierenden *(finde ich schön)* abzugrenzen. Die lokale Perspektive wechselt in der Erzählung nicht und wird nur relativ selten expliziert. Die Autorin spricht dann über ein Hier bzw. über ein Dort, aber stets aus der Hier-Position heraus. Häufig ist mit dieser vergleichenden Darstellung von hier und dort auch ein Gegenüber verschiedener Sozialperspektiven (*aber das Leben dort, da unten* [Ungarische VR] – *bei uns* [DDR] – Absatz 5, *was es bei uns* [DDR] *nie gab – wir haben es sowieso dort* [alte Bundesländer] *gelassen* – Absatz 6) impliziert, da die gemeinten Örtlichkeiten zugleich soziale Strukturgebilde unterschiedlicher Qualität kennzeichnen. Auf diese Art und Weise kann somit auch ein Bezug auf soziale Fremdperspektiven gegeben sein. Dennoch bleibt auffällig, dass in dem Interviewtext nur in einem relativ geringen Maße individuelle oder soziale Fremdperspektiven verbalisiert sind (*er fühlt sich dort viel, viel wohler* – Absatz 3 = über die individuelle Perspektive des Sohnes; *wer gehen will, soll gehen* – Absatz 6 = aus der Sozialperspektive der Arbeitskollegen). Das heißt, es wird kaum über eine fremde oder aus einer fremden Perspektive erzählt. Die Autorin favorisiert offensichtlich die Eigenperspektive bzw. inklusive (sie selbst mit einschließende) Sozialperspektiven. Offen muss dabei allerdings bleiben, inwieweit sich die Autorin solcher Fremdperspektiven überhaupt bewusst ist.

2.2 Zum Interview der Westdeutschen

Frau B. wurde 1955 in Niedersachsen geboren. Nach dem Abitur begann sie eine Beamtenausbildung, die sie erfolgreich abschloss. Nach 13 Jahren Berufserfahrung in Niedersachsen erfolgte zunächst der Arbeitsortswechsel nach Halle (Sachsen-Anhalt) und 1993 auch der Wohnortswechsel in diese Stadt.

(1) *Wie Sie aus meiner Biografie entnehmen können, lebte ich vor der Wende auf der anderen Seite der Mauer. Aufmerksam verfolgte ich damals die Massenflucht nach Ungarn. Die Wende, die Phase nach dem November 89, habe ich eher distanziert*

beobachtet. Als ich dann erfuhr, daß ich hierher gehen würde, und das war erst im September 90, habe ich das mit ganz anderen Augen, natürlich viel interessierter, verfolgt. Ich hatte zwar weitläufige Verwandtschaft hier in Ostberlin, aber den Kontakt zu ihnen habe ich 89 nicht aufgenommen. Flüchtlinge von hier sind nur wenige bis in meine Heimatstadt, ins westliche Niedersachsen gekommen. Wir haben das kaum hautnah erlebt. Wenn da ein Trabbi war, war da ein Trabbi, das ging unter. Dafür waren wir einfach zu weit weg. Über den Trabbi hat man nicht gestaunt, und man hat sich auch nicht darüber geärgert, man hat eher liebevoll hingeguckt. Einige waren natürlich da, die dort Verwandte hatten und Arbeit suchten.

(2) *Wie bin ich nun hier nach Halle gekommen? Am 4. September zwölf Uhr mittags bin ich gefragt worden, ob ich in den Osten gehen würde, nach Halle, eventuell zunächst einmal für drei Monate. Ich sollte und mußte mich innerhalb von zwei Stunden entscheiden. Ich habe mir zwar dann für die Entscheidung vier Stunden Zeit gelassen, aber eine Nacht drüber schlafen war nicht mehr drin. Und 14 Tage später ging es dann schon los mit den ersten Kontakten, mit einem Kollegen aus den neuen Ländern, der eingestellt worden war mit dem Ziel, uns doch ein bißchen anzuleiten und zu helfen. Die Woche der Einigung haben wir dann in der Nähe von Berlin verbracht, all die Leute aus dem Westen und dem Osten, die zusammenarbeiten sollten, um uns ein bißchen kennenzulernen, über Ost- und Westrecht zu sprechen, um so bestimmte Vorstellungen für unsere Aufgabe zu bekommen. Aber richtig eingeschätzt, was auf uns zukommen würde, hat das damals keiner von uns.*

(3) *Ursprünglich hieß es nur, ehemaliges Reichsvermögen zu erfassen, also in alten Grundbüchern herumzustöbern, zu gucken, was es noch für Unterlagen gibt und wie man das machen kann. Daß wir auch Russenkasernen übernehmen müssen und noch so viele andere Aufgaben mehr haben würden, war uns nicht klar. Und erst als wir dann ein paar Wochen hier waren, wurde uns erschreckend deutlich, daß wir eine riesige Aufgabe zu bewältigen haben würden. Und da gab's dann auch Momente mit Panik, weil ja der Aufbau eines Amtes und die Einstellung von Personen noch nicht so schnell ging,*

wie schon die Arbeit auf uns zuschoß. Ich wollte einfach dabeisein, bei der Wiedervereinigung, bei diesem Prozeß, weil ich neugierig war, wie es werden und was passieren würde, und auch mit den Leuten hier sprechen wollte, wie sie das Vorige empfunden haben.

(4) *Aber ich habe mich auch gegruselt vor den Lebensverhältnissen hier, weil ich das nicht einschätzen konnte. Ich bin dann hierhergefahren, so mit der negativsten Vorstellung, also mit einer ganz niedrigen Erwartungshaltung, daß alles, was so kommt, ziemlich schrecklich sein würde. Und das war auch teilweise ein bißchen schrecklich, aber das trat total in den Hintergrund vor der Arbeit, die auf uns zukam. Es spielte nachher gar keine Rolle mehr. Jeden Tag neue Eindrücke und das über Wochen und Monate, und da war die Dachkammer im Ledigenwohnheim doch ganz erträglich. Es waren ja plötzlich ganz andere Lebensverhältnisse. Es war ja im Grunde genommen ein Vagabundenleben. Jeden Abend in der Kneipe essen, trinken und »Dienstbesprechung«, eben Austausch unter Kollegen. Jeder hatte etwas Neues zu berichten, und man hatte ja auch selber so viel erfahren, jeden Tag. Man wurde überschwemmt mit Eindrücken, Informationen und Emotionen. Das beste Beispiel ist eigentlich, als ich das erste Mal in einer Russenkaserne war und vor einem Russen stand. Nachdem ich diese Räume gesehen hatte – die Kaserne war schon leergeräumt –, habe ich eine Woche lang schlecht geschlafen. Es hat mich erschüttert, daß Leute so leben können bzw. leben mußten. Bis mein damaliger Chef das relativierte und sagte, man müßte bedenken, unter welchen Umständen diese Menschen zu Hause gelebt hätten. Dann ist das vielleicht nicht mehr so schrecklich.*

(5) *Nun, ich fand das alles spannend, aus der sicheren Position heraus. Weil ich das jetzt natürlich auch schon vergleiche mit den Frauen von hier, für die es ja unsicher und ungewiß war. Zwar war es für uns auch ungewiß, aber z. B. Angst vor dem Arbeitsplatzverlust und Sorge vor diesen ganzen für hiesige Verhältnisse neuen Dingen (Versicherungen usw.), das kannte ich nicht. Aber die neuen Eindrücke waren für mich auch aufregend, weil man jeden Tag neue Dinge erfuhr und erlebte. Dieses Stadium hielt eine ganze Weile an.*

(6) *Wir wurden wider Erwarten hier ganz freundlich auf-*

genommen. Nun waren allerdings die einzigen Kontakte, die wir hatten, die mit Vertretern und Mitarbeitern von anderen Behörden. Private Kontakte gab es nicht. Nach Feierabend blieben wir, aus der Situation heraus, unter uns.

(7) *Bei anderen Behörden, wo wir hinkamen, wurden wir freundlich aufgenommen, und man war im allgemeinen auch offen zu uns. Was am Anfang sehr auffiel, war, daß viele Leute sich entschuldigten für gewisse Dinge und für das, was sie vorher gemacht hatten. Aber ansonsten relative Offenheit, soweit man das beurteilen kann als Außenstehender. Ablehnende Haltungen gab es kaum, allerdings Leute, die ein bißchen viel Geduld gekostet haben. Das lag sicher daran, daß sie ja auch unsicher waren mit ihren neuen Jobs und nicht wußten, wo es langgeht. Aber im allgemeinen gab es großes Bemühen zusammenzuwirken.*

(8)…

(9) *Ich habe den Schwerpunkt meines Lebens immer im Beruf gesehen und nicht im Privatleben. Aber nach der Wende und durch die Tätigkeit hier, wo ich ja nach kurzer Zeit schon viel Verantwortung übernehmen mußte und wo man sehr gefordert war, durch die ganzen neuen Aufgaben und die Fülle der Arbeit, ist der Beruf nun endgültig zu meinem Lebensinhalt geworden. Wirklich als Schwerpunkt, denn das Privatleben habe ich sehr vernachlässigt. Aber das empfinde ich nicht unbedingt nur als negativ, sondern wenn der Beruf Spaß macht, ist das was Positives. Wobei ich mir manches Mal wünsche, daß ich noch Kraft hätte für das eine oder andere Hobby, damit man nicht so einseitig wird. Aber das habe ich bisher nicht in den Griff bekommen.*

(10)…

(11) *Ob sich die Lebensqualität und die Leute seit der Wende hier verändert haben? Ich habe zwischenzeitlich einen Bekanntenkreis hier. Das sind Leute, die in Lohn und Brot stehen. Die müssen um ihre Existenz kämpfen und haben mehr Streß, eine straffere Arbeitsweise und weniger Freizeit als früher. Insofern hat sich für diese Leute etwas verändert. Aber ich bin nicht konfrontiert mit Leuten, die arbeitslos sind, sich überflüssig fühlen oder soziale Not leiden. Es hat sich auch was im Umfeld verändert, bezüglich der Einkaufsmöglichkeiten, der Verkehrsverhältnisse usw. Sicher positiv, aber trotzdem ist es noch nicht*

vergleichbar mit westlichen Verhältnissen. Man kann nicht einfach sagen, daß die Menschen in Halle heute anders sind. Es hat ein riesiger Anpassungsprozeß stattgefunden; einfach durch die anderen Lebensumstände. Ich habe im Kollegenkreis gesehen, wie sich Wertmaßstäbe verändert haben. Was früher einfacher war, war nun schwieriger, z. T. jedenfalls. Ich habe dann aber erlebt, daß einige, die anfangs über Schwierigkeiten geklagt haben, sich da reingefunden haben und vieles durchaus als nicht mehr so negativ sehen. Wobei das nicht heißt, daß die an den neuen Verhältnissen alles gut finden. Und andere, die vielleicht damals eine höhere Erwartungshaltung hatten, sagen heute, es war ja früher doch vieles besser. Diese Ostalgie eben, oder wie man das so nennt. Aber ansonsten sind die Menschen hier, abgesehen von den verschiedenen Wertmaßstäben, die ja unterschiedlich sein müssen, die gleichen wie »drüben« im Westen.

(12) *Ob ich als Frau Vor- und Nachteile in meinem Beruf kenne? Nein, eigentlich habe ich nie welche gehabt. Der öffentliche Dienst behandelt seine Frauen ganz fair. Trotzdem hat man schon mal Probleme mit Kollegen, sprich Männern, die nicht akzeptieren können, daß einige Frauen ihren Job vielleicht besser machen als sie und schneller vorankommen. Oder mit solchen Kollegen, die mit einer Frau als Vorgesetzte Akzeptanzprobleme haben. Aber das sind eher Einzelfälle. Als Kinderlose bin ich auch nicht eingeschränkt in meiner Bewegungsfreiheit. Da habe ich es besser als berufstätige Mütter, die Rücksicht auf Kinder nehmen müssen und durch Erziehungszeiten oder Kinderkrankheiten auch mal Ausfälle im Beruf haben. Ich habe aber nicht den Eindruck, daß sie deswegen bei uns benachteiligt würden.*

(13) *In all den Gesprächen mit Kollegen und Bekannten habe ich hier vieles gehört, was mir vorher fremd war, aber so richtig erschüttert war ich, als ich das erste Mal den Begriff »Wehrpolitisches Kabinett« gehört habe. Eine junge Kollegin hat mir dann den wehrpolitischen Unterricht erklärt und was da so stattfand. Sie sagte, das war für die jungen Mädels ein bißchen im Gebüsch rumkriechen und erste Hilfe lernen, und die Jungs sind auch durchs Gelände gerobbt. Das gehörte eben dazu und hat zum Teil auch Spaß gemacht. Darüber war ich zuerst schockiert, das fand ich abartig. Es hat mich daran er-*

innert, daß bei uns manchmal gesagt wurde, die Kinder lernen schon im Kindergarten, mit einem Holzgewehr umzugehen. Das ist natürlich eine Übertreibung. Das traf dann aber für mich, für diese Dinge, emotional doch zu. Auch mit der polytechnischen Ausbildung hatte ich meine Probleme, wo jeder mal einen »Würfel« feilen mußte. Aber fast alle Hiesigen behaupteten, daß es eine gute Sache war, weil man dabei auch praktische Dinge lernte. Dann hörte man noch von Gewerkschafts- und Parteiarbeit, von »gesellschaftlichen Aktivitäten«, das fand ich am Anfang auch befremdlich. Aber die Leute sagten mir, das gehörte eben einfach dazu, es war nicht alles toll, aber manches Mal hatten wir ja auch Spaß dabei. Heute denke ich darüber nicht mehr nach, das habe ich halt so genommen, wie es kam, da mache ich auch keine Wertung draus. Die überraschenden Momente sind jetzt vorbei.

(14) ...

(15) ...

(16) ... *Die Anpassung der Wertmaßstäbe bei den Menschen, die ist doch schneller gegangen. Die jungen Leute, die mit dem Schulabschluß oder jünger in die Wende gerutscht sind, die haben sich innerhalb kürzester Zeit umgestellt und umgedacht. Und bei den meisten anderen hat sich doch auch vieles an der Denkweise geändert. Allerdings gibt es noch Leute im Westen, die sehen das vielleicht nicht so, die ohne Kontakte zum Osten sind und es ablehnen, hierher zu fahren. Die tragen nicht gerade zum Vereinigungsprozeß bei. Aber wer das hier miterlebt hat, der sieht das mit ganz anderen Augen.*

(17) *Im großen und ganzen fühle ich mich hier zu Hause, wobei ich die Unterschiede doch noch bemerke. Am Anfang, d. h. nach meinem Umzug hierher, gab es schon Phasen, wo ich das Bedürfnis hatte, Reißaus zu nehmen, mal in ein schönes Geschäft zu gehen, ganz was Tolles zu kaufen. Aber, ich habe mich auch angepaßt und akzeptiert, daß es eben so ist, wie es hier ist. So ein bißchen mehr Lebensqualität könnte ich schon haben.*

(18) *Was gewesen wäre, wenn die Wende nicht wäre? Nun, dann würde ich heute, statt mit der 40-Stunden-Woche, als Beamtin nur 38,5 Stunden arbeiten, wäre karrieremäßig noch nicht so weit und würde vielleicht ein bißchen ruhiger und ein bißchen komfortabler leben, sicher nicht unbedingt zufriedener.*

Ich bin hier zufrieden, weil ich meinem Hauptlebensinhalt nachgehen kann. Es macht immer noch Spaß. Der Streß ist zwar größer, aber der Erfolg ist ja auch da!

Auch in diesem Interviewtext erzählt die Autorin dominant von heute (März 1998) und hier (Halle/Sachsen-Anhalt) aus der Eigenperspektive. Sie spricht vom Gegenwartsstandort aus über Vergangenes und über Gegenwärtiges. Die durch diese temporale Heute-Perspektive erfassten und verbalisierten Gegenstandsaspekte referieren auf Ereignisse, die nicht weiter als bis zum Wende-Geschehen (Massenflucht nach Ungarn, Flüchtlinge und Trabbis in der Heimatstadt – Absatz 1) zurückreichen. Über die Phase von September 1990 bis hin zur Interviewzeit wird dabei relativ ausführlich, aber eben ohne vergleichende Bezüge auf das Leben vor der Wende erzählt. Das erscheint insofern erklärbar, als die »biographischen Einschnitte« ab 1990 zwar ein direktes Betroffensein der Autorin vom Wende-Geschehen bzw. von seinen gesellschaftlichen Folgen hervorriefen, ihr Leben davor aber dadurch keineswegs in Frage gestellt wurde. Entsprechend gestaltet sich die zeitliche Strukturierung der Erzählung bezogen auf diesen Zeitraum von 1990 bis 1998, indem im Vor- und Rückblick verschiedene kleinere Zeitabschnitte dieser Phase in einer bestimmten Abfolge zur Darstellung gebracht werden *(vorher – nachher, damals, dann, am Anfang, jetzt, heute, …)*, ohne die einmal gewählte Heute-Perspektive zu verlassen. Das temporale Gegenüber »vor der Wende« und »nach der Wende« ist für diese Erzählung also nicht relevant. Dafür wird ein lokaler Gegensatz von hier (im Osten) und dort (im Westen) – sozusagen die »Perspektive der Mauer« (*auf der anderen Seite der Mauer, dort, drüben – hierher, hier, hier im Osten, von hier, alle Hiesigen …* – besonders komprimiert im Absatz 1) – recht bedeutsam. Die Autorin positioniert sich dabei stets vom Hier (Ostdeutschland/Sachsen-Anhalt/Halle) aus, was wohl in erster Linie dem Interviewstandort geschuldet ist, aber durchaus auch im Zusammenhang mit der Arbeits- und vor allem mit der Wohnortswahl interpretiert werden kann. Neben dieser explizierten lokalen Hier-Perspektive ist der Austausch des perspektivischen Subjekts auffällig. So wechselt die Erzählerin z. B. vom »ich« zum »inklusiven« »wir« oder »man« bzw. zu einem impliziten Perspektivsubjekt (*bis in meine Heimatstadt, wir haben das kaum hautnah erlebt, hat man nicht gestaunt …* – Absatz 1; *ich habe mir … Zeit gelassen, … richtig eingeschätzt … hat das … keiner von uns* - Absatz 2; *ich habe mich auch gegruselt …, man hatte ja auch selber so viel erfahren …* - Absatz 4; *zwar war es für uns auch ungewiß …, das kannte ich nicht* - Absatz 5; *ich bin nicht konfrontiert …, sicher positiv, aber … nicht vergleichbar …, man kann nicht einfach sagen* – Absatz 11 u. a.) und ordnet sich so unter Abschwächung der eigenen individuellen »Sichtweise« in verschiedene soziale Gruppen ein (die EinwohnerInnen der Heimatstadt – Absatz 1; die KollegInnen aus Ost und West, die im »Hallenser Amt« zusammen arbeiteten – Absatz 2; die westdeutschen KollegInnen, die nach Halle gekommen waren, um »im Amt« zu arbeiten – Absatz 4; die Westdeutschen bzw. die westdeutschen Frauen allgemein, die nach der Wende im Osten arbeiteten – Absätze 5 bis 8; eine nicht näher definierbare Personengruppe – Absatz 11 u. a.). Neben diesen pronominalen Wechseln erfolgt die Integration des Ichs in verschiedene Personengruppen über so genannte soziale Sprachetikette wie Außenstehender (in Bezug auf den Osten – Absatz 7), als Besucher in den Westen (Absatz 10), Frauen im öffentlichen Dienst (Absatz 12), Kinderlose (Absatz 12), Beamtin (Absatz 18), *wer das hier* [im Osten] *miterlebt hat* (Absatz 16) u. a. Die Erzählerin realisiert allerdings nicht nur inklusive, ihre eigene Sicht einbeziehende soziale Perspektiven, sondern spricht darüber hinaus auch über verschiedene exklusive, d. h. fremde Sozialperspektiven. Meist sind es Fremdperspektiven ostdeutscher Personengruppen, über die erzählt wird – z. B. die der Ostdeutschen generell (*mit den Leuten hier …* – Absatz 3; *fast alle Hiesigen …, die Leute sagten …* – Absatz 13), die der ostdeutschen Frauen (*mit den Frauen von hier …* – Absatz 5), die der berufstätigen Ostdeutschen (*Leute, die in Lohn und Brot stehen …* – Absatz 11), die der ostdeutschen Arbeitslosen (*mit Leuten, die arbeitslos sind …* – Absatz 11), die der »realistischen« Ostdeutschen (*einige, die anfangs über Schwierigkeiten geklagt haben …* – Absatz 11), die der »ostalgischen« Ostdeutschen (*und andere, die damals eine höhere Erwartungshaltung hatten …* – Absatz 11) usw. Die Autorin differenziert aber auch noch weitere Sozialperspektiven, z.B. die von »frauenfeindlichen« Männern im öffentlichen Dienst (*mit Kollegen, sprich Männern ...* – Absatz 12), die berufstätiger Mütter (*berufstätige Mütter ...* – Absatz 12), die von Westdeutschen ohne Ost-Erfahrung (*Leute im Westen ..., die ohne Kontakte zum Osten sind ...* – Absatz 16) etc. Neben diesen sozialen sind auch individuelle Fremdperspektiven im Text nachweisbar. Die Autorin beginnt beispielsweise ihre Erzählung nicht aus der eigenen, sondern aus der Perspektive der angesprochenen Interviewpartnerin (*wie Sie ... entnehmen können* – Absatz 1). In den Absätzen 4 bzw. 13 wird über die individuellen Fremdperspektiven ostdeutscher KollegInnen erzählt *(mein damaliger Chef ... sagte, ...; eine junge Kollegin hat mir ... erklärt ...).* Es scheint so, als ob diese Wechsel zwischen Eigen-, Sozial- und Fremdperspektive bzw. das Erzählen aus sozialen wie individuellen Fremdperspektiven (und über diese) ebenso wie das Erzählen über ein lokales Gegenüber von hier und dort charakteristische Gestaltungselemente des Textes unter dem analysierten Aspekt darstellen.

3. Untersuchungsergebnisse

Ein Vergleich der Perspektivgestaltung der analysierten autobiographischen Erzählungen ist äußerst schwierig, da es sich dabei jeweils um ganz individuelle Texte handelt, in denen sich die unverwechselbare Biographie ihrer Produzentinnen spiegelt. Das bisher ausgewertete Untersuchungsmaterial ist zudem sehr differenziert und zu schmal, um gesicherte Ergebnisse erzielen zu können. Dennoch soll festgehalten werden, dass in den analysierten Erzählungen – bedingt durch die Textsortenspezifik – dominant von der Eigen-, Heute- und Hier-Position der Autorinnen aus perspektiviert wird. Unterschiede in der Perspektivgestaltung ergeben sich erst in Bezug auf die sprachliche Ausprägung der temporalen Heute- und der lokalen Hier-Perspektive einerseits sowie hinsichtlich verbalisierter Perspektivwechsel zwischen Eigen-, Sozial- und Fremdperspektive andererseits. Unter diesen Aspekten können folgende Auffälligkeiten registriert werden:

Ostdeutsche Frauen mit relativ stabilem beruflichen Alltagsleben bis zur Zeit des Interviews explizieren in der Regel deutlich aus der Heute-Perspektive über Vergangenes in der DDR im Gegenüber zu Vergangenem und Gegenwärtigem im Osten des vereinten Deutschlands. Diese sprachliche Ausprägung der temporalen Heute-Perspektive ist vielfach gekoppelt an einen Wechsel von der Ich-Perspektive zu dominant inklusiv-sozialen, d. h. meist ostdeutsche Personengruppen differenzierenden Perspektiven. Sprachlich realisieren sich diese Perspektivänderungen primär über den pronominalen Austausch von »ich«, einem »inklusiven« »wir« oder »man«, gelegentlich auch einem »du« bzw. einem impliziten Perspektivsubjekt. Die lokale Hier-Perspektive wird demgegenüber in den Erzählungen dieser Frauen meist nur marginal expliziert.

Westdeutsche Frauen, die intensiven »Kontakt zum Osten« pflegen, z. B. zeitweise ihren Wohnsitz in den Osten verlegt haben, explizieren in der Regel deutlich aus der lokalen Hier-Perspektive über das Dort (im Westen) und das Hier (im Osten) oder umgekehrt. Dabei verlassen sie die temporale Heute-Perspektive kaum und erzählen vorwiegend über den Zeitraum vom Wende-Geschehen bis zur Gegenwart, ohne Bezüge auf ihr Leben davor herzustellen. Darüber hinaus wird bei diesen Frauen ein Erzählen über (seltener aus) individuelle und soziale Fremdperspektiven, meist bezogen auf ostdeutsche Einzelpersonen oder Personengruppen, relevant.

Ein Ergebnis der Analysen ist, dass die einfache Entgegensetzung von ost- und westdeutsch als Vergleichskriterium untauglich ist, um die äußerst diffizilen Unterschiede in den Perspektivgestaltungen der Texte zu beschreiben. Demgegenüber erscheinen Kriterien relevant, die Analogien in den individuellen Lebenswegen der Autorinnen berücksichtigen. So können Gemeinsamkeiten in den Texten ostdeutscher Frauen, die nach der Wende im beruflichen Alltag große Mobilität beweisen mussten, ebenso festgestellt werden wie bei Frauen, deren Berufsbiographie nach der Wende relativ stabil verlaufen ist bzw. bei westdeutschen Frauen, die berufliche »Ost-Kontakte« aufgebaut haben, im Vergleich zu denen, die keine besitzen, usw. Insofern sind die beschriebenen Analyseresultate nur auf eine ganz spezifische ost- bzw. westdeutsche weibliche Personengruppe zu beziehen.

Literatur:

HOPPE, S./MACHON, H./WUTTKE, M. (1997): Frauenleben nach der Wende. Interviews. Hrsg. v. COURAGE e.V. Halle. Projekt zur Förderung von Frauenarbeit, Bildung und Kommunikation. S. 49–53.

HOPPE, S./WESARG, P./WUTTKE, M. (1998): Frauenleben nach der Wende. Interviews Teil II. Hrsg. v. COURAGE e.V. Halle. Projekt zur Förderung von Frauenarbeit, Bildung und Kommunikation. S. 64–71.

SANDIG, B. (1996): Sprachliche Perspektivierung und perspektivierende Stile. In: Lili 26 102. S. 36–63.

Norbert Dittmar/Melanie Glier

Abbruch, Aufbruch, Umbruch!?[1]

Im Schatten der alten und im Flutlicht der neuen Sprache

Dieser Band erscheint genau zehn Jahre nach Inkrafttreten des Einigungsvertrages zwischen der ehemaligen DDR und der BRD am 03. Oktober 1990 – ein Zeitpunkt also, der die neugierige Frage aufwirft: Welche sprachlichen Kosten und welchen kommunikativen Nutzen brachten die ersten zehn Jahre der Wiedervereinigung?

Wir wollen uns nicht anmaßen, diese Fragestellung pauschal zu beantworten, und widmen daher unseren Beitrag der alten Frontstadt Berlin, für die wir die soziolinguistische Bewertung des Umbruchs von 1989 und seine Folgen für die Variation des Deutschen *pars pro toto* ergründen wollen. Gibt es einen wiedervereinigungsspezifischen Sprachwandel in Berlin – wenn ja, für wen, warum, unter welchen Bedingungen und mit welchen Konsequenzen? Zunächst sollen die Folgen des ›Umbruchs‹ gesellschaftspolitisch eingeordnet werden. Daraus leiten wir dann Hypothesen zu umbruchspezifischen Veränderungen ab. Die Facetten sprachlicher Veränderungen (›Diachronie in der Synchronie‹ oder in der Blochschen Version: ›das Ungleichzeitige im Gleichzeitigen‹) sollen dann exemplarisch in ihren sprachlichen Manifestationen in den Sprachwandeltyp ›Anpassung einer Minderheit an die dominierende Mehrheit‹ soziolinguistisch charakterisiert werden.

1. *Cujus regio, ejus lingua (religio)*: Die Aufgabe staatlicher Souveränität führt zur Übernahme westlicher Normen

»Bleiben will ich, wo ich nie gewesen bin«
(Thomas Brasch)

Der Verzicht der DDR-Führung im Jahre 1990 auf die politische Realisierung eines »dritten Weges« zwischen Kapitalismus und Sozialismus hat die linguistische Forschung in ihrer Spurensuche nach dem neuen Wein in den alten Schläuchen dazu geführt, die gesellschaftspolitische Frage, »in welchem Maße sprachlich beigetreten?« (SCHÖNFELD 1993), zu untersuchen. Mit dem Beitritt zum sozioökonomischen System Bundesrepublik wurden auch die institutionellen Sprachregelungen übernommen und, so lehren die Beobachtungen, mehr oder weniger auch das informelle Kommunikationssystem mit seinen geltenden westlichen Varietäten- und Stilnormen.

Die Sprachgebrauchsregeln, Normen und kommunikativen Orientierungen ostdeutscher Sprecher können somit nicht in dem Sinne als *eigenständig* gelten wie *Austriazismen* oder *Helvetismen* als Ausdruck nationaler Varianten des Deutschen. Während das BRD-Deutsche sich mit dem Sprachgebrauch in Österreich und in der deutschsprachigen Schweiz als realkoexistierenden Modellen auseinandersetzen muss, beschränken sich die Möglichkeiten der ›Eigenständigkeit‹ im Falle der neuen Bundesländer darauf, gewisse eigene Wege im Bereich Sprache und Kommunikation für die Vergangenheit geltend zu machen (wie etwa der Bundesstaat Bayern) und auf eigene dialektale Traditionen im Rahmen einer gemeinsamen Bildungs- und Kulturpolitik hinzuweisen nach dem Motto »Nimm mal Rücksicht – bedenke, dass wir eine andere Geschichte hatten, zumindest zeitweise« o. ä.

Unter Fragestellungen wie »Sprachlich beigetreten?« (SCHÖNFELD 1993), »Fremdheit in der Muttersprache« oder »Wer spricht das bessere Deutsch?« untersucht die linguistische Forschung den sozialen und sprachlichen Preis für den Verlust legitimer Eigenständigkeiten im Sprachgebrauch (oder den Grad der soziolinguistischen Integration in die westliche Gesellschaft). Die Machtverhältnisse sind mit dem Beitritt entschieden,[2] die Existenzfrage »to be or not to be« wie etwa für das Katalanische oder Frankokanadische nicht angemessen. Trotz völlig anderer gesellschaftshistorischer Bedingungen (Gruppengröße, Vertrautheit mit den Gruppenmitgliedern, Verwandtschaftsverhältnisse etc.) mag der Hinweis auf gewisse soziolinguistische Gemeinsamkeiten mit der gesellschaftlichen Integration anderer Volksgruppen in die BRD-Gesellschaft durchaus erlaubt sein, man denke beispielsweise nur an die so genannten »Schlesier« in den 50er und

60er Jahren, die Russlanddeutschen und die Rumänendeutschen.

Bei den genannten Gruppen wird die Frage »Wer spricht das bessere Deutsch?« gar nicht gestellt. Die Forschung bemüht sich um eine Rekonstruktion der Kommunikation vor und nach dem Umbruch (Verlassen des Heimatlandes, Einwandern in die BRD) auf der Folie der alten Gewohnheiten und Routinen; Gegenstand der Untersuchungen sind Kosten und Nutzen der Anpassung an geltende westdeutsche Normen.[3]

Auf diesem Hintergrund der Erwartung, dass das soziolinguistische Konfliktpotential ab der zweiten Generation nach der Wende mehr oder weniger dem der alten Bundesländer gleichen wird (vgl. regional-kulturelle, dialektale Traditionen), sind die Begriffe ›Normenkonflikt‹ und ›Umbruch‹ für die zu charakterisierende Übergangszeit von zehn Jahren einschlägig. Dabei sollte von vornherein klar sein: Durch den Vollzug des Beitritts ist die ›legitime Variante‹ des gesamtdeutschen sprachlichen Marktes die westliche Varietät, die nun mit hegemonialer Dominanz den ostdeutschen Varietätenraum »durchherrscht« (vgl. KOCKA 1984). Alle legitimen normprägenden Richtlinien für den Sprachgebrauch wurden mit dem Beitritt aus der DDR ausgelagert und dem Institut für deutsche Sprache in Mannheim bzw. der Akademie der deutschen Sprache in Darmstadt übertragen. Ohne Legitimität im juristischen Sinne ist ein ›traditioneller‹ DDR-spezifischer Sprachgebrauch vogelfrei; das ab dem 03. Oktober 1990 beginnende ›Floating‹ sprachlicher Werte ist der Anfang einer endlichen Geschichte fortschreitender Anpassung. Dabei darf allerdings das Widerstandspotential gegen eine solche Anpassung nicht unterschätzt werden.

Annette Simon stellt die Ausgangslage der beitrittsüberforderten Ostdeutschen so dar: »Gerade war 1989 das Gefühl entstanden, man könne selbst die Verhältnisse gestalten. Nun sollten wir einer anderen Gestalt einfach nur beitreten. Selbst wenn es die vollkommenste aller Welten gewesen wäre, hielte sich unsere Begeisterung in Grenzen. Jetzt ging es sehr schnell darum, sich neue, wirklich fremde Strukturen aneignen zu müssen, sich in sie einzupassen.« (SIMON 2000, 81)

Wenn es stimmt, dass der legalisierte Beitritt der DDR-Deutschen nur graduell verschieden ist vom legalisierten Beitritt der Russlanddeutschen und der Minderheitendeutschen aus Osteuropa, dann ist auch ihr Beitritt ein ›Ankommen in einem fremden Lande‹, geprägt von den Werten und Normen der Ausgangsgesellschaft, orientiert dann existentiell und beitrittsnotwendigerweise an jenen der Zielgesellschaft. Da die Domäne des Wandelprozesses somit das Übergangsverhalten zwischen diesen beiden Polen darstellt, untersuchen wir dieses unter dem Aspekt des *Normenkonflikts*, dem die Ostdeutschen ausgesetzt waren und sind.

1.1 Ausgangsgesellschaft OST

In diesem Lande leben wir
wie Fremdlinge im eigenen Haus
Die eigene Sprache, wie sie uns
entgegenschlägt, verstehn wir nicht
noch verstehen, was wir sagen,
die unsere Sprache sprechen
(Wolf Biermann)

Die öffentliche Maxime war, wie Ruth REIHER (1993) ausführt, die allseitige Entfaltung der Persönlichkeit nach sozialistischen Prinzipien. Dabei sollten die von Kurt Hager 1972 aufgestellten Grundwerte beachtet werden: 1. Harmonie in den gesellschaftlichen Beziehungen (d.h. für den Diskurs: Konfliktvermeidung), 2. Primat der Gesellschaft über das Individuum, Anpassung des Individuums an die Gesellschaft (d.h.: Orientiere dich an den von oben vorgegebenen Werten!), 3. Abgrenzung der Mitglieder der DDR-Gesellschaft gegenüber denen der westlichen Welt (d.h.: Demonstriere sozialistische Distinktivität bzw. zeige dich gegenüber nichtsozialistischen Individuen in vorbildlicher Weise als sozialistisches Mitglied der DDR-Gesellschaft!). ›Solidarität‹ wie auch die Normen des Sprachgebrauchs in der Öffentlichkeit wurden im Wesentlichen durch die herrschende Gesellschaftspolitik bestimmt, die, wie Jürgen Habermas es einmal bildlich gesagt hat, *a tergo*, d.h. ›hinter dem Rücken‹ ständig in die Alltagsroutinen eingriff.

1.2 Zielgesellschaft WEST

Dagegen gilt in der BRD nach amerikanischem Vorbild das Ideal der sich in einer (sozialen?) Marktwirtschaft frei entfaltenden Persönlichkeit, das Primat des Individuums gegenüber der Gesellschaft, die juristisch garantierte demokratische Dialektik von Individuum und Gesellschaft. Individuelle und soziale Konflikte sollen öffentlich und demokratisch ausgetragen werden auf der Folie rechtsstaatlicher Prinzipien. Da eine marktwirtschaftlich organisierte Gesellschaft auf Bedürfnisbefriedigung durch Konsum setzt, ist der organisierte Spaß ihr grundlegendes Konzept. Die BRD ist folglich ›durchherrscht‹ von den Absatzmärkten, die auch die Moral und die Entfaltung der Persönlichkeit bedingen: Originalität, Kreativität, individuelle Distinktivität und unmittelbare persönliche Bedürfnisbefriedigung bilden hier die bestimmenden Größen, welche von den globalen und Einzelmärkten gesteuert werden.[4] Die soziale Statuszuweisung der Sprecher erfolgt in beträchtlichem Maße auf dem sprachlichen Markt: Je nach marktspezifischer Domäne bestimmen stimmliche und rhetorische Qualitäten oft in entscheidendem Umfang den ›Kapitalwert‹ des Individuums.

Aus diesem grob skizzierten *Normenkonflikt* folgt: Die Kommunikationsgemeinschaft DDR war soziolinguistisch gesehen ein *Solidaritätsmodell*, während die der BRD als ein *Prestigemodell* zu verstehen ist, in der der gesellschaftliche Erfolg vom ›kommunikativen Mehrwert‹ abhängt.

2. Umbruch und *umbra linguae*

Die Umbruchphase, in der ostdeutsche Sprecher ihre kommunikativen Kompetenzen verändern, ist durch *Übergangsvarietäten* gekennzeichnet. DDR-spezifische Normen, Routinen, Konventionen, Konzepte werden durch westdeutsche abgelöst. Frühe Stadien der ›Umbruchvarietäten‹ stehen noch im Zeichen der Ausgangsgesellschaft, spätere im Zeichen der Anpassung an die Zielgesellschaft. Gemessen an der Zweitspracherwerbsforschung, von der wir das Konzept dieser *Interimvarietäten* übernehmen, handelt es sich allerdings um feingranulierte Umschichtungen bzw. Umorientierungen in registerspezifischen Bereichen der muttersprachlichen Kompetenz.

Aus der linguistischen Begleitforschung des gegenwärtigen Umbruchs resultieren zusammenfassend folgende Fragen: Wie verläuft die sprachliche und kommunikative Anpassung? Beschädigt sie die individuellen und sozialen Identitäten? Entstehen in der Umbruchphase bikulturelle Verhaltensweisen und – wenn ja – welche? Bilden sich möglicherweise neue Kodes heraus, die eine soziokulturelle Grenze zwischen Ost- und Westdeutschen symbolisieren?

3. Umbruchvarietäten kann man nicht mit ›Intuition‹ erfassen, man braucht ein ›Korpus‹

Um die genannten Fragestellungen soziolinguistisch zu untersuchen, haben wir im Wintersemester 1993/94 zusammen mit Ostberliner Grundschullehrerinnen um den 9. November 1993 herum etwa 40 narrative Interviews zum Mauerfall bei Freunden, Verwandten und Bekannten der Seminarteilnehmerinnen in unterschiedlichen Ostberliner Stadtbezirken erhoben. Wir wollten wissen, wie und wo unsere Gesprächspartner die Ereignisse der Wende in Berlin im Einzelnen erlebt haben, welche Gefühle, Hoffnungen und Perspektiven sie hatten. Im Anschluss an die Erzählungen wurden unsere Gesprächspartner gefragt, wie sie, verglichen mit ihren Einschätzungen und Gefühlen zur Zeit des Mauerfalls, ihre Situation »heute«, also 4 Jahre später sehen. Persönliche und Arbeitsverhältnisse, das Verhältnis zwischen dem Ost- und Westteil der Stadt, die Erfahrungen mit Wessis und »gewendeten« Ossis sowie vieles andere, was man am grünen Tisch nie erwartet hätte, kam dabei zur Sprache. Unser Ziel war es, sowohl eine Art *kollektives Gedächtnis* der einmaligen Umbruchereignisse als auch eine soziolinguistische Momentaufnahme des Sprachstandes der Berliner Varietäten im Übergang und der in ihnen manifesten Formulierungsmuster zu erstellen. Bei einer ersten Auswertung der Gespräche fanden sich so viele unerwartet aufschlussreiche Beobachtungen unserer Ostberliner GesprächspartnerInnen zu Sprache, Einstellungen und

Sichtweisen auf den Mauerfall, dass wir die gleiche Anzahl von WestberlinerInnen zu den gleichen Themen in Form des narrativen Interviews mit anschließender Diskussion der damaligen Ereignisse aus der Jetzt-Perspektive (1994) befragten.

Zur Auswertung liegt zur Zeit ein Korpus von 31 Ostberliner und 25 Westberliner Gesprächen vor, die transkribiert und auf CD-Rom gespeichert sind.[5] Diese Gespräche dokumentieren sowohl das Sprachverhalten als auch den spezifischen sozialen Hintergrund und die Einstellungen unserer Informanten, getrennt nach Ost und West.[6] Der Rückgriff auf gemeinsames Hintergrundwissen stabilisiert das Sprechen und begünstigt die Anwendung alltäglicher Formulierungsroutinen, natürlich auch gruppenspezifischer Stereotypen. Gleichzeitig waren die Umbruchereignisse noch so brandneu und unverdaut, dass die Gespräche den Charakter eines willkommenen Erfahrungsaustausches hatten und der vielfältigen Be- und Verarbeitung umbruchbezogener Ereignisse, Themen und Eindrücke dienten. So sind die Daten eine lebendige, vielstimmige *oral history* des Mauerfalls, jeweils aber bearbeitet mit ost- bzw. westspezifischem Stil und sprachlichem Ausdrucksrepertoire.

Das Agens in einem durch ›Beitritt‹ forcierten Anpassungsprozess ist die akkommodierende Gruppe, gebrochen natürlich durch die Reaktionen der dominanten Gruppe. Daher bezieht sich der Wandel im Anpassungsprozess auf die Ostberliner Sprecher. In welchem Sinn können wir aber im vorliegenden Fall von Sprachwandel sprechen?

4. Welcher Typ des Sprachwandels?

Im vorliegenden Fall handelt es sich ausschließlich um spezifische Kontaktsituationen zwischen ost- und westdeutschen Varietäten (allgemeiner Hintergrund), die am Beispiel des Mikrokosmos einer Stadt (Berlin) untersucht werden sollen. Wenn wir trotzdem von Sprachwandel und nicht von Varietäten- oder Dialektwandel sprechen, so tun wir dies auf dem Hintergrund der historischen Tatsache, dass die ostdeutschen Varietäten über 40 Jahre in ein völlig anderes staatliches und sprachpolitisches System eingebunden waren und von Kontakten zu westdeutschen Varietäten weitgehend isoliert waren. Aufgrund dieser Isolation haben sich systematisch verschiedene Gebrauchsnormen entwickelt, die verschiedene Ebenen des sprachlichen Systems erfasst haben.

In ihrem berühmten Aufsatz »Empirical Foundation for a Theory of Language Change« haben WEINREICH, LABOV und HERZOG (1968) darauf hingewiesen, welche zentrale Rolle dem sozialen Handeln bei der Erklärung (der Anfänge) von Sprachwandel zukommt. Umorientierungen im sozialen Handeln in Umbruchsituationen stellen daher das geeignete Fenster zur Beobachtung solcher Anfangszustände dar. Häufig treiben Prestige und Prozesse der Identifizierung und Distanzierung mit bzw. von einer Varietät die Diffusion neuer Varianten voran. Den geeigneten Analyserahmen für feingranulierte Wandelprozesse in kurzzeitigen Umbruchphasen sieht CHERUBIM (1998, 542) in einer »historischen Sprechakttheorie«, die die »Herausbildung, Verfestigung und Veränderung von Sprechhandlungstypen, der kommunikativen Bedingungen ihres Gelingens und ihrer sprachlicher Formen auf dem Hintergrund bestimmter sozialer Konstellationen und entsprechender kultureller Repräsentationen [rekonstruiert]«.

CHERUBIM (1998, 543) sieht auch einen Bezugspunkt zur soziolinguistischen Registerforschung: »Ansätze zur historischen Erforschung des Zusammenhangs von kommunikativen Bedingungen und übergreifender Registergestaltung« seien »zur Diagnose von Anfangsstadien des Sprachwandels besonders nützlich«.

Ähnlich setzt MATTHEIER (1998, 831) Sprachwandel und Pragmatik in Beziehung: »Soziokommunikative Varianten entstehen im Prozess der Adaption von früh erworbenen und im Sprachwissen gespeicherten Sprachhandlungsmustern an jeweils neugegebene soziokommunikative Konstellationen, d. h. also Sprechhandlungskonstellationen«.

Angewandt auf unseren Umbruchfall bedeutet dies: Ein differenziertes Register für Akte des Kaufens und Verkaufens einschließlich vieler neuer Termini und idiomatischer Wendungen müssen Mitglieder der Ausgangsgesellschaft in relevanten Kontexten der Zielgesellschaft erwerben, wenn sie die Angebote der neuen Gesellschaft nutzen wollen. Der Wandel führt dann vor allem zu Registerwandel.

GUY (1990) unterscheidet drei soziolinguistische Typen des Sprachwandels: (a) intern induzierter SPONTANER Wandel (ohne bestimmte Richtungen, natürlich, ›von unten‹) und (b) extern bedingter Wandel, der aufgrund gesellschaftspolitischer Machtverhältnisse AUFGEZWUNGEN wird (Zielvarietät ist obligatorisch, Sprecher der Ausgangsvarietäten sind die Handlungsträger der Anpassung) oder (c) über Prestigeparameter zu ENTLEHNUNGEN (zielgerichtet, ›von oben‹, Handlungsträger des Wandels sind die Sprecher der empfangenden Varietät) führt.

Für das Westdeutschland von 1950 bis 1990 gilt der durch die dominante internationale Machtposition des Englischen bedingte soziolinguistische Wandeltyp (›Entlehnungen‹). Die Ostdeutschen der fünf neuen Bundesländer (einschließlich Ostberlin) unterliegen aber seit 1990 via Beitritt in etwa gleich starkem Maße sowohl (b) als auch (c). Im Zuge der Anpassung an Kommunikationsmärkte der ›neuen‹ Gesellschaft werden westdeutsche (und englische) Wörter und Wendungen übernommen. Strenggenommen können wir den Wandel in den ostdeutschen Varietäten in der Perspektive des Rückbezugs auf die Ausgangsvarietäten (DDR vor 1989) oder in der Perspektive der zu erlernenden Zielvarietät (Richtnormen der westdeutschen sprachlichen Märkte) beschreiben.[7] Da das *Observandum*, die Umbruch- und Anpassungsphase, aber historisch nicht abgeschlossen ist, wir vielmehr in der glücklichen Lage sind, diese in Längsschnitten *in situ* und *in actu* zu dokumentieren, sind unser Beschreibungsobjekt die ›Übergangsvarietäten‹, deren manifeste soziolinguistische Ausprägungen sowohl von den ausgangssprachlichen Voraussetzungen als auch den zielsprachlichen Richtnormen geprägt sind. Der Wandel erklärt sich aus den Distanzen zu den Ausgangsvarietäten und den zielsprachlichen Richtnormen.[8] Gemessen an den gigantischen Ausmaßen, die den forcierten (aufgezwungenen) Sprachwandel vom Lateinischen zum Französischen, Spanischen etc. ausmachen, handelt es sich bei der Anpassung der Ostsprecher an westdeutsche Sprachmärkte im Rahmen der gleichen Muttersprache[9] um feingranulierte Stil- und Varietätenanpassungen, die mit den zur Verfügung stehenden linguistischen Beschreibungsinstrumenten nur sehr grob oder gar nicht erfasst werden können. Jeweils nur bestimmte Domänen der zielsprachlichen Formulierungen werden in individuellem bzw. gruppenspezifischem Ausmaß durch (unbewusste) ausgangssprachliche Muster affiziert (z. B. wird für den zielsprachlichen Begriff ›Team‹ die Semantik des ausgangssprachlichen Begriffs ›Kollektiv‹ substituiert, nach KERN 1999).

Da wir uns im Folgenden auf 1993–1995 erhobene Querschnittsdaten im Rahmen einer Längsschnittstudie beziehen, sollen sprachstands- und stilbezogene Beobachtungen zu Gebrauchstendenzen der Ostberliner Sprecher mit Hypothesen zum (soziolinguistischen) Verlauf des Sprachwandels verbunden werden.

5. Varietäten im Umbruch: Zwischen »Wendedeutsch« und »Gesamtdeutsch«

Einschlägige empirische Untersuchungen haben festgestellt, dass Ostberliner breitflächig mehr und stärker berlinern als Westberliner (vgl. SCHÖNFELD 1997; PSZOLLA 1998 und DITTMAR/BREDEL 1999). Dieser objektiven soziolinguistischen Tatsache entsprechen subjektive Urteile der SprecherInnen[10].

> JENNY (Ostberlin) sagt z. B.
> *ich habe festgestellt daß die ostler zum beispiel in berlin mehr berlinern als die westler wenn man mit westlern in kontakt tritt dann bemühen die sich doch sehr um eine sehr hochdeutsche ausdrucksweise + was dann auch irgendwo dazu führt daß man + naja so=n bißchen dann auch selbst abstand nimmt*

Diese Aussage wird mannigfaltig und immer in der gleichen Richtung von unseren Ostberliner Informanten wiederholt. Woran aber erkennen die von uns Interviewten den Ost- und den Westberliner? Nach einem Perzeptionstest, den PSZOLLA (1998) durchgeführt hat, sind es in Bezug auf die phonologischen Dialektmerkmale vorwiegend die Variablen [e], [j], [o], [t] und [k], die in auffälligem Maße wahrgenommen werden und an denen der *Dialektalitätsgrad* bei Ost- und Westberliner Sprechern erkannt wird.[11]

Bezüglich der Frage, wie sich das wiedervereinigte Berlin varietätenspezifisch entwickelt, sind mehrere Szenarien denkbar.

(a) Jede der beiden Kommunikationsgemeinschaften bewahrt sich eine eigenständige Kultur; die beiden Kulturen treten dann über die Kommunikationsgemeinschaften in den Wettbewerb. Folge: In Ostberlin wird weiterhin mehr berlinert als in Westberlin.

(b) Die Sprachgemeinschaft wird zunehmend *diglossisch*: In bestimmten Vierteln mit großen Anteilen an Erwerbslosen und sozialen Unterschichten wird stärker berlinert (z. B. in Marzahn, Hellersdorf, Neukölln, Kreuzberg u. a.), in anderen Vierteln nimmt die Annäherung an die Umgangssprache zu (Dialektverlust).

(c) Die Tendenz zum berlinern als Folie wachsender lokaler Identität (neu für die Westberliner) führt zu einer Renaissance und zu einer Belebung des Berlinischen (nicht sehr wahrscheinlich, auf jeden Fall werden neue kreative Muster entstehen, sicher aber auch beeinflusst durch die präsenten ethnischen Gruppen).

(d) Die allgemeine Anpassung an die Standardsprache wird unter dem Druck der sozialen Verhältnisse immer stärker. Folge: Das Berlinische verliert eine Reihe spezifischer bodenständiger Eigenheiten.

Während die Frage nach einer sozialen Differenzierung des Berliner Varietätenspektrums noch Spekulation bleiben muss, präsentiert PSZOLLA (1998, 114 f.) in Bezug auf eine zu erwartende Veränderung gleichwohl zwei bemerkenswerte Befunde:

»In bezug auf die dialektalen Varianten der fünf Hauptvariablen hat sich folgende hierarchische Anordnung ergeben: [e] → [j] → [o] → [t] → [k]. Das bedeutet, daß bei Dialektabbau zuerst die Variante [e] und als letztes die Variante [k] aufgegeben wird. [...] Die dialektalen Varianten *dis/dit, ooch, je-, ick* und *nee* gehören zu den Varianten, die am resistentesten gegen den Einfluss der Standardsprache sind. Die Varianten *meen, arbeet, een* und das [j] im Inlaut sind dagegen zuerst vom Dialektabbau betroffen.«

Sollte sich die Ostberliner Varietät in Richtung der Standardsprache verschieben, wäre es interessant zu verfolgen, ob Ostberliner in zunehmender Annäherung an die Standardsprache in diesem Sinne die Merkmale des Berlinischen aufgeben.

Zu trennen von der objektiven Seite des Sprachwandels ist ferner seine subjektiv-soziale Seite. Die objektiv belegbaren Dialektverschiedenheiten zwischen Ost- und WestberlinerInnen werden von den DialektsprecherInnen nicht nur wahrgenommen; vielmehr werden sich vor allem die OstberlinerInnen im wiedervereinigten Berlin über ihre dialektale Vergangenheit und Gegenwart bewusst. Dialektunterschiede werden zugleich für eine Abgrenzung vom je anderen, also auch für eine Selbst- und Fremdstigmatisierung, im wiedervereinigten Berlin genutzt. Vor allem für die Ostberliner SprecherInnen, die nicht nur einen stärkeren Berliner Dialekt sprechen, sondern für die ihr Dialekt der sozial nicht stigmatisierte Normalfall in einer sprachhomogenen Gemeinschaft darstellte, erwacht das Bewusstsein für die soziale Signifikanz ihrer Sprachgewohnheiten.

> PAULA (Ostberlin)
> *eh + ja also n ganz gravierender unterschied war + eh wenn wir + für uns n broiler jeholt ham + war dit ein hähnchen ja ein brathähnchen bei uns war=s halt der broiler + und der heißt bei/bei uns in der familie heute noch broiler und nich hähnchen eh auf jeden fall + klang=n + vielleicht is da och nur persönlicher eindruck die die westberliner alle + sehr jebildet weil sie halt hochdeutsch sprachen ick dachte im ersten moment o gott jetzt mußte dich aber anstrengen hier darfste nich ürgendwie so + hm na sagen wir ma bauernmäßig klingst ne*

> LENA (Ostberlin)
> *wenn die den mund aufmachen und die sprechen hochdeutsch n perfektet hochdeutsch + und vornehm denn noch dabei + dann sag ick die kommt aus=m westen oder der kommt aus=m westen*

LABOV hat des öfteren den von hegemonialen Institutionen initiierten *Wandel von oben* von einem vom Volk und den ›normalen‹ Schichten ausgehenden *Wandel von unten* unterschieden. Im Falle unseres umbruchbedingten (sprachlichen)

Wandels sind beide Prozesse eng miteinander verzahnt: Die (global wirksamen) ›Marktmechanismen‹ restrukturieren *a tergo* das Berlinische im Ostteil in Richtung ›moderate Umgangssprache‹ von oben, so dass im öffentlichen Sprachgebrauch wie z. B. in Bewerbungsgesprächen eine Abnahme des Berlinischen bei Ostberliner SprecherInnen zu erwarten ist. Im lebendigen Kontakt mit den (westlichen) Sprechern standardsprachlicher Prestigemärkte vollzieht sich der *Wandel von unten* in der konkreten Interaktion. Hier bleibt insbesondere für den weiten Bereich informeller Gesprächssituationen abzuwarten, inwiefern sich das Berlinische mit seinen lautlichen Merkmalen etwa als lokales Kolorit wird durchsetzen können. So ist in unseren Augen in jedem Falle von einer registerspezifischen, d. h. von den Gesprächskontexten abhängigen Differenzierung bei der Verwendung des Berlinischen auszugehen.

6. Der feine Unterschied: Mit dem Evidenzmarkierer *halt* auf der Sonnenseite des Prestigedeutschen

In der individuellen Sprachbiographie schlägt der ›synchrone Sprachwandel‹ als sukzessive Aufgabe alter Mittel und Aneignung neuer Mittel durch. Es sind die Übergänge zwischen der Entautomatisierung eingespielter und der Orientierung auf neue sprachliche Routinen, die sich über den Weg zahlreicher Sprachmischungen vollziehen und das interlinguale Register des Umbruchs konstituieren. Ein anschaulicher soziolinguistischer Fall ist hierfür die Übernahme des (subjektiven) Evidenzmarkierers *halt* in Äußerungen wie:

viele ham sich halt praktisch in den Ruin jewirtschaftet (DOLLY, Ostberlin)

Bis zum Mauerfall galt in Ostberlin und in Brandenburg die kategorische Regel, zur emphatischen Markierung der Evidenz eines Aussagesatzes die Modalpartikel *eben* zu verwenden,[12] während in Westberlin schon in den 70er Jahren die stilistische süddeutsche Variante als Folge des Kommunikationskontaktes von Nord- und Süddeutschen in dem isolierten Stadtteil mit stetig zunehmender Häufigkeit zu hören war. Spätestens mit der alternativen Verwendung beider Evidenzausdrücke in alltäglichen Kommunikationsakten endete die Synonymität dieser beiden Varianten, die einst klar regional getrennt benutzt wurden (vgl. EICHHOFF 1969). Die ›Speerspitze‹ des sich mehr und mehr in Norddeutschland ausbreitenden *halt* war Berlin. Sobald zwei (ehemals vielleicht synonyme) Varianten in der Alltagskommunikation alternativ und sogar kookkurrent *(eben halt)* verwendet werden können, haben sie eine wenn auch minimal unterschiedliche Bedeutung. So ist ihr synsemantischer Bedeutungsunterschied darin zu sehen, welche ›Stärke an Evidenz‹ wir aus ihrem Gebrauch in einer Äußerung folgern: *eben* lässt auf strengere, allgemeingültige, eher ›objektive‹ Evidenz, *halt* auf schwächere, eher subjektiv motivierte, vorsichtiger behauptete Evidenz schließen.[13]

Dass *halt* vor der Wende im Ostberliner Sprachraum nicht verbreitet war, bekräftigen neben den linguistischen Untersuchungen auch Einschätzungen der Ost-SprecherInnen. WOLF (Ostberlin) gibt beispielsweise vor, auf die Verwendung dieser beiden Partikeln angesprochen, *keins von beiden* zu verwenden; und weiter: *dies* eben *und* halt *ist auch so=n begriff den mehr wessis sagen als ossis glaub ich*; und als die Interviewerin ihn daraufhin fragt, wie er für *das gefällt mir eben* sagen würde, antwortet er *das gefällt mir* (und fügt hinzu: *ohne eben*). Dass WOLF trotz dieser Einschätzung im Verlauf des Gesprächs zehnmal *eben* und kein einziges Mal *halt* verwendet, mag die Beobachtung der Dominanz von *eben* im Ostberliner Sprachraum nur untermauern. Dies wird auch explizit von anderen Ostberliner Sprechern bestätigt:

STEFAN (Ostberlin)
eh halt das müßte denn der westteil sein

ROBERT (Ostberlin)
R: *jo also mir/ich zucke auch zusammen eh wenn mir das halt rausrutscht*
I: *warum?*
R: *eh weil ich natürlich ganz genau weiß dieses halt is so=n marker den/den maan eh bewußt setzen kann daß man eben sich integriert oder daß es eben einfach daß es übernommen wird*

I: *wohin?*
R: *na, in ein/in eine sprachgemeinschaft west*

Abgesehen von diesen kommunikativen Bewertungen durch die SprecherInnen dokumentiert unser Korpus eine im Wandel befindliche Übergangsvarietät, d. h. dass auch bei den Ostberliner SprecherInnen bereits die Verwendung von *halt* zu finden ist, wenn auch der Anteil am gesamten Gebrauch der Evidenzmarkierer noch leicht geringer ausfällt als bei den Westberliner SprecherInnen (vgl. Tabelle 6–1, vgl. auch DITTMAR 2000).

Interviews	*eben*	*ebent*	Summe *eben/t*	*halt*	*eben halt*	*halt eben*
OST ($\Sigma = 31$)	245	372	617	204	13	–
WEST ($\Sigma = 25$)	213	96	309	161	17	8

Tab. 6–1. Der Gebrauch von ***eben*** *und* ***halt*** *im Wendekorpus*

Zudem ist die Anzahl der *halt*-Vorkommen im Sprachraum Ost auf einige wenige SprecherInnen zurückzuführen (schon allein je 42 Vorkommen bei zwei SprecherInnen, während 17 SprecherInnen gar kein *halt* benutzen), was auf kommunikativen ›Nähe‹-Kontakt mit West-SprecherInnen nach der Wende zurückzuführen ist. Wie kommt es nun dazu, dass sich *halt* zunehmend als alternative Variante zum Evidenzmarkierer *eben* durchsetzt? Warum schlägt also die Übernahme von *halt* vor allem in der Ostberliner Gemeinschaft zu Buche, und welcher Natur ist dieser durch Anpassung an den westlichen Sprachgebrauch hervorgerufene Sprachwandel?

Da evidenzbezogene Schlussfolgerungen unter Verwendung der Modalpartikel *halt* subjektiver, freundlicher und weniger hart klingen, werden SprecherInnen, die strategische und andere Vorteile in der Nutzung des Ausdrucksmittels *halt* sehen, auf ein solches Mittel in Ergänzung und in Komplementarität zu *eben* zurückgreifen. Die soziolinguistische Triebkraft in der Verbreitung und im Prestige von *halt* liegt dann darin, dass sich jene SprecherInnen, die *halt* je nach Redekontext verwenden, einen *kommunikativen Mehrwert* erschließen, der gewisse Vorteile mit sich bringt. Verfügen oder Nichtverfügen über diesen *kommunikativen Mehrwert* ist eine Frage des sozialen Erfolges. Sobald ein ›nur-*eben*-Benutzer‹ mit einem ›*halt*-und-*eben*-Benutzer‹ interagiert, macht sich die Verwendung des *halt* bei dem Interaktionspartner als *kommunikativer und rhetorischer Mehrwert* bemerkbar.[14] Da nun elaborierte sprachliche Performanz bzw. Rhetorik in der ehemaligen DDR kein gesellschaftliches Selektionskriterium wie im Westen war[15], war der Verbreitung der alternativen Variante *halt* nicht in gleicher Weise der Boden bereitet wie im westdeutschen Sprachraum. Zwei Ost-Sprecher reflektieren die Erfahrung dieses neuen ›rhetorischen Marktwertes‹ unter veränderten Kommunikationsbedingungen nach der ›Wende‹ folgendermaßen:

> DIRK (Ostberlin)
> *ick denke [...] das et nich wichtich war [...] wer mußte denn zum vorstellungsgespräch? kein mensch!*
>
> MICHA (Ostberlin)
> *hab ich aba n bißchen spät erst + so begriffen + daß man bei bewerbungsgesprächen im jrundejenommen [...] sich gut verkaufen [muß]*

Register und Registerstile brauchten vor diesem Hintergrund in der DDR keine individuelle, imageunterstreichende und persönlichkeitshervorhebende Note zu haben. Wenn man mit seiner Varietät nicht auffiel, wurde dies als positiver Beitrag zur Lebensbewältigung gesehen.

Dies hat sich mit der ›Wende‹ geändert. Arbeitsplätze sind nicht mehr sicher, Individuen unterliegen den Gesetzen der so genannten freien sozialen Marktwirtschaft, in vielen Berufen ist klienten- bzw. kundenbezogene Freundlichkeit ein Bestandteil des professionellen und auch individuellen Verhaltens.[16] Auf der einen Seite besteht also ein gesellschaftlich motiviertes Bedürfnis, das »unverwechselbare Individuum« bei der Ausübung einer spezifischen Tätigkeit zu verkörpern;[17] andererseits gewinnt Individualität auch im sozialen Zusammenleben und in der Freizeitgestaltung ein immer größeres Gewicht. Daher scheint es plausibel, dass die subjektive Erfahrungen und persönliche Urteile vermittelnde Partikel *halt* im sprachlichen Verhalten der Ostberliner an Boden gewinnt und einen symbolischen Indikator für die Integration in die neuen gesellschaftlichen Verhältnisse verkörpert. Sie gibt formellen Registern (z. B. *Lehren* in einem bestimmten Fachgebiet, *Beraten* verschiedener Art, z. B. in medizinischen, juristischen etc. Diskursen) eine freundlichere, subjektive Färbung, andererseits können informelle Register emphatischer, lebendiger, direkter, ich-bezogener gestaltet werden.

Diese kommunikativen Fähigkeiten zur erfolgreichen Selbstdarstellung werden im Westen während der gesamten Sozialisation eingeübt. Solch alltägliches, nicht-fokussiertes, aber dennoch stets präsentes Training gab es im Osten nicht, und die daraus sich ergebenden unterschiedlichen kommunikativen Fähigkeiten sind den umbruchsensiblen Ost- und Westdeutschen durchaus bewusst, wie die bereits zitierten kommunikativen Bewertungen von STEFAN und ROBERT vor Augen geführt haben. Festzuhalten bleibt daher, dass der Gebrauch von *halt* bei Ostberlinern als *markiert* gilt. Die Partikel gehört zur sozialen Welt des Westens, dessen Sprachgebrauch übernommen wird. War Ostberlin vor der Wiedervereinigung von der Übernahme der Prestigevariante wie unter einer ökologischen Glocke abgeschirmt, so kann man nun gewissermaßen eine ›Blitzverbreitung‹ von *halt* feststellen, da dieser Wandel in so kurzer Zeit stattgefunden hat. Freilich besteht nun die dringliche Aufgabe der Stadtsprachenforschung darin, Ausmaß und Vollzugsart des Wandels mit Hilfe von Längsschnittbeobachtungen zu verfolgen.

7. Zur Form- und Funktionsdifferenzierung von *weil*: Anpassung oder parallele Entwicklung in Ost und West?

weil ich gar nich so richtich wußte
was eingtlich au/auf der andern seite der maua passiert iss
(STEFFI, Westberlin)

So grammatisch eindeutig wie unser einleitendes Beispiel hinsichtlich seiner formalen ›Regelhaftigkeit‹ sind die Vorkommen von *weil*-Konstruktionen im Berliner Wendekorpus zwar in gut der Hälfte der Fälle, doch lässt sich ein nicht zu vernachlässigender Anteil an *weil*-Sätzen festmachen, in denen das finite Verb nicht an letzter Stelle steht (im folgenden mit *weil* + V_E bezeichnet), sondern durch Verbzweitstellung (*weil* + V_2) gekennzeichnet ist:

(7–1) DOLLY (Ostberlin)

ja also jetroffn so direkt daß man sich jetzt da mit irgendwelchn freundn oda so jetroffn hat war bei mir nich so der fall +3+ ehm + ***weil*** *+2+ da gab es natürlich och ufflagen + der eene konnte kontakt ham und der andre konnte kein kontakt ham +*

(7–2) LUTZ (Ostberlin)

Lutz:	*ich bin einfach zu diesa senatsverwaltung für bildung gejang und hab jefracht*
Freund:	*hm*
Lutz:	*ob ick mich hier weitabilden kann + weil det jing relativ schnell nach drei monaten hat man so mitjeschnitten dass et nun so is + und keen zurück jeht also muß man ja irgendwie in diese richtung denken ne.*

Während diese Konstruktionen insbesondere von Sprachpuristen in der öffentlichen Diskussion immer wieder scharf kritisiert und oftmals als unbedingtes Zeugnis für den gegenwärtigen ›Verfall‹ der deutschen Sprache herangezogen werden, beschäftigt sich die sprachwissenschaftliche Forschung insbesondere in den letzten Jahren sehr intensiv und hoffentlich weniger voreingenommen mit der Frage, inwiefern diese und ähnlich abweichende Konstruktionsunterschiede in *weil*-Sätzen auf möglicherweise zu differenzierende sprachliche Funktionen Rückschluss erlauben. Dies ist insbesondere im Hinblick auf Sprachwandelphänomene von Relevanz, die gerade in der gesprochenen Sprache aufgrund ihres weniger regelbezogenen, sprich statischen Rahmens ihre frühzeitige Ausprägung finden und sich nicht selten als zeitweise nebeneinander existierende Entwicklungsstufen manifestieren. Dies bedeutet, dass manche SprecherInnen den Sprachwandel schon ›weitreichender‹ vollzogen haben als andere, die Äußerungen jedoch gleichermaßen verständlich nebeneinander bestehen. Dabei stellt sich in unserem thematischen Zusammenhang allerdings die Frage nicht nur nach den formalen und funktionalen Unterschieden allgemein, sondern insbesondere nach ihrer Verteilung in Ost und West.

So ist, abgesehen von der Frage, welche Konstruktionstypen – *weil* + V_E oder *weil* + V_2 – jeweils in Ost oder West überwiegen bzw. wie groß ihr Anteil jeweils an den Gesamtvorkommen von *weil* in dem jeweiligen Sprachraum ist, der Blick zudem darauf zu richten, wie dieses in früheren Phasen, d. h. zu anderen Zeitpunkten ausgesehen hat, wer möglicherweise wen im Sprachwandel beeinflusst hat und wie diese Phänomene letztendlich von den SprecherInnen beurteilt werden. Linguistisch gesprochen heißt dies, neben die synchrone Perspektive auch diachrone Überlegungen zu stellen. Da jedoch der Untersuchung der gesprochenen Sprache erst in den letzten Jahrzehnten zunehmend eine besondere Bedeutung zugestanden wird, ist hier das empirisch ausgewertete Material – wie es sich beispielsweise in Arbeiten von PASCH (vgl. 1997, 256), UHMANN (vgl. 1996, 1) oder WEGENER (vgl. 1999) zeigt – weniger umfangreich als das Wendekorpus und entsprechend weniger repräsentativ.[18] Dennoch kann deutlich gemacht werden, ob der Wandel der *weil*-Konstruktionen etwa analog zu den Modalpartikeln *eben*/*halt* eher als Anpassungsphänomen zwischen Ost und West zu beschreiben ist oder sich im Gegensatz dazu eine annähernd parallele Entwicklung in den beiden Sprachräumen abzuzeichnen scheint.

Hinsichtlich einer allgemeinen Funktionsdifferenzierung der *weil*-Konstruktionen ist in der sprachwissenschaftlichen

Forschung vielfach gezeigt worden (vgl. u.a. WEGENER 1996), dass *weil* + V_E zunehmend für reine Sachverhaltsbegründungen vorbehalten wird – sogenanntes ›faktisches‹ *weil*, wie es sich auch in unserem Korpus zeigt:

(7–3) ALFRED (Westberlin)

daher kannte ich die gegend ***weil*** *wir die viel bereist haben*

Daneben beinhalten weil-Sätze mit Verbzweitstellung nicht selten eine eigene Behauptung, deren Funktion darin besteht, den Wahrheitswert der Bezugsäußerung zu untermauern – hier wird von ›epistemischem‹ weil gesprochen, wie es der folgende Textbeleg illustriert:

(7–4) LORE (Ostberlin)

ich war alleine + ***weil*** *meine tochter wa im kindergartn*

Ferner wird hervorgehoben, dass *weil* + V_2 ebenfalls die Funktion tragen kann, weniger den Sachverhalt als vielmehr dessen Behauptung, Erfragung o.ä. zu begründen. In dem *weil*-Satz wird also die Ursache dafür angegeben, warum dieser Sachverhalt z.B. behauptet wird – man spricht hier wiederum von ›sprechakt-bezogenem‹ *weil*. Partiell zeigt sich eine derartige Funktion bereits in Beispiel (7–2), in dem der durch *weil* eingeleitete Zusammenhang nicht nur den Grund für eine Weiterbildung implizit liefert, sondern auch das Fragen danach begründet. Zudem wird anhand dieses Textbelegs eine weitere, abschließend zu nennende Funktion deutlich, welche als ›gesprächsorganisierend‹ bezeichnet wird. Sie ist zunächst daran zu erkennen, dass der mit *weil* eingeleitete Zusammenhang nicht auf die sich anschließende V_2-Konstruktion *dit jing relativ schnell* beschränkt ist, sondern – im Gegenteil – mehrere Äußerungseinheiten miteinbezieht. So leitet hier der Sprecher durch *weil* den erläuternden Hintergrund ein, wieso er sich nach Weiterbildungsmöglichkeiten erkundigt hat. Dem Hörer dient *weil* dementsprechend als Hinweis, dass nun umfassendere erklärende Ausführungen folgen – die Forschung spricht hinsichtlich dieser Spannweite auch von der ›projektiven Kraft‹ von *weil* (vgl. GOHL/GÜNTHNER 1999, 54).

In ähnlicher Weise lässt sich ebenfalls Beispiel (1) analysieren, wobei sich zudem zeigt, dass unser Interviewausschnitt im Grunde zu kurz geraten ist und der durch *weil* eingeleitete und umspannte Erklärungszusammenhang – wie der erweiterte Beleg zeigt – wesentlich weiter reicht:

(7–5) Dolly (Ostberlin)

Freundin	*ja_ + ham sie jetzt eh: inzwischen kontakte gef/ geknüpft so: mit leutn aus dem ›westteil? +?sind sie mit denen oft zusamm:? und eh + ham sie sich eh + bald + danach mit leuten getroffn oder hat das ziemlich lange gedauert? +*
Dolly	*ja also jetroffn so direkt daß man sich jetzt da mit irgendwelchn freundn oda so jetroffn hat war bei mir nich so der fall +3+ ehm + weil +2+ da gab es natürlich och ufflagen + der eene konnte kontakt ham und der andre konnte kein kontakt ham + und bei mir war=s 'so ick komme aus der gastronomie +1+ [RÄUSPERT SICH] ick hatte viel + beruflichen kontakt zu westdeutschen + och zu diplomatn + oda och + die touristn die dann jekomm sin + mittwochs war immer großer reisetag von den west klassn und + man mußte sich ostberlin ankuckn und den fernsehturm und war im buchladn und dit war allit toll + und die ham denn praktisch ihre letzten pfennje da uff=n/+ off=n + kopf jekloppt +2+ und + man kam denn so och + unwillkürlich ins jespräch und + man konnte sich och schon n bild machn so von den wessis und +2+ für mich war dit eigntlich so: + dit hat sich so viel bestäticht wat ick schon zu ostzeiten + so kennjelernt hatte + dit hatte sich denn och + praktisch nachdem ick im westn war och bestäticht also + die wessis wat ick vorhin schon sachte jeder lebt für sich und dieset unnahbare + und von wegen bruda un schwesta man sieht=s ja auch heute + wat für een andern opfern oda gebn dit is nich so +2+ wie man sich dit vielleicht + erhofft hat oda naja + erhofft + globe gibt wenje + die selbst von + sich wat andern gebn oda + och geld ick sag bei geld +2+ hört die*

freundschaft auf + ick würde + och keen so großartich da irgendwelche + geschenke machn + daß man praktisch nur diesen kontakt beim einkaufn hatte oda + ob man da an=ne gaststätte oda an=ne kneipe jegang is + so hat man halt nur so die beziehung herstelln könn + dieset + unvorher/unvorhergesehene spontanjespräch ne wo man denn och + viel och auf widerstand/ach + sie komm aus=m ostn naja wat ham se denn nu/wat sehn se denn hier und + wir lebm och nur so wie sie da drübm und wir mußtn uns och allet schwer erarbeitn ne + aba + dit war allit nur augenwischerei denk ick mir mal + dit wird immer noch irgendwie + ne kluft gebn zwischn ost und west +2+

Freundin *das is auch ein langwieriger schwerer prozeß und/ aber damals äh sind auch die: wessis gekommen und ham sie da herzlichkeit gespürt oder freude + oder + war=s nur zurückhaltung?*

So sind im Sinne dieses Beispiels nicht etwa Besucher-Auflagen ein Grund dafür, warum die Ost-Sprecherin nach der politischen Wende keinen Kontakt zu Westdeutschen aufgenommen hat, sondern vielmehr die Tatsache, dass sie trotz dieser Auflagen durch ihre berufliche Tätigkeit schon vor der Wende Begegnungen mit Westdeutschen hatte, welche eine distanzierte oder zumindest ambivalente Einstellung in ihr ausgeprägt haben. Bezeichnend für die projektive Kraft des markierten *weil* ist, dass der Interviewer erst mit Ende des durch *weil* eingeleiteten Begründungszusammenhangs die nächste Frage stellt, d. h. sich erst an dieser Stelle ein Sprecherwechsel anbietet.

Im Sinne dieser gesprächsorganisierenden Funktion – welche wohl den Sprachwandel in seiner ausgeprägtesten Form vor Augen führt[19] – ist auch das folgende Beispiel zu interpretieren, in dem *weil* zunehmend seinen begründenden Charakter ablegt und dem Hörer lediglich angezeigt wird, dass erläuternde Zusatzinformationen angefügt werden. Während diese Äußerung in traditionell grammatischer Hinsicht als Abbruch gewertet würde, stellt ihre Form in der gesprochenen Sprache einen durchaus typischen Fall dar und steht zudem der Verständlichkeit der Aussage in keiner Weise im Weg.

(7–6) ALFRED (Westberlin)

ich finde der neid is zu groß weißte der neid nich + weil eh + die ostlers wenn man/wenn ich dit mal so seh + viele ossis warn/die ham kein geld und wenn de dann fragst was fährst fürn auto dann sagn die opel n taunus n mercedes + und da und da wa die warn ja schon in ländern wo ick noch nich mal war

Der Beleg führt sehr deutlich vor Augen, dass durch *weil* nicht der Grund angegeben wird, wieso der Neid als zu groß eingestuft wird, sondern es wird lediglich erläutert, wie dieser Neid entstanden ist.

An unseren Beispielen zeigt sich bereits, wie komplex eine Unterscheidung einzelner Funktionen von *weil* ausfallen kann, wobei wohl berechtigterweise zu fragen ist, inwiefern nicht linguistisch vorgeprägte SprecherInnen sich dieser Differenzierungen – so aussagekräftig sie in Bezug auf das Sprachgebrauchssystem und dessen Wandel sind – überhaupt bewusst werden. Anzunehmen ist vielmehr, dass insbesondere die formalen Unterschiede in der Kommunikation wahrgenommen werden und den Charakter eines (sozialen) Selektionsmerkmals annehmen, wie es hinsichtlich der Evidenzmarkierer deutlich wurde. Im Rahmen des Wendekorpus stellt sich diese Einschätzung auch für die *weil*-Konstruktionen als zutreffend heraus. So bewerten beispielsweise viele Ost-SprecherInnen *weil* mit Verbzweitstellung als eher westliche Variante, wie es die Einschätzung STEFANs zu den Sätzen *ich trinke Tee, weil ich Durst habe* vs. *ich trinke Tee, weil (Pause) ich habe Durst* einschlägig illustriert:

(7–7) STEFAN (Ostberlin)

Stefan: *ja das erste/die erste variante is únser sprachgebrauch und sowat das andre is wieder + bißchen +*
Freund: *westen.*
Stefan: *westlich angehaucht.*

In ähnlicher Weise bringt auch Wolf die Bewertung der *weil* + V_2 – Konstruktionen auf den Punkt: »*das sagen auch mehr wessis als ossis*«.

Vor diesem Hintergrund überrascht nun, dass hinsichtlich der *weil*-Konstruktionen eher eine parallele Entwicklung zu verzeichnen ist, d. h. dass zwar eine Zunahme der *weil* + V_2-Vorkommen insgesamt festzustellen ist, dass sich die Verteilung dieser Strukturen jedoch zum Zeitpunkt der Interviews (1993–1995) als in etwa identisch in Ost und West herausstellt. Dies bedeutet, dass die Ost-SprecherInnen zwar *weil* + V_2-Konstruktionen als westliche Variante einstufen, diese jedoch in annähernd gleicher Häufigkeit verwenden, wie die folgende Tabelle vor Augen führt:

Tabelle 7–1: Verteilung der *weil*-Konstruktionen im Berliner Wendekorpus (1992–1996)

kausale Verknüpfungen	*weil* + V_2	*weil* + $V_?$	*weil* + V_E	*weil* (Σ)
WEST ($\Sigma = 25$)	54	10	170	234
%	23 %	4 %	73 %	
OST ($\Sigma = 31$)	129	17	378	524
%	25 %	3 %	72 %	

Die Summe der *weil*-Vorkommen ist bei den Ost-Interviews aufgrund ihrer größeren Anzahl (31 zu 25 Interviews) und Länge mit 524 Ost- zu 234 West-Belegen deutlich höher. Betrachtet man jedoch ihre Verteilung, ergibt sich ein in etwa übereinstimmendes Bild: In grob einem Viertel der Vorkommen wird *weil* sowohl in den West- als auch in den Ost-Interviews mit Verbzweitstellung realisiert, während das Gros der Belege, d. h. etwa drei Viertel der Vorkommen in beiden Sprachräumen durch *weil* mit Verbendstellung bestimmt wird.[20] Somit zeigt sich, dass sich der reale Sprachgebrauch auf der

Grundlage des Wendekorpus wesentlich von der Einschätzung der SprecherInnen unterscheidet.

Wenn wir jedoch zugleich von einer parallelen Entwicklung meinen sprechen zu können, bezieht diese Annahme frühere Korpora mit ein. Die folgende Tabelle 2 umfasst aus diesem Grund die *weil*-Vorkommen weiterer, früherer Korpora, welche allerdings wegen ihrer geringen Gesamtzahl nur bedingt aussagekräftig sind.

Tabelle 7–2: Verteilung der *weil*-Konstruktionen in diachroner Perspektive

Sprachraum	Korpus	*weil* + V_2	*weil* + V_E	*weil* (Σ)
W (=West)	1955–59 (EISENMANN 1973) Süddeutschland	114 (31%)	253 (69%)	367
O(=Ost)/W	1961 (PFEFFER 1984) Berlin	0 (0%)	27 (100%)	27
W	1961 (PFEFFER 1984) Städte: Hamburg, Hannover, Münster, Dortmund, Frankfurt a. M., Freiburg	4 (8%)	44 (92%)	48
O	1961 (PFEFFER 1984) Städte: Cottbus, Leipzig, Magdeburg	4(9%)	42 (91%)	46
W	1960–70 (Freiburger-Korpus) Norddeutschland	5 (4%)	126 (96%)	131
O	1971 (RUNGE 1971) Rostock	0 (0%)	46 (100%)	46
W	1980 (SCHLOBINSKI 1992) W+est-Berlin	6 (13%)	39 (87%)	45
O	1985–89 (MENK) Ost-Berlin	5 (9%)	51 (91%)	56
W	1987 (DITTMAR/ HÄDRICH 1988) West-Berlin	2 (7%)	27 (93%)	29

Aus der Tabelle ist u. E. erkennbar, dass *weil* + V_2-Konstruktionen schon vor der politischen Wende im ostdeutschen Sprachraum vertreten sind und dies auch zu annähernd gleichen Anteilen. So scheint die Einschätzung, *weil* mit Verbzweitstellung sei eine eher westliche Variante auch in historisch-vergleichender Perspektive nicht zuzutreffen. Deutlich wird daneben allerdings anhand des Eisenmann-Korpus, dass dieser Konstruktionstyp im süddeutschen Raum schon wesentlich früher und sehr weitreichend verbreitet ist (vgl. auch WEGENER 1999).

Bezeichnend bleibt abschließend, dass mit Blick auf das Berliner Wende-Korpus zum einen eine Zunahme an *weil* + V_2-Strukturen insgesamt bestätigt werden kann. Zum anderen markiert der Zeitraum der Interviews in unseren Augen eine sogenannte ›kritische Phase‹ im Sprachwandelprozess, da die Bewertungen der Ost-SprecherInnen von ihrem realen Sprachgebrauch, der diesen Bewertungen in gewisser Weise voraus ist, abweichen. Dies ist u. E. darauf zurückzuführen, dass im ostdeutschen Sprachraum die Unterschiede zwischen einer formalen bzw. öffentlichen Gesprächssituation und einem informellen, d. h. eher persönlich vertrauten Gespräch in der Art waren, dass das formelle Register durch den Anspruch auf regelgeleitetes Sprechen bestimmt war. Informelle Gesprächssituationen boten dagegen größere Freiräume für den sprachlichen Ausdruck. Analog hierzu lassen sich unsere Interviews erklären: Sie bewegen sich in gewisser Weise zwischen informellem und formellem Register, da die Interviewpartner zwar in der Regel miteinander bekannt und vertraut sind, durch das Aufnahmegerät jedoch eine gewisse formelle Situation geschaffen wurde. Während die SprecherInnen sich nun in weiten Teilen des Gesprächs eher informell mitteilen, scheint es nur folgerichtig, dass sie sich – zu einem metakommunikativen Kommentar aufgefordert – mehr an den Prinzipien formeller Gesprächssituationen orientieren, wie es die Einschätzungen von STEFAN und WOLF beispielhaft illustriert haben. So ist im ostdeutschen Sprachraum von einer Lockerung der informellen Register auszugehen, welche zunehmend auch in anderen sprachlichen Bereichen die formellen Register umstrukturieren; dies lässt sich plausibel als ein Phänomen der ›Konvergenz‹ oder ›Akkommodation‹ verstehen.

8. Zusammenfassung und Ausblick

Mauerfall und Wiedervereinigung nach dem Modell ›Aufgabe einer Staatszugehörigkeit zugunsten der Übernahme einer anderen Staatsangehörigkeit‹ haben zu Sprachwandel im hier stellvertretend für die fünf neuen Bundesländer untersuchten Ostteil von Berlin geführt. Dass die sprachlichen Zelte zum aufgelösten Staat abgebrochen werden, zeigt sich am auffälligsten im Lexikon.[21]

Die vergangenen zehn Jahre seit der Wiedervereinigung haben wir als ›Übergangsperiode‹ charakterisiert, in der sich Sprachnormen bezüglich DDR-spezifischer Ausdrucksstrukturen kognitiv lockern und neue lexikalische Einheiten und Wendungen übernommen und der sprachliche Habitus in den neuen Kontaktsituationen über die Zeit den westlichen Normen angepasst werden. Unsere ›Momentaufnahme‹ zum Sprachstand des Ostberlinischen belegt einerseits den ortsgebundenen stark ausgeprägten Berliner Stadtdialekt als Markierung lokaler Identität und sozialer Zugehörigkeit; eine Anpassung an überregionale Umgangssprachen ist unter den neuen intensiven Kontaktmöglichkeiten mit ›westlich‹ orientierten Sprechern wahrscheinlich. Mit der Übernahme der Modalpartikel *halt* wird die Register-Kompetenz für formelle und informelle Gespräche aktiv erweitert. Die Funktion des sozialen Prestiges, die dieser Evidenzmarkierer hat, weitet sich als Folge einflussreicher sprachlicher Märkte von Westberlin auf Ostberlin aus. Einen ähnlichen Mechanismus nahmen wir für *weil* + *Verbzweitstellung* an. Entgegen unseren Annahmen zeigt sich, auch in sprachhistorischer Perspektive, weitgehend Konvergenz zwischen Ost- und Westberlin. Gibt es für diesen Diskursmarker feingranulierte Ost-West-Unterschiede, die durch den Rost unserer Querschnittsstudie gefallen sind, oder haben sich »Wendedeutsch« und »Gesamtdeutsch« mit ***weil*** geküsst? Ob dies stimmt oder nicht – wer hätte es ***nicht*** begrüßt?

1 Dieser Beitrag geht auf einen Vortrag mit dem Titel »Der Niederschlag sozialen Umbruchs in der Sprache« am 05. 11. 1999 an der Humboldt-Universität Berlin zurück.

2 Klar, dass die Bayern sicher für sich in Anspruch nehmen würden, das ›bessere Deutsch‹ zu sprechen. In Bezug auf die Erwartungen an einen Vortrag, an ein Bewerbungsgespräch, an eine Abiturprüfung etc. würden sie jedoch gleiche oder ähnliche Meinungen vertreten wie Lehrer aus anderen Bundesländern.

3 Natürlich ist die soziolinguistische Integration der fünf neuen Bundesländer ein Problem ganz anderer Dimension: historisch und sozial war und ist mehr nachbarschaftliche »Nähe« und »nationale Identität« vorhanden; sicher bleiben gewisse Eigenständigkeiten auch weiter bestehen; dennoch wird die ›Gleichheit vor dem Gesetz‹ die Divergenzen bald mit Konvergenzen zudecken (darauf wies schon Montesquieu sehr anschaulich in seinen Schriften im 17. Jh. hin).

4 Dies führt beispielsweise das Theaterstück »Shopping and Fucking« des jungen Briten Mark Ravenhill sehr drastisch, aber auch sehr aussagekräftig, vor Augen.

5 Zahlreiche Originalbelege finden sich in DITTMAR/BREDEL (1999), wo auch das Korpus genauer beschrieben wird. Diese Daten sind auch im Internet zugänglich unter http://www.userpage.fu-berlin.de/~nordit/index.html.

6 Da die Ost- und Westinformanten jeweils unter sich waren, eignet sich das Korpus hervorragend für einen Vergleich gruppenspezifischer Normen und Unterschiede.

7 Erstgenannte Perspektive wendete völlig zu Recht die historische Sprachgeschichtsforschung für die Erklärung der Entwicklung des Französischen aus dem Lateinischen an.

8 Leider müssen wir es hier mit dieser allgemeinen Bemerkung bewenden lassen. Der Prozess der sprachlichen Anpassung muss im Rahmen einer multifaktoriellen sozialpsychologischen Matrix erklärt werden, z. B. unter Rückgriff auf die in GILES/COUPLAND/COUPLAND (1991) formulierten Variablen. Darauf müssen wir hier aus Platzgründen verzichten.

9 Die Verwendung dieses Begriffs ist im vorliegenden Zusammenhang leider nicht sehr glücklich (vgl. auch die kritischen Ausführungen von DIETRICH 1987); völlig zu Recht charakterisiert ein DFG-Schwerpunkt die soziolinguistische Situation der Ostdeutschen durch ›*Fremdheit in der eigenen Muttersprache*‹.

10 Für die Transkriptionen gelten folgende Grundsätze: Die zitierten Stellen werden klein geschrieben, Pausen werden durch + und Verschleifungen durch = gekennzeichnet. Andere Transkriptionszeichen werden aus Gründen der Lesbarkeit weggelassen.

11 Viele Seiten der Sprachverwendung unterliegen der Bewertung.

Dazu gehören natürlich lexikalische Einheiten (Wörter), syntaktische Besonderheiten (den Satzbau betreffend), stilistische und pragmatisch bedingte Varianten. Allerdings gehören die phonetischen (d. h. lautlichen) Merkmale des Sprechens zum unveränderlichen Habitus eines jeden Sprechers, sie erregen in der Rede eine relativ stabile Aufmerksamkeit und werden auch entsprechend als Indikatoren sozialer Zugehörigkeit interpretiert (dies wird in der Literatur in umfangreichem Maße nachgewiesen).

12 Man setze in das Beispiel (1) *eben* statt *halt* ein; wie wir noch weiter unten begründen werden, verweist *eben* eher auf einen allgemeingültigen, ›objektiv‹ geltenden Sachverhalt hin, *halt* dagegen eher auf ›subjektive Anschauung‹, persönliche Eindrücke. Daher ist die Geltung einer Äußerung durch *eben* stärker als durch *halt* markiert.

13 Siehe zu den komplexen theoretischen Hintergründen dieser Auffassung HENTSCHEL 1986, KÖNIG 1997 und DITTMAR 2000.

14 Vgl. das Konzept des ›sprachlichen Marktes‹ bei BOURDIEU (1982).

15 Vgl. hierzu die gesamte Diskussion um ›restringierte‹ und ›elaborierte‹ Kodes als Reproduktionsinstrumente sozialer Schichten im westlichen Europa in den 60er und 70er Jahren (eine umfassende Übersicht findet sich in DITTMAR 1973, Kap. 1–3).

16 Professionelles und individuelles Verhalten stehen hier in engem Kontakt. Die Integration der Dimension ›Privatheit‹/›private subjektive Verhaltensdimension‹ in das Verhalten in ›professionellen‹ Domänen wirkt sich demnach positiv aus.

17 Natürlich gibt es sprachabhängige und sprachunabhängige Berufe; alle therapeutischen, bürokratischen, im tertiären Sektor angesiedelten Tätigkeiten (Dienstleistung jeder Art) sind in der Berufsausübung sprachabhängig. Viele technische Tätigkeiten, einschließlich solcher im Baugewerbe u. ä. sind eher sprachunabhängig.

18 Als Vergleichskorpora werden Daten von EISENMANN (1955–1959, Süddeutschland), PFEFFER (1961, verschiedene Städte in Ost und West), Erika RUNGEs Dokumentationen von Rostocker Reiseerzählungen (1971, Rostock), des Freiburger Korpus (1960–1970, Norddeutschland) sowie von MENK (1985–89, Ost-Berlin), SCHLOBINSKI (1980, West-Berlin) und DITTMAR/HÄDRICH (1987, West-Berlin) herangezogen. Es existieren freilich noch weitere Korpora, doch sind diese z. T. noch nicht transkribiert, geschweige denn EDV-technisch erfasst und warten dementsprechend noch auf ihre Auswertung.

19 Von Sprachwandel ist hier insofern die Rede, als es sich zum einen um einen Strukturwandel und zum anderen um einen Funktionswandel der Konjunktion *weil* handelt. Dass daneben von einem lexikalischen Wandel gesprochen wird, ergibt sich aus der Korrelation zwischen der Zunahme der *weil* + V_2-Strukturen und der gleichzeitigen Abnahme der Kausalkonstruktionen mit *denn* in der

gesprochenen Sprache. So vertreten u. a. PASCH (1997, 252), UHMANN (1996, 22) und WEGENER (1999, 3) die These, dass es sich bei diesen Typen in semantisch-pragmatischer Hinsicht um vollständige Entsprechungen handelt und *weil denn* somit in der gesprochenen Sprache verdrängt und ersetzt.

20 Ein verschwindend geringer Anteil an *weil*-Vorkommen in Ost und West kann keinem der beiden Konstruktionstypen zugeordnet werden, da hier im traditionell grammatischen Sinne ein Abbruch vorliegt, der weder Verbzweit- noch Verbendstellung erkennen lässt.

21 ›Fünfjahresplan‹ und alle wichtigen mit der ehemaligen Gesellschaft verbundenen Termini werden funktionslos und verschwinden. Bei im Alltag weiter verwendbaren Gebrauchsbezeichnungen, z. B. ›Vierraumwohnung‹, stellt sich häufig ›Kookkurrenz‹ ein (Ostvariante koexistent mit Westvariante ›Vierzimmerwohnung‹). Die Benutzung der jeweils alternativen Variante verweist auf den ›westlichen‹ oder ›östlichen‹ sozialen Kontext. Uns wurde berichtet, dass im Osten zugezogene ›Westler‹ inzwischen oft die Ostvariante angenommen haben; darin drückt sich aus, dass die Wahl der Variante vor allem eine Stilvariante darstellt; dies ist jedoch auch eine eindrucksvolle Bestätigung der These, dass sich in Kontaktsituationen die Minderheit der Mehrheit anpasst.

Literaturverzeichnis

BOURDIEU, P. (1982): Ce que parler veut dire. L'économie des échanges linguistiques. Paris.

CHERUBIM, D. (1998): Sprachgeschichte im Zeichen der linguistischen Pragmatik. In: BESCH, W. u. a. (Hrsg.): Sprachgeschichte. Berlin. S. 538 bis 550.

DIETRICH, R. (1987): Erstsprache – Zweitsprache – Muttersprache. In: AMMON, U./DITTMAR, N./MATTHEIER, K. J. (Hrsg.): Soziolinguistik. Ein internationales Handbuch zur Wissenschaft von Sprache und Gesellschaft. Berlin. S. 352–358.

DITTMAR, N. (1973): Soziolinguistik. Eine kritische Darstellung ihrer Empirie, Theorie und Anwendung. Frankfurt/M.

DITTMAR, N. (im Erscheinen: 2000): Sozialer Umbruch und Sprachwandel am Beispiel der Modalpartikeln *halt* und *eben* in der Berliner Kommunikationsgemeinschaft nach der ›Wende‹ In: AUER, P./HAUSENDORF, H. (Hrsg.): Kommunikation in gesellschaftlichen Umbruchsituationen. Mikroanalytische Arbeiten des sprachlichen und gesellschaftlichen Wandels in den neuen Bundesländern. Tübingen.

DITTMAR, N./BREDEL, U. (1999): Die Sprachmauer. Die Verarbeitung der Wende und ihrer Folgen in Gesprächen mit Ost- und WestberlinerInnen. Berlin.

DITTMAR, N./HÄDRICH, D. (1988): Gibt es die Berliner Schnauze? In: DITTMAR, N./SCHLOBINSKI, P. (Hrsg.): Wandlungen einer Stadtsprache. Berlinisch in Vergangenheit und Gegenwart. Berlin. S. 103–144.

EISENMANN, F. (1973): Die Satzkonjunktionen in gesprochener Sprache. Vorkommen und Funktion untersucht an Tonbandaufnahmen aus Baden-Württemberg, Bayerisch-Schwaben und Vorarlberg. Tübingen.

GILES, H./COUPLAND, J./COUPLAND, N. (1991): Accommodation theory: Communication, context, and consequence. In: GILES, H./COUPLAND, J./COUPLAND, N. (Hrsg.): Contexts of Accommodation. Cambridge. S. 1–68.

GOHL, C./GÜNTHNER, S. (1999): Grammatikalisierung von *weil* als Diskursmarker in der gesprochenen Sprache. In: Zeitschrift für Sprachwissenschaft 18/1/1999. S. 39–75.

GUY, G. R. (1990): The Sociolinguistic Types of Language Change. In: Diachronica VII:1. S. 47–67.

HENTSCHEL, E. (1986) Funktion und Geschichte deutscher Partikeln. *ja, doch, halt* und *eben*. Tübingen.

KERN, F. (1999) (unveröff.): Interkulturalität in Bewerbungsgesprächen. Strategien der Selbstdarstellung bei Bewerber/innen aus Ost- und Westdeutschland. Dissertation Universität Hamburg.

KOCKA, J. (1984): Eine durchherrschte Gesellschaft. In: KAELBLE, H./KOCKA, J./ZWAHR, H. (Hrsg.): Sozialgeschichte der DDR. Stuttgart. S. 547–558.

KÖNIG, E. (1997): Zur Bedeutung von Modalpartikeln im Deutschen: Ein Neuansatz im Rahmen der Relevanztheorie. In: Germanistische Linguistik 136. S. 57–76.

MATTHEIER, K. J. (1998): Allgemeine Aspekte einer Theorie des Sprachwandels. In: BESCH, W. u. a. (Hrsg.): Sprachgeschichte. Berlin, New York. S. 824–836.

PASCH, R. (1997): *Weil* mit Hauptsatz – Kuckucksei im *denn*-Nest. In: Deutsche Sprache 3/1997. S. 252–271.

PFEFFER, J. A./LOHNES, W. (1984) (Hrsg.): Grunddeutsch: Texte zur gesprochenen deutschen Gegenwartssprache. Überregionale Umgangssprache aus der Bundesrepublik Deutschland, der Deutschen Demokratischen Republik, Österreich und der Schweiz. Texte Teil 1 und 2. Tübingen (=PHONAI Bd. 29/30).

PSZOLLA, G. (1999) (unveröff.): Dialektalitätsgrade im Berlinischen. Empirische Untersuchungen zu phonetischen Ausprägungen. Wissenschaftliche Hausarbeit, Freie Universität Berlin.

REIHER, R./LÄZER, R. (1993) (Hrsg.): Wer spricht das wahre Deutsch? Erkundigungen zur Sprache im vereinigten Deutschland. Berlin.

RUNGE, E. (1971): Reise nach Rostock, DDR. Frankfurt/M.

SCHLOBINSKI, P. (1992): Funktionale Grammatik und Sprachbeschreibung. Eine Untersuchung zum gesprochenen Deutsch sowie zum Chinesischen. Opladen.

SCHÖNFELD, H. (1993): Auch sprachlich beigetreten? Sprachliche Entwicklungen im zusammenwachsenden Berlin. In: REIHER, R./LÄZER, R. (Hrsg.): Wer spricht das wahre Deutsch? Erkundigungen zur Sprache im vereinigten Deutschland. Berlin. S. 187–209.

SCHÖNFELD, H. (1997): Berliner Stadtsprache. Tradition und Umbruch. In: STICKEL, G. (Hrsg.): Varietäten des Deutschen. Berlin. S. 308–331.

SIMON, A. (2000): Fremd im eigenen Land? In: SIMON, A./FAKTOR, J.: Fremd im eigenen Land? Gießen. S. 73–84.

UHMANN, S. (1996): Nur ein Sturm im Lexikonglas: zur aktuellen Verbstellungsvariation in *weil*-Sätzen. In: Wuppertaler Arbeitspapiere zur Sprachwissenschaft 13/1996. S. 1–26.

WEGENER, H. (1996): *weil – das hat schon seinen Grund.* Zur Verbstellung in Kausalsätzen mit *weil* im gegenwärtigen Deutsch. In: Deutsche Sprache 1996. S. 289–305.

WEGENER, H. (1999): Syntaxwandel und Degrammatikalisierung im heutigen Deutsch? Noch einmal zu *weil* – Verbzweit. In: Deutsche Sprache 1/1999. S. 3–26.

WEINREICH, U./LABOV, W./HERZOG, M. J. (1968): Empirical Foundations for a Theory of Language Change. In: LEHMANN, W./MALKIEL, Y. (Hrsg.): Directions for Historical Linguistics. Austin London.

Autorenverzeichnis

BAUMANN, Antje (geb. 1967)
Studium der Germanistik, Anglistik und Amerikanistik an der Humboldt-Universität zu Berlin;
Wissenschaftliche Mitarbeiterin am Institut für deutsche Sprache und Linguistik an der Humboldt-Universität; Lehrbeauftragte an der Technischen Universität Berlin.

BURKHARDT, Armin (geb. 1952)
Studium der Germanistik, Philosophie und Anglistik an der TU Braunschweig;
seit 1995 Professor für Germanistische Linguistik am Institut für Germanistik der Otto-von-Guericke-Universität Magdeburg, außerdem wissenschaftlicher Leiter des dortigen Sprachenzentrums;
Publikationen u. a.: Burkhardt, A./Fritzsche, K. P. (Hrsg.) (1992): *Sprache im Umbruch. Politischer Sprachwandel im Zeichen von »Wende« und »Vereinigung«*. Berlin, New York (= Reihe Sprache, Politik, Öffentlichkeit 1); Burkhardt, A./Pape, K. (Hrsg.) (2000): *Sprache des deutschen Parlamentarismus. Studien zu 150 Jahren parlamentarischer Kommunikation*. Wiesbaden.

DITTMAR, Norbert (geb. 1943)
Studium der Slawistik, Philosophie, Romanistik und Germanistik in Freiburg i. Br., Aix en Provence, Berlin, Konstanz;
seit 1979 Professor an der Freien Universität Berlin;
Veröffentlichungen u. a.: Dittmar, N. (1997): *Grundlagen der Soziolinguistik*.; Dittmar, N./Bredel, U. (1999): *Die Sprachmauer. Die Verarbeitung der Wende und ihrer Folgen in Gesprächen mit Ost- und WestberlinerInnen*. Berlin.

GEIER, Ruth (geb. 1946)
Studium der Germanistik und Altphilologie in Leipzig. Promotion zur politischen Semantik;
Forschungsschwerpunkt: politische Rhetorik;
Veröffentlichungen u. a.: Geier, R. (1999): *»Vorwärts immer, rückwärts nimmer«. Lobreden auf die DDR.* In: Gibas, M. u. a. (Hrsg.): Wiedergeburten. Zur Geschichte der runden Jahrestage der DDR. Leipzig. S. 55 ff.; Geier, R. (1999): *Identifikationsangebote rechtsextremistischer Parteien an die Bürger der neuen Bundesländer.* In: Saint Sauveur-Henn, A./Muylaert, M. (Hrsg.): Alte und neue Identifikationsbilder im heutigen Deutschland. Leipzig. S. 143 ff.

GLIER, Melanie (geb. 1973)
Staatsexamen Germanistik und Französisch;
Studentische Mitarbeiterin am Lehrstuhl Prof. Dr. Norbert Dittmar (FU Berlin);
Veröffentlichung: Dittmar, N./Glier, M. (2000): *Zur Wissenschaftsgeschichte der Soziolinguistik im deutschsprachigen Raum.* In: Buhofer, A. H. (Hrsg.): Vom Umgang mit sprachlicher Variation. Soziolinguistik, Dialektologie, Methoden und Wissenschaftsgeschichte. Tübingen, Basel. S. 71–86.

KÜHN, Ingrid (geb. 1943)
Ausbildung als Lehrerin und Diplom-Germanistin;
Professorin für deutsche Sprache der Gegenwart an der Martin-Luther-Universität Halle-Wittenberg;
Veröffentlichungen u. a.: Kühn, I./Lehker, M. (Hrsg.) (2000): *Wittenberger Beiträge zur deutschen Sprache und Kultur. Bd. 1/1999: Deutsch in Europa – Muttersprache und Fremdsprache.* Frankfurt a. M.; Kühn, I. (2000): *Objektnamengebung als Zeitgeistreflexion.* In: Beiträge zur Namenforschung. Heft 1/2000. Heidelberg.

LUDWIG, Klaus-Dieter (geb. 1937)
Studium der Germanistik und Geografie in Leipzig;
Professor für angewandte Linguistik/Lexikologie und Lexikographie der deutschen Sprache an der Humboldt-Universität zu Berlin;
Veröffentlichungen u. a.: Ludwig, K.-D. (1991): *Markierungen*

im allgemeinen einsprachigen Wörterbuch des Deutschen. Ein Beitrag zur Metalexikographie. – Tübingen (= Lexicographica. Series Maior, 38).; Czochralski, J./Ludwig, K.-D. (1999): *Phraseologisches Wörterbuch Deutsch – Polnisch.* Warszawa.

PALM, Jörg (geb. 1968)
Ausbildung zum Fahrzeugschlosser, anschließend Studium der Germanistik;
seit 1997 Wissenschaftlicher Mitarbeiter am Germanistischen Institut der Martin-Luther-Universität Halle-Wittenberg;
Veröffentlichungen: Palm, J. (2000): *Wissenstransfer zwischen Experten und Laien in Beratungsgesprächen.* In: Wichter, S./Antos, G./Schierholz, S. (Hrsg.): Wissenstransfer zwischen Experten und Laien. Kolloquium in Göttingen vom 15.–17. September 1999. (Transferwissenschaften; 1). Frankfurt u. a. [i.Dr.]; Antos, G./Palm, J./Richter, S. (2000): *Die diskursive Organisation von Beratungsgesprächen. Zur unterschiedlichen Distribution von sprachlichen Handlungsmustern bei ost- und westdeutschen Sprechern.* In: Auer, P./Hausendorf, H. (Hrsg.): Sprache in gesellschaftlichen Umbruchsituationen. (RGL; 219). Tübingen.

PAPE, Kornelia (geb. 1953)
Studium der Anglistik, Germanistik und Pädagogik an der Humboldt-Universität zu Berlin;
Wissenschaftliche Mitarbeiterin am Institut für Germanistik der Otto-von-Guericke-Universität Magdeburg;
Veröffentlichungen u. a.: Burkhardt, A./Pape, K. (Hrsg.) (2000): *Sprache des deutschen Parlamentarismus.* Wiesbaden.; Pape, K. (1999): *Festreden im Zeichen der SED. Ein Versuch der rhetorischen Konstruktion politisch-kultureller Identität.* In: Kopperschmidt, J./Schanze, H. (Hrsg): Fest und Festrhetorik. Zur Theorie, Geschichte und Praxis der Epideiktik. München.

PAUL, Ingwer (geb. 1953)
Studium der Soziologie, Pädagogik, Deutsch und Englisch in Kiel, FU Berlin. 1998 Habilitation;
Privatdozent für Linguistik am Institut für Deutsche und Niederländische Philologie der FU Berlin und Lehrer in Lichtenberg und Wilmersdorf;

Veröffentlichungen u. a.: Paul, I. (1995): *Schismogene Tendenzen des Mediendiskurses nach der deutschen Einheit*. In: Czyzewski, M. u. a. (Hrsg.): Nationale Selbst- und Fremdbilder im Gespräch. Opladen. S. 297–327; Paul, I. (1999): *Praktische Sprachreflexion*. Tübingen.

REIHER, Ruth (geb. 1938)
Studium der Germanistik und Geschichte in Berlin;
Professorin für Sprachwissenschaft des Deutschen (Text- und Soziolinguistik) an der Humboldt-Universität zu Berlin;
Veröffentlichungen u. a.: Reiher, R. (1999): *Sprachkritik vor und nach der Wende 1989*. In: Scharnhorst, J. (Hrsg.): Sprachkultur und Sprachgeschichte. Frankfurt/M. u. a. S. 249–271.; Reiher, R. (2000): *Berlinisch in der Öffentlichkeit*. In: Schönfeld unter Mitarbeit von R. Reiher und S. Grünert: Berlinisch heute. Kompetenz – Verwendung – Bewertung. Frankfurt/M. u. a. [i.Dr.].

RICHTER, Stefan (geb. 1968)
Staatsexamen als Lehrer an Gymnasien für die Fächer Deutsch und Geschichte; Wissenschaftlicher Mitarbeiter im DFG-Projekt »Fremdheit in der Muttersprache« an der Martin-Luther-Universität Halle-Wittenberg;
Veröffentlichungen: Antos, G./Richter, S. (2000): *»Sprachlosigkeit Ost«? Anmerkungen aus linguistischer Sicht*. In: Jackman, G. M./Roe, I. (Hrsg.): Sprache und Sprachlosigkeit in der DDR. Reading (GB). [i.Dr.]; Antos, G./Palm, J./Richter, S. (2000): *Die diskursive Organisation von Beratungsgesprächen. Zur unterschiedlichen Distribution von sprachlichen Handlungsmustern bei ost- und westdeutschen Beratern*. In: Auer, P./Hausendorf, H. (Hrsg.): Kommunikation in gesellschaftlichen Umbruchsituationen. Tübingen. [i.Dr.]

SCHLOSSER, Horst Dieter (geb. 1937)
Studium der Germanistik, Geschichte, Philosophie und Pädagogik in Hamburg, Münster, Freiburg i. Br.;
Professor für Deutsche Philologie in Frankfurt a. M. seit 1972;
Publikationen zur Geschichte der deutschen Sprache und Literatur, u. a.: *dtv-Atlas Deutsche Literatur* (1983 u. v.); *Die deutsche Sprache in der DDR* (2. Aufl. 1999).

SOBOTTA, Kirsten (geb. 1954)
Ausbildung als Diplomlehrerin für Sport und Deutsch; Hochschuldozentin für germanistische Sprachwissenschaft an der Universität Magdeburg;
Veröffentlichungen u.a: Sobotta, K. (1997): *Texte über Frauen in der Köthener Tageszeitung der achtziger Jahre*. In: Fix, U./Bartsch, I. (Hrsg.): Deutsch-deutsche Kommunikation im arbeitsweltlichen Alltag.; Sobotta, K. (2000): *Das Wort im alltäglichen Verständnis. Eine Übersicht*. In: HSK Lexikologie – Lexicology. Hrsg. v. Cruse, D. A./Hundsnurscher, F./Job, M./Lutzeier, P. R. [i.Dr.].

STICKEL, Gerhard (geb. 1937)
Studium der Germanistik, Anglistik und Philosophie in Freiburg i. Br., Bonn und in den USA (Wesleyan Univers., Conn.); seit 1976 Direktor des Instituts für Deutsche Sprache (IDS) in Mannheim, nebenamtlich Honorarprofessor für germanistische Linguistik an der Universität Mannheim;
Veröffentlichungen u. a. über Negation, kontrastive Grammatik, Rechts- und Verwaltungssprache, Sprachkritik.

Das Buch
der Unterschiede
Warum die Einheit
keine Einheit ist

Herausgegeben
von Jana Simon, Frank Rothe
und Wiete Andrasch

238 Seiten
Broschur
ISBN 3-351-02506-8

Als die Mauer fiel, waren sie nicht älter als zwanzig. Zwei Jahrzehnte wurden sie von unterschiedlichen Systemen geprägt – andere Werte, andere Feinde, andere Geschichte.

Während bei den Älteren die Unterschiede deutlich zu erkennen sind, scheinen sie in der jüngeren Generation weniger sichtbar. An der Oberfläche wirkt alles ähnlich, und doch ist vieles seltsam anders.

23 junge Autoren aus Ost und West fragen, warum sie sich fremd geblieben sind.

»Mein Westdeutschland, die feiste Bundesrepublik, ging viel leiser, ohne Knall und Fall zu Ende. Ich beneidete die andere Seite, die von drüben, für die auf einmal alles anders war. Ich beneidete sie um den Verlust und den deutlichen Bruch, mit dem sie plötzlich alles loswurden, überall diese kindischen, komischen Parolen abschraubten und ihre alten weißhaarigen Oberhäuptlinge nach Südamerika verjagten.«

David Wagner

Aufbau-Verlag

Wolfgang Engler
Die Ostdeutschen
Kunde von einem
verlorenen Land

348 Seiten
Band 8053
ISBN 3-7466-8053-0

Wolfgang Englers Buch »Die Ostdeutschen« zeichnet ein Bild unerwartet lebendiger Vergangenheit, versucht einer irritierenden wie irritierten Wirklichkeit beizukommen. Ihm geht es, ganz der Dialektik verpflichtet, um das Verlorene, wissend, das es in irgendeiner Form an seiner Aufhebung arbeitet, durch Verklärung oder Aufklärung wiedererscheint. ... Engler spricht nicht ohne Doppelsinn von der DDR als einer »Diktatur in Grenzen«, also einer Herrschaft, die nach außen mit strikter Grenzziehung arbeitete, die Räume nach innen ebenfalls vertikal abschottete, aber horizontal durchlässig hielt. Aus ihren Werten, Normen und Zielvorstellungen rekonstruiert er das Bild einer »arbeiterlichen Gesellschaft«, die die Verarbeiterlichung der bürgerlichen Schichten und das Abschmelzen sozialer Barrieren und Differenzen erfolgreich bewerkstelligte, um schließlich an eben diesem Erfolg zu scheitern, am Mangel an Effizienz, Differenzierung und Individualisierung. ...

AtV
Aufbau Taschenbuch Verlag

Wolfgang Emmerich

Kleine
Literaturgeschichte
der DDR

Erweiterte Neuausgabe

640 Seiten
Band 8052
ISBN 3-7466-8052-2

In der erweiterten Neuauflage dieses Standardwerkes ordnet Emmerich die DDR-Literatur seit 1945 in ihr zeitgeschichtliches Geflecht ein, informiert über Biographien und Werke jener Schriftsteller, die in der DDR lebten und arbeiteten oder für deren Schreiben die DDR eine Rolle spielte, und führt die Linien ihrer Entwicklung über den Mauerfall hinweg. Er benennt Details der Zensurverfahren und die Stasi-Verwicklungen namhafter Autoren.

»Es ist nicht übertrieben, den Band als derzeit bestes greifbares Nachschlagewerk auf diesem Gebiet uneingeschränkt zu empfehlen.«

Berliner Zeitung

AtV

Aufbau Taschenbuch Verlag

Klaus Schlesinger
Von der Schwierigkeit,
Westler zu werden

207 Seiten
Band 1448
ISBN 3-7466-1448-1

»Die Wahl zwischen der BRD und der DDR war mir schon immer vorgekommen wie die Wahl zwischen Pest und Cholera. Oder zwischen der luxuriösen und der gemütlichen Grube. Am besten ging es mir, wenn ich beiden deutschen Staaten den Rücken kehrte.« Klaus Schlesinger, der 1980 die DDR verließ, hatte im »Fliegenden Wechsel« die Chronik eines Lebens zwischen Ost und West geschrieben, die er nun als Chronik der Schwierigkeiten bei der deutschen Vereinigung fortsetzt. Mit unverkennbarer Lust und präzisem Blick erzählt er Episoden, Anekdoten und Beobachtungen, die gängige Vereinfachungen attackieren, zu überraschenden Schlußfolgerungen und ironischen Umdeutungen führen.

»Ich gebe zu, es ist nicht alles schlecht, was aus dem Westen kommt!«

AtV
Aufbau Taschenbuch Verlag

Brigitte Reimann

Ich bedaure nichts

Tagebücher 1955–1963

Herausgegeben
von Angela Drescher

429 Seiten
Band 1536
ISBN 3-7466-1536-4

So manisch, wie sie alles betrieb, hat Brigitte Reimann seit ihrer Jungmädchenzeit Tagebuch geführt. Da sie die frühen Notizen vernichtete, setzen ihre Tagebücher erst 1955 ein, als sie sich von ihrem ersten Ehemann zu trennen begann, den Schriftsteller Siegfried Pitschmann kennenlernte und erste Erfolge mit ihren Büchern hatte. Fasziniert verfolgt man die Geschichte einer so begabten wie lebenshungrigen und kompromißlosen Frau, das Dokument einer Emanzipation von herrschenden Moralvorstellungen, dogmatischen Erwartungen und einer politischen Desillusionierung.

»Ein Parlando, in dem der Odem großer Literatur weht. Ich kann mich nicht erinnern, das Buch einer Frau in deutscher Sprache gelesen zu haben, in dem die Sehnsucht nach Liebe mit einer solchen Sinnlichkeit und Intensität gezeigt wurde. Dieses Buch hat die Qualität eines Romans und die Vorzüge eines Tagebuchs. Es hat mich ergriffen.«

Marcel Reich-Ranicki im Literarischen Quartett

AtV

Aufbau Taschenbuch Verlag

Anna Seghers

Hier im Volk
der kalten Herzen
Briefwechsel 1947

Herausgegeben
von Christel Berger

Mit 12 Fotos
288 Seiten
Band 5172
ISBN 3-7466-5172-7

Im April 1947 kehrte die Autorin von »Das siebte Kreuz« aus dem mexikanischen Exil nach Berlin zurück. Ihre bislang unveröffentlichte Korrespondenz aus dieser Zeit ist ein Dokument besonderer Art: Hier ist nicht nur die Seghers auf sehr persönliche Weise kennenzulernen, präsent sind auch all die Probleme der Heimkehr einer Emigrantin in ein zerstörtes Land, zu Menschen, die den eigenen Anteil am Geschehenen nicht wahrhaben wollen. In diesen Briefen wird deutlich, wie schwer es Anna Seghers fiel, wieder in Deutschland heimisch zu werden. Allein, getrennt von der Familie, ohne die Freunde, die umgekommen sind oder nun in anderen Ländern leben, leidet sie unter der Fremdheit und der Kälte, klagt über die Verwahrlosung der Menschen, schreibt vom Hunger, der »die Leute auch nicht lebhafter im Denken« macht, wünscht sich, wieder einmal lustig zu sein, zu träumen. Die Rückkehr ist keine Heimkehr, und sie ist unsicher, ob sie bleiben wird.

AtV

Aufbau Taschenbuch Verlag

Victor Klemperer

Ich will Zeugnis ablegen
bis zum letzten
Tagebücher 1933–1945

Herausgegeben von
Walter Nowojski unter Mitarbeit
von Hadwig Klemperer
8 Bände in Kassette

1800 Seiten
Band 5514
ISBN 3-7466-5514-5

Victor Klemperers Tagebücher haben sich als unverzichtbare und unvergleichliche Zeitdokumente von außergewöhnlicher Faszination erwiesen. »Beobachten, notieren, studieren« – das war die ständige Forderung, die er an sich selbst stellte. Seine minutiösen Notizen über den Alltag der Judenverfolgung mitten in einer deutschen Großstadt lösten die selbstgesetzte Chronistenpflicht des zwangsemeritierten jüdischen Professors ein, den die Liebe seiner nichtjüdischen Ehefrau Eva vor der Deportation bewahrte. Tag für Tag, trotz ständiger Todesgefahr, Zwangsarbeit und entwürdigender Existenz im »Judenhaus«, hielt Victor Klemperer fest, was er erlebte, hörte, sah, was ihm zugetragen wurde: den täglichen Terror mit Razzien, ständig neuen Verboten und Schikanen, gelegentlich auch Gesten der Solidarität von Unbekannten, Gerüchte, politische Witze oder Bericht von Frontsoldaten. Er wollte der »Kulturgeschichtsschreiber der Katastrophe« sein, er wurde darüber hinaus auch der Chronist von bewegenden Schicksalen und Familientragödien, über die die Zeit hinwegging.